ILLUSTRATIONS LITTÉRAIRES

LES FANFARONS DU ROI

Par Paul FÉVAL.

I.

L'ÉDIT.

Vers la fin de mai de l'année 1662, à deux heures de relevée, un brillant cortége déboucha de la rue Neuve et entra sur la grande place de Lisbonne. C'étaient tous gens de guerre à cheval, splendidement empanachés, et faisant caracoler leurs montures au grand déplaisir des bourgeois qui se collaient à la muraille, en grommelant tout autre chose que des bénédictions.

Les gens du cortége ne s'inquiétaient guère de si peu. Ils avançaient toujours, et bientôt, le dernier cavalier eut tourné l'encoignure de la rue Neuve. Alors, les trompettes sonnèrent à grand fracas, et le cortége se rangea en cercle autour d'un seigneur de belle mine, le-

Qu'ils viennent, s'écria le jeune homme.

quel toucha négligemment son feutre, et déroula un parchemin scellé aux armes de Bragance.

« Trompeteurs, sonnez, dit-il d'une voix rude qui contrastait fort avec son élégante façon de chevaucher, — n'avez-vous plus d'haleine? Par mes ancêtres, qui étaient seigneurs suzerains de Vintimiglia, au beau pays d'Italie, sonnez mieux, ou je vous garde les étrivières au retour.

Et, se tournant vers ses compagnons :

— Ces drôles pensent-ils que je vais lire l'ordre de Sa Majesté le roi, pour quelques douzaines de manants effarés, auxquels la frayeur a ôté les oreilles? ajouta-t-il;

— Holà! sonnez, marauds! sonnez jusqu'à ce que la place soit remplie, et qu'il y ait, pour chaque pavé, une tête obtuse de bourgeois.

— Bien dit, seigneur Conti de Vin-

Montmartre — Imp. Pillet.

timille, s'écrièrent une douzaine de voix ; — respect aux ordres de sa très-redoutée Majesté dom Alfonse de Bragance, roi de Portugal!

— Et obéissance aux volontés de son premier ministre! ajoutèrent quelques-uns à voix basse.

Les trompettes redoublèrent leurs étourdissants appels. De toutes les rues voisines une foule de bourgeois commença à déborder sur la place, et bientôt le souhait de Conti fut littéralement accompli : au lieu de pavés, on ne voyait plus qu'une moisson de têtes brunes et rasées sur le devant, suivant la coutume du peuple et des métiers de Lisbonne. Toutes ces figures exprimaient la terreur et la curiosité. En ce temps, un édit du roi, proclamé à son de trompe par la bouche du seigneur Conti, son favori, ne pouvait être qu'une calamité publique.

Il se faisait un silence de mort dans cette foule qui augmentait sans cesse. Pas un n'osait ouvrir la bouche, et ceux que le flot poussait jusqu'aux pieds des chevaux du cortége, courbaient la tête et tenaient leurs yeux cloués au sol. De ce nombre était un jeune homme à peine sorti de l'enfance, qui portait un ceinturon et une épée, sur le costume d'un ouvrier drapier. Le hasard ou sa volonté l'avaient placé tout près de Conti, dont il n'était séparé que par un garde à cheval.

— Par mes ancêtres ! cria Conti aux trompettes qui continuaient de sonner, ne comptez-vous point faire silence, coquins que vous êtes?

Les malheureux, étourdis par leur propre vacarme, n'entendirent pas. Le front de Conti devint pourpre, il piqua des deux et frappa rudement l'un des trompettes au visage, du pommeau de son épée. Le sang jaillit et les instruments se turent, mais un sourd murmure circula dans la foule.

— Seigneurs, dit Manuel Antunez, officier de la patrouille du roi, voilà ce qui s'appelle une excellente plaisanterie, n'est-il pas vrai?

— Excellente! répondit le chœur.

Le trompette, cependant, étanchait son sang avec ses mains. Il chancelait sur son cheval et semblait prêt à défaillir. Le jeune ouvrier drapier dont nous avons parlé déjà, fit le tour du cortége, et, s'approchant de lui, éleva au bout de son épée un mouchoir de fine toile, que le blessé saisit avidement. En dépliant le mouchoir, il vit, au coin, un écusson brodé ; mais, empressé d'appliquer la toile sur sa blessure, il ne prit pas garde et se borna à tourner vers l'adolescent un regard de reconnaissance. Celui-ci regagna tranquillement sa place aux côtés de Conti.

— Écoutez! écoutez! dirent deux hérauts de la couronne.

Conti se leva sur ses étriers et déploya lentement le parchemin ; avant de lire, il jeta à la ronde, sur la foule, un regard de méprisante ironie.

— Écoutez, bourgeois, — vilains, — manants! dit-il avec affectation. Ceci, par mes nobles ancêtres, ne regarde que vous : — « Au nom et par la volonté de très-haut et puissant prince Alphonse, sixième du nom, roi de Portugal et des Algarves, en deçà et au delà de la mer, en Afrique, souverain de Guinée et des conquêtes de la navigation, du commerce d'Éthiopie, d'Arabie, de Perse, des Indes et autres contrées, découvertes ou à découvrir, il a été et il est ordonné ;

« 1° A tous bourgeois de la bonne ville de Lisbonne, d'ouvrir leurs portes après le couvre-feu sonné : ceci par esprit de charité, et pour que les mendiants, voyageurs et pèlerins puissent trouver à toute heure et partout un asile.

« 2° A tous dits bourgeois de ladite ville, d'enlever les contre-vents et jalousies qui défendent nuitamment leurs fenêtres à l'extérieur, lesdits contrevents et jalousies étant des inventions de la défiance, qui donneraient à penser qu'il existe dans la ville royale des malveillants et des larrons.

« Il a été et il est défendu :

« 1° A tous lesdits d'allumer ou faire allumer, comme c'est la coutume, les lanternes et les fanaux au-dessus de leurs portes : ceci par économie et pour ménager la bourse desdits bourgeois, qui sont les enfants du roi ;

« 2° A tous lesdits de porter des torches par la ville, une fois la nuit venue, leur donnant licence d'en faire usage depuis le lever jusqu'au coucher du soleil ;

« 3° Enfin, à tous lesdits bourgeois de ladite ville de Lisbonne, de porter aucune arme, de taille ou d'estoc, ou à feu, leur permettant uniquement, pour leur défense et sûreté personnelle, de porter des épées solidement rivées à leur fourreau.

« En foi de quoi, ledit très-haut et puissant prince Alfonse, sixième du nom, roi de Portugal et des Algarves, en deçà et au delà de la mer, en Afrique, etc., a signé les présentes qui, en outre, sont scellées de son sceau privé. « Signé Moi, le roi. »

« A tous ceux qui entendent, que Dieu vous garde ! »

Conti Vintimille se tut. Pas un mot ne fut prononcé dans la foule ; mais par une sorte de signe maçonnique, chacun connut la profonde indignation de son voisin. L'outrage était aussi grand qu'inexcusable : on se servait de la formule antique et respectée de la législation portugaise pour insulter en plein soleil tout le peuple portugais. Lorsque Conti donna l'ordre du départ, le flot s'écarta avec une morne docilité.

— Allons! s'écria le favori avec colère, j'avais espéré que les malotrus regimberaient. Vous verrez qu'ils ne nous donneront pas même l'occasion de prendre avec nos fourreaux la mesure de leurs épaules.

Comme il finissait ces mots, la tête de son cheval heurta contre un obstacle. C'était le jeune ouvrier drapier, qui, plongé dans une rêverie sans doute bien puissante, ne s'était point rangé comme les autres pour faire place au cortége, un sourire narquois vint à la lèvre de Conti.

— Celui-ci paiera pour tous, dit-il.

Et il frappa violemment l'adolescent du plat de son épée.

— Bien touché! dit Manuel Antunez, l'officier de la patrouille.

— Je puis faire mieux, reprit en riant Conti, qui leva une seconde fois son arme.

Mais tandis que son bras était tendu, l'adolescent bondit en avant, et dégainant avec la promptitude de l'éclair, il étendit le cheval de Conti mort à ses pieds ; puis, frappant à son tour le favori en plein visage :

— A toi, fils d'un boucher, dit-il, le peuple de Lisbonne !

Les gardes, ébahis, restaient immobiles de stupeur. Quand Conti se releva écumant de rage, le jeune ouvrier s'était déjà perdu dans la foule, et il n'était plus temps de le poursuivre.

— Il m'échappe! murmura Conti ; — puis s'adressant au cortége, il ajouta :

— Vous avez entendu cet homme, seigneurs?

Tous s'inclinèrent en silence.

— Il a dit fils d'un boucher, n'est-ce pas?

— Seigneur, répondit un garde, c'est une calomnie insensée ; nous savons tous votre noble origine.

— A telles enseignes que j'ai bâtonné plus d'une fois son illustre père, pensa Antunez, qui reprit tout haut :

— Seigneur, mieux que personne, je puis attester l'infamie de ce mensonge.

— N'importe ! vous avez entendu, vous et la foule ; et si parmi vous ou parmi la foule, il est quelqu'un d'assez hardi pour soutenir le dir de ce jeune mendiant-vagabond, je lui offre le combat.

Le cortége s'inclina de nouveau, et nul ne répondit dans la foule. Après cette bravade inutile, Conti monta sur le cheval d'un garde et le cortége quitta la place ; mais avant de tourner l'angle de la rue Neuve, le favori se retourna, montrant le poing :

— Cache-toi bien ! dit-il à son ennemi devenu invisible, car, sur mon salut, je te chercherai, moi.

— Je me nomme, s'il plaît à Votre Excellence, murmura une voix à son oreille, Ascanio Macarone, dell'Acquamonda...

Conti se retourna vivement. — Un des hommes de la patrouille du roi, courbé au point de toucher du front la crinière de son cheval, était auprès de lui.

— Que me fait ton nom? demanda-t-il brusquement.

— S'il plaît à votre seigneurie, mon nom est celui d'un honnêt cavalier de Padoue, maltraité par le sort, et...

— Cet homme est fou, s'écria Conti.

Le cortége les avait devancés de quelques pas. L'Italien prit le cheval de Conti par la bride.

— Votre Excellence est bien pressée, dit-il ; j'aurais pensé qu'elle eût aimé à connaître le nom de ce jeune impertinent qui...

— Tu le sais? interrompit Conti. — Cinquante ducats pour ce nom !

— Fi!... de l'argent à moi!

— Cinquante pistoles...

— Votre Excellence me fait injure. Un cavalier de Padoue... cinquante pistoles!...

— C'est juste, tu es dit gentilhomme : cent doublons !

— C'est moins léger... Tenez, doublez la somme, et nous nous entendrons.

— Soit ! dit avidement Conti, — mais dépêche. Ce nom, il me faut ce nom !

— Eh bien! Votre Excellence...

— Eh bien?..

— Je l'ignore.

— Misérable ! s'écria le favori, oserais-tu bien te jouer de moi ?

— A Dieu ne plaise!.. J'ai voulu seulement me mettre en règle, faire les choses avec méthode... On s'y prend ainsi à Padoue, et l'on a raison. Cela sauve les discussions... Maintenant, je baise les mains de Votre Excellence et me proclame le plus soumis de ses esclaves. Demain j'aurai le nom ; — préparez les pistoles.

A ces mots, l'Italien disparut par une rue détournée, et revint sur la place. Conti rejoignit son cortège et divertit fort Sa Majesté dom Alphonse en lui rendant compte de la promulgation de l'édit et de l'étonnement du peuple. — Il ne parla point de l'ouvrier drapier.

Après le départ de Conti, la foule resta quelques minutes sur la place, muette et immobile. Puis chacun regarda timidement son voisin : on craignait la présence des agents secrets de Conti. Après quelques hésitations, de rapides paroles s'échangèrent de tous côtés, et ces paroles étaient partout les mêmes :

— Ce soir, à la taverne d'Alcantara... N'oubliez pas le mot de passe !

Notre jeune ouvrier drapier, qui s'était perdu dans la foule et non pas caché, entendait ces mots de tous côtés autour de lui. Il prêtait l'oreille, espérant que quelque bourgeois moins discret prononcerait enfin le mot de passe.

C'était en vain, on s'encourageait mutuellement à ne le point oublier : voilà tout.

La foule, cependant, s'écoulait lentement. Il n'y avait plus sur la place que trois personnages : un vieillard, nommé Gaspar Orta Vaz, doyen de la corporation des tanneurs de Lisbonne, notre connaissance, Ascanio Macarone dell'Acquamonda, cavalier de Padoue, et l'ouvrier drapier.

— Mon fils, lui dit mystérieusement le vieillard, ce soir, à la taverne d'Alcantara, le mot d'ordre !

— Je l'ai oublié, dit le jeune homme, payant d'audace.

— Nous l'avons oublié, mon excellent seigneur, ajouta Macarone en s'approchant.

Le vieillard jeta sur l'ouvrier un regard de méfiance.

— Si jeune !... murmura-t-il.

— Eh bien ! mon cher seigneur ! dit Ascanio ; ce coquin de mot d'ordre, je l'ai sur le bout de la langue.

— J'ai vu le temps, murmura le vieillard, en montrant du doigt la longue rapière et le feutre râpé du Padouan où brillait une petite étoile d'argent, — j'ai vu le temps où le mot d'ordre était, dans Lisbonne : la potence, pour les espions et les spadassins... Dieu vous garde, mon maître. Quant à toi, jeune homme, je le souhaite un plus honnête métier.

Le vieillard se retira. L'ouvrier avait croisé les bras sur sa poitrine et semblait rêver profondément. L'Italien l'observait ; il songeait au moyen de gagner ses quatre cents pistoles.

— Mon jeune maître, dit-il enfin, ne nous sommes-nous déjà point rencontrés quelque part ?

— Non.

— Peste ! il n'est pas bavard, grommela le Padouan. C'est égal, ils se nomment tous Hernan, Ruy ou Vasco ; je n'ai qu'à choisir entre les trois... Comment, non, seigneur Hernan ?...

L'ouvrier s'éloigna sans tourner la tête.

— J'ai mal choisi, pensa Macarone ; c'était Ruy qu'il fallait dire... Holà, seigneur dom Ruy !... pas de réponse encore ?... Hé bien ! donc, dom Vasco !... à la bonne heure ! il s'arrête.

Le jeune ouvrier s'était retourné en effet, et toisait le bravo d'un regard calme et fier.

— Tu as donc bien envie de connaître mon nom ? dit-il.

— Une envie désordonnée, mon jeune ami.

— On t'a promis de te le payer, n'est-ce pas ?

— Fi donc ! Ascanio Macarone dell'Acquamonda, — je me nomme ainsi, mon jeune maître, — cavalier de Padoue — c'est mon pays natal à, Dieu merci, le cœur trop haut placé et la bourse trop bien garnie...

— Tais-toi ! je m'appelle Simon.

— C'est un joli nom... Simon qui ?

— Tais-toi, te dis-je... Va porter ce nom à Conti ; dis-lui qu'il me trouvera sans chercher et qu'alors il saura ce que vaut le bras d'un... d'un bourgeois de Lisbonne, maître. — Au revoir !

L'Italien le suivit des yeux, tandis qu'il tournait l'angle de la place et montait la vieille rue du Calvaire, qui conduisait au quartier noble.

— Simon !... pensa-t-il, Simon ? A tout prendre, ce n'était ni Vasco, ni Hernan, ni Ruy. J'aurais parié pour Hernan... mais que dire à ce plébéien parvenu de Conti ? c'est la moitié du nom ; il me devrait en bonne conscience, deux cents pistoles, mais il ne l'entendra pas comme cela... Allons, je me trouverai ce soir à la porte de la taverne d'Alcantara. Il y aura là des choses bonnes à voir, et je gagerais mon fameux manoir dell'Acquamonda contre un

maravédi, que j'y rencontrerai mon jeune maître Simon, qui est, pour le moment, le plus clair de mon patrimoine.

II.

ANTOINE CONTI-VINTIMILLE.

Dona Louise de Guzman, veuve de Jean IV de Bragance, roi de Portugal, tenait la régence, d'après les lois du royaume et en vertu du testament de son époux. L'histoire de la restauration portugaise est trop connue pour qu'on ignore combien cette forte et noble femme encouragea et soutint le duc Jean dans sa lutte contre les Espagnols. Son fils aîné, dom Alfonse, avait dix-huit ans. C'était un de ces princes que la sévérité céleste impose parfois aux nations de la terre : il était idiot et méchant.

Son éducation avait été rigide, trop rigide peut-être pour un esprit aussi débile. Son précepteur Azevedo, puis son gouverneur Odemira, deux hommes austères et inflexibles, l'avaient tenu, longtemps après l'enfance, dans une étroite et continuelle sujétion. Il s'en dégageait, à l'aide de valets infidèles, race abominable et toujours foisonnante autour des princes. Par leurs soins, il sortait la nuit ; le jour, on introduisait près de sa personne des enfants de bas lieu, dont les sentiments vils et les paroles brutales plaisaient au roi plus qu'on ne saurait dire.

Ce fut ainsi que s'introduisirent au palais deux enfants de la dernière classe du peuple, Antoine et Jean Conti-Vintimiglia. Leur père, boucher de profession, était originaire de Vintimiglia (État de Gênes), et demeurait à Campo-Lido. Bien faits et robustes de corps, ils jouaient devant le roi et restaient le plus souvent vainqueurs dans les combats que se livrait cette populace en bas âge, à laquelle des valets complaisants ouvraient les jardins du palais.

Alfonse les remarqua et se prit pour eux d'une affection folle. Le malheureux enfant admirait d'autant plus les exploits de force et d'adresse que lui-même, paralysé à la suite d'une chute qu'il avait faite à l'âge de trois ans, était presque aussi impotent de corps que d'esprit. Il grandissait cependant ; bientôt il atteignit l'âge d'un homme. Ses divertissements changèrent et prirent un caractère plus répréhensible ; mais, loin d'oublier les Conti, il rapprocha de plus en plus Antoine de sa personne, jusqu'à le faire son premier gentilhomme et son favori avoué. Quant à Jean, il le nomma archidiacre de Sobredella.

Jamais favori ne fut plus universellement redouté que cet Antoine Conti. Chacun le proclamait tout haut bon gentilhomme, quoiqu'on connût de reste sa plébéienne origine ; chacun tremblait à son seul nom. S'il lui manquait quelque chose au monde, c'était l'appui de quelque véritable grand seigneur ; car, malgré tous ses efforts, il n'avait pu encore rallier à lui que les parvenus et la petite noblesse. Néanmoins il était tout-puissant, et il avait certes plus de courtisans à lui seul que l'infant dom Pierre, frère d'Alfonse, et dona Louisa de Guzman, reine-régente de Portugal.

L'infant était un bel adolescent de fort grande espérance ; il faisait en tout contraste avec son frère, et l'on disait volontiers dans le peuple que c'était pitié de voir un maniaque sur le trône, tandis que, tout près de ce trône, croissait un héros de sang royal. Mais la régente était sévère ; on le savait, bien qu'elle eût pour son second fils beaucoup de tendresse, elle aimait Alfonse davantage encore, et serait devenue l'ennemie de dom Pedro le jour où une pensée de trahison aurait pris place en son cœur. L'infant lui-même d'ailleurs, bon frère et sujet loyal, était dévoué sincèrement et du fond de l'âme au service de son aîné.

La reine avait, pendant les premières années de la minorité d'Alfonse, dirigé l'État d'une main ferme ; mais, à mesure que le roi s'approchait de sa majorité, elle s'éloignait peu à peu des affaires, sans pourtant abdiquer l'autorité souveraine, et se livrait presque exclusivement aux pratiques d'une austère dévotion. Retirée au couvent de la Mère-de-Dieu, elle ne revenait aux affaires de ce monde que quand la cour des Vingt-quatre, les ministres d'État, les Chefs d'ordre ou les Titulaires requéraient instamment ses conseils.

Par respect pour son noble caractère, par amour pour sa personne, on lui cachait la plupart des déportements de son fils aîné, qui allaient sans cesse augmentant. Elle regardait, dans son ignorance, comme un jeune homme faible d'esprit et peu capable de commander ; mais elle ne savait pas que son cœur était l'asile de tous les vices, et qu'il n'y avait point, en la Péninsule entière, de libertin aussi abandonné que lui.

La proclamation insensée que nous avons vu faire sur la place, en plein jour, à son de trompe, n'était point, à cette époque, une chose extraordinaire. Chaque jour Lisbonne était témoin de quelque spectacle de ce genre, invention perfide de Conti et divertissement du pauvre fou qui s'asseyait sur le trône. Mais c'était peu encore. Quand tombait la nuit, la ville devenait mille fois pire que la plus mal fréquentée des sierras de Caldeiraou.

Conti avait organisé une troupe nombreuse, nommée la patrouille du roi, et subdivisée en deux bataillons qui se distinguaient par le costume. Le premier qui portait la cotte rouge avec taillades blanches avait le nom de fermes (fixos). Il était composé de fantassins. Les soldats du second s'appelaient fanfarons (porradas) et portaient toque, surtout haut-de-chausses bleu de ciel, parsemés d'étoiles d'argent. Au-dessus de leur toque, brillait, en guise d'aigrette, un croissant aussi d'argent, comme s'ils eussent été des païens, adorateurs de Termagant ou de Mahomet. On les nommait encore les goinfres, à cause de leurs habitudes, et les chevaliers du Firmament, en vue de leur costume : c'était ce dernier titre qu'ils s'appliquaient eux-mêmes. Ce corps de goinfres ou Fanfarons se recrutait parmi les gens sans aveu de toutes les nations. Il suffisait, pour y être admis, de faire preuve de scélératesse endurcie.

Le jour, la patrouille du roi, Fermes et Fanfarons, portait l'uniforme des gardes du palais, avec une petite étoile d'argent à la toque pour seule marque distinctive. C'est dire assez que notre noble ami, Ascanio Macarone dell'Acquamonda, avait l'honneur de faire partie de ce corps. — Conti s'en était réservé le commandement suprême.

Or, grâce à cette patrouille, c'était souvent une étrange fête la nuit dans les rues de Lisbonne. A onze heures du soir, une heure après le couvre-feu, commençait la chasse du roi. Fermes et Fanfarons se relayaient dans les rues et carrefours, comme se postent les chasseurs en forêt pour attendre le gibier; et si quelque dame ou bourgeoise attardée rentrait au logis à cette heure néfaste, malheur à elle! Les piqueurs sonnaient, les Fermes donnaient comme les chiens au bois, et les Fanfarons, le roi en tête, appuyaient le courre de toute la vitesse de leurs chevaux. Il n'y avait guère de famille qui n'eût à gémir de quelque ignoble insulte, — et l'on est rancuneux dans la Péninsule.

Jusqu'alors pourtant, l'amour général pour cette dynastie légitime et si récemment remontée au trône de ses pères, l'avait emporté sur le mécontentement. Les bourgeois murmuraient et menaçaient : mais partout et toujours, les bourgeois menacent et murmurent; il n'y avait pas de quoi s'inquiéter.

Au commencement de cette année 1662, le mécontentement avait pris un caractère plus grave; les corps de métiers s'étaient réunis en sociétés occultes et délibérantes. Tout annonçait un prochain éclat. On doit penser que l'édit royal, lu devant nous en place publique, ne dut point contribuer à calmer la colère du peuple. C'était un acte de tyrannie merveilleuse et dont on ne trouverait point un second exemple dans l'histoire. Désormais, les maisons ouvertes à cette troupe de malfaiteurs qui parcouraient de nuit la ville sous l'autorité du roi, n'auraient nulle défense contre le pillage; on supprimait les lanternes et fanaux; on supprimait jusqu'au port d'armes, chose inouïe en Portugal!

Aussi, tous les artisans et marchands de Lisbonne, gens paisibles d'ordinaire, ressentirent cruellement ce dernier coup. Rentrés chez eux, ils répondirent par un morne silence à la curiosité accoutumée de leurs femmes. Quand les corbeaux se taisent, c'est, dit-on, un pronostic certain de tempête.

III.

LE COUVENT DA MAI DE DEOS.

Le couvent de la Mère-de-Dieu de Lisbonne, situé vis-à-vis du palais Xabregas, résidence royale, était dès longtemps habitué à recevoir d'illustres hôtes. La reine dona Catherine était déjà venue autrefois chercher le repos dans ses murs. C'était un vaste édifice, présentant un carré long à l'extérieur, et, à l'intérieur, un ovale ou

cloître circulaire, formé par une double colonnade. La reine-régente, dona Louise, moitié souveraine et moitié recluse, avait fait construire une longue galerie couverte qui communiquait du couvent au palais de Xabregas. De cette façon, elle pouvait consacrer à Dieu tous les instants que ne lui prenaient pas les soins de son gouvernement.

Elle habitait au couvent une chambre qu'on ne peut appeler cellule à cause de son étendue, mais dont l'ameublement sévère n'avait rien à envier aux retraites modestes des dernières religieuses : un lit, quelques chaises, un prie-Dieu devant un crucifix; et le portrait de saint Antoine, patron de Lisbonne, meublaient seuls cette vaste pièce, dont les murailles, couvertes de vieux écussons où dominait la croix de Bragance, absorbaient le terne rayon de lumière qui pénétrait à grand'peine par une haute fenêtre à vitraux coloriés.

C'est dans cette chambre que nous trouvons dona Louise de Guzman, veuve de Jean de Portugal.

A cette époque de 1662, les jours de la vieillesse étaient venus pour elle; mais les années, en donnant un reflet d'argent à ses cheveux, n'avaient pu altérer la noblesse de son port ni la fière expression de sa physionomie. Elle était belle encore, belle de cette beauté qui ne brille dé tout son lustre que sous un diadème. On devinait en elle la femme au cœur robuste, à l'âme virile, qui, au jour du danger, avait dégainé le glaive de son époux, dont la main hésitait; la femme qui avait conquis un trône, et qui, ce trône conquis, s'était assise sur ses degrés en humble épouse et en sujette fidèle.

A ses côtés étaient deux femmes, dont l'une, arrivée aux limites de l'âge mûr, mais conservant une remarquable beauté, offrait avec la reine une certaine ressemblance : c'était la même sévérité d'aspect, la même fierté de regard.

Elle se nommait dona Ximena de Vasconcellos y Souza, comtesse de Castelmelhor.

L'autre était une jeune fille de seize ans. Son gracieux visage disparaissait presque sous un demi-voile de dentelle noire. Elle regardait la reine à la dérobée; alors ses joues devenaient pourpres, et son œil exprimait une vénération profonde mêlée de crainte et aussi d'amour. Dona Inès de Cadaval, fille unique et orpheline du duc de ce nom, était la plus riche héritière du royaume. Sa parente, la comtesse douairière de Castelmelhor, qui était aussi de la maison de Cadaval, l'avait en tutelle depuis deux ans.

Dona Ximena était agenouillée près de la reine, qui tenait sa main pressée entre les siennes; Inès s'asseyait sur un coussin, à leurs pieds.

— Ximena, disait la reine, qu'il y a longtemps que je désirais te revoir, ma fille ! Hélas! toi aussi, te voilà veuve maintenant.

— Votre Majesté et moi, son fils, ont perdu un sujet fidèle, dit la comtesse, qui tâcha de garder son air calme et grave, mais dont une larme sillonna lentement la joue. — moi... j'ai perdu...

Elle ne put achever : sa voix tomba sur sa poitrine. La reine se pencha et mit un baiser à son front.

— Merci, merci, madame, dit la comtesse en se redressant; — Dieu m'a laissé deux fils.

— Toujours forte et pieuse! murmura la reine; — Dieu l'a bénie en lui donnant des fils dignes d'elle... Parle-moi de tes fils, ajouta-t-elle; — Se ressemblent-ils toujours comme au temps de leur enfance?

— Toujours, madame.

— De cœur comme de visage; j'espère... c'était une étonnante ressemblance! Moi qui tins don Louis sur les fonts du baptême, je ne pouvais distinguer de son frère : c'était la même figure, la même taille, la même voix. Aussi ne pouvant reconnaître mon filleul; je me suis prise à les aimer tous les deux également.

La comtesse lui baisa la main avec une respectueuse tendresse, et dona Louise reprit :

— Je les aime, parce qu'ils sont tes fils, Ximena. N'est ce pas toi qui as élevé dona Catherine, mon enfant chérie? Tandis que les soins du gouvernement m'occupaient tout entière, tu veillais sur elle, toi, tu lui apprenais à m'aimer... Ce n'est pas vous qui me devez de la reconnaissance, comtesse !

En achevant ces mots, dona Louise passa sa main sur son visage. C'était encore là un sujet pénible pour cette grande reine, dont la vieillesse devait être si malheureuse. Catherine de Bragance, sa fille, venait de partir pour Londres, et s'asseyait maintenant aux côtés de Charles Stuart sur le trône d'Angleterre. On sait si cette union fut triste et remplie d'amertume pour Catherine. Peut-être quelque missive d'elle était-elle déjà venue annoncer à sa mère les ennuis de la jeune reine et les insultants dédains du débauché Charles II.

— Moi aussi, j'ai deux fils, reprit la reine en soupirant. — Plût au ciel qu'ils se ressemblassent ! car mon Pedro est un loyal gentil-homme.

La comtesse ne répondit pas.

— L'autre aussi, l'autre aussi ! s'empressa d'ajouter la reine ; — je suis injuste envers Alfonse, auquel je dois respect et obéissance, comme à l'héritier de mon époux. Il fera le bonheur du Portugal... Vous ne dites rien, comtesse?

— Je prie Dieu qu'il bénisse le roi dom Alfonse, madame.

— Il le bénira, ma fille..... Alfonse est bon chrétien, quoi qu'on dise, et...

— Quoi qu'on dise! répéta la comtesse avec surprise.

— Tu ne sais pas cela, toi, reprit la reine, dont la voix commença à trembler. Il y a si longtemps que tu vis loin de la cour!.. on dit... des avis secrets me sont venus... des calomnies, ma fille!.. on dit qu'Alfonse est libertin... libertin et cruel... on dit...

— Ce sont des mensonges!

— Oui, oui... et pourtant... Oh! tu l'as dit, ma fille, ce sont des mensonges, des calomnies répandues par l'Espagne!

— Peut-être, dit timidement la comtesse, Votre Majesté aurait-elle pu approfondir?..

— Elle se tut. La reine la regardait fixement. Il y avait du désespoir et de l'égarement dans ses yeux.

— Je n'ai pas osé! murmura-t-elle avec effort. — Je l'aime tant!.. Et puis, c'est faux, je le sais... Le sang de Bragance est pur et ne fait battre que de vaillants cœurs, madame, entendez-vous!.. Ils mentent! ils mentent, les infâmes!

Dona Louise prononça ces mots d'une voix brisée. Vaincue par son émotion, elle se laissa tomber en arrière et ferma les yeux. La comtesse et sa pupille s'empressèrent aussitôt autour d'elle.

— Laissez, dit la reine, — on ne s'évanouit plus quand, depuis des années, on est faite à la souffrance. Pardon, comtesse! je vous ai attristée ainsi que cette pauvre enfant... Mais cette pensée est si affreuse, voyez-vous! Je ne les crois pas, je ne veux pas les croire; il faudrait que quelqu'un en la foi duquel j'ai pleine confiance, — toi, par exemple, Ximena, toi qui n'as jamais menti, — vînt me dire que mon fils a manqué à ses devoirs de roi et de gentilhomme, qu'il a forfait à l'honneur! Alors... mais tu ne me le diras jamais, n'est-ce pas?

— A Dieu ne plaise!

— Non, car je te le croirais, toi, Ximena, et je mourrais.

Il se fit un long silence. La comtesse, saisie d'une respectueuse pitié, n'osait interrompre la souveraine. Celle-ci parut enfin se réveiller tout à coup, et, s'efforçant de sourire:

En vérité, ma belle mie, dit-elle en s'adressant à dona Inès, — nous vous faisons là une lugubre réception... Comtesse, vous avez une charmante pupille, et je vous remercie de l'avoir amenée à la cour du roi, mon fils. Si haute que soit sa naissance, nous tâcherons de ne point la mésallier.

Inès, dont le beau visage s'était couvert de rougeur, pâlit à ces derniers mots.

— Qu'est-ce à dire, reprit la reine? le front de la senorita se couvre d'un nuage. Aurait-elle le désir d'entrer en religion?

— S'il plaît à Votre Majesté, dit la comtesse, — Inès de Cadaval est la fiancée de mon plus jeune fils.

— A la bonne heure!... Ne vous disais-je point, ma mie, qu'il n'y aurait pour vous de mésalliance! Cadaval et Vasconcellos! Il n'est point aisé d'unir deux plus nobles races... Mais l'aîné de Souza?

— L'aîné, madame, est comte de Castelmelhor, et, ce qui mieux est, il a l'honneur d'être votre filleul... L'autre n'avait rien, et dona Inès l'aimait.

— Comte de Castelmelhor! c'est un fier titre, Ximena, — et qui ne fut jamais porté par un traître... Mon Louis doit-être un noble cœur, n'est-ce pas?

— Je l'espère, madame.

— Heureuse mère! dit la reine en soupirant.

Ce mot lui rendit toute sa préoccupation. Avant qu'elle eût repris la parole, la cloche du couvent sonna l'office du soir, et les trois dames entrèrent à la chapelle. Chacun devine ce que dona Louise de Guzman demanda à Dieu ce soir-là, mais Dieu ne l'exauça point. Alfonse de Portugal était trop bien surveillé par son favori, pour avoir le temps de se repentir.

IV.

LA TAVERNE D'ALCANTARA.

La nuit commençait à se faire sombre, et les lumières s'éteignaient l'une après l'autre à tous les étages des maisons de Lisbonne. Le ciel était couvert et sans lune. N'eussent été quelques lanternes qui brillaient de loin en loin au seuil des riches bourgeois, malgré la récente défense portée par l'édit du roi, et quelques cierges, brûlant sous les madones, la ville aurait été plongée dans une complète obscurité.

D'ordinaire, à cette heure, les rues étaient désertes ; c'est à peine si quelques filous faméliques se hasardaient à faire timidement concurrence aux nobles ébats de la patrouille royale: mais ce soir, on voyait de tous côtés des groupes nombreux marcher dans l'ombre. Tous suivaient la même direction. Un silence profond régnait parmi ces nocturnes promeneurs. Ils allaient d'un pas rapide, s'arrêtant parfois pour écouter, et reprenant aussitôt leur course, sans détourner la tête et cachant soigneusement leur visage dans les capuces de leurs vastes manteaux.

Ils traversaient la ville dans le sens de sa longueur en remontant le Tage. A mesure qu'ils approchaient du faubourg d'Alcantara, leur nombre augmentait, et ce fut bientôt comme une véritable procession. Plus leurs rangs se serraient, plus ils semblaient prendre de précautions. Aux carrefours, lorsque deux bandes se rencontraient, elles passaient l'une près de l'autre sans mot dire, et poursuivaient leur marche silencieuse.

La dernière maison du faubourg était un long et bas édifice bâti en pierres de taille et qui avait dû servir de manége. Il était alors affermé par Miguel Osorio, tavernier, qui faisait doucement sa fortune à vendre des vins de France aux gentilshommes de la cour. Ceux-ci, en effet, passaient forcément devant sa porte chaque fois qu'ils se rendaient au palais de plaisance d'Alcantara, résidence habituelle d'Alfonse VI, et, chaque fois qu'ils passaient, le tavernier pouvait compter sur les acheteurs et reprenait aussitôt sa course, sans détourner la aubaine. Aussi Miguel était-il, en apparence du moins, le passionné serviteur du seigneur Conti, et de tous ceux qui approchaient de la personne du roi. Il disait à qui voulait l'entendre que le Portugal n'avait jamais été si glorieusement gouverné.

Nonobstant ces opinions intéressées, Miguel ne dédaignait point de vendre son vin aux mécontents. Loin de là : quand il était bien sûr qu'aucun seigneur ou valet de seigneur n'était à portée de l'entendre, il changeait subitement d'allures et disait des choses fort attendrissantes sur le triste sort du peuple de Lisbonne. Conti n'était plus alors qu'un manant parvenu, auquel ses dentelles et son velours allaient comme la peau du lion à l'âne ; que Mignon était la plaie du Portugal, et ce serait un jour de bénédiction que celui qui le verrait attaché haut et court au gibet de la courtine du palais.

Si Miguel venait à faire trêve à ses séditieux discours, on pouvait être certain qu'il avait flairé de loin un feutre à plumes ou un pourpoint brodé. Pour être juste, nous devons dire que jamais aubergiste n'eut un flair aussi subtil que le sien.

Ce fut devant la maison de cet homme que s'arrêtèrent les premiers groupes. Ils touchèrent la main du maître assis sur le pas de sa porte, prononcèrent un mot à voix basse et entrèrent. Ceux qui suivaient firent de même, et bientôt l'immense salle commune fut pleine à regorger.

A la même heure, dans l'une des rues de la basse ville, redevenue déserte, un homme allait, puis revenait sur ses pas, comme s'il se fût égaré dans le sombre dédale, dont l'absence de boutiques et la multiplicité des hôtels faisait appeler le quartier noble. Derrière lui, à quelque distance, un autre personnage semblait avoir pris à tâche de l'imiter scrupuleusement. Quand le premier s'arrêtait, l'autre faisait de même ; quand celui-ci revenait sur ses pas, celui-là se hâtait de s'effacer sous quelque porte cochère, laissait passer son compagnon d'aventures, et recommençait aussitôt à le suivre.

— Il fait noir comme dans un four! pensait le premier. Depuis dix ans que j'ai quitté Lisbonne, — et j'étais un enfant alors, — tout a changé: je ne m'y reconnais plus. Le hasard ne m'enverra-t-il pas quelque passant ou même quelque voleur qui, en échange de ma bourse, daigne m'enseigner le chemin!

— Mon jeune ami, se disait l'autre, vous avez beau tourner et retourner; je me suis promis à moi-même, sous les serments les plus respectables, que vous me vaudriez quatre cents pistoles , et, mon jeune maître, je ne manque jamais qu'aux serments que je fais à autrui.

Jusqu'alors Simon, l'ouvrier drapier, que le lecteur a sans doute reconnu aux paroles d'Ascanio Macarone, n'avait point pris garde à la présence de ce dernier ; mais, dans un de ses brusques détours, il se trouva face à face avec le Padouan.

— Le chemin de la taverne d'Alcantara ? dit-il.

— J'y vais, répondit Macaroné en déguisant sa voix.

— S'il vous plaît, seigneur cavalier, nous ferons route ensemble.

— Avec ravissement, mon gentilhomme ! car vous êtes gentilhomme, cela se voit de reste .... et entre gentilshommes — je le suis aussi — la courtoisie commande de ne point refuser ces légers services.

— C'est mon avis, seigneur cavalier.

Simon prononça ces mots d'un ton sec, et enfonçant son capuce sur sa figure; s'il doubla le pas, Macarone l'imita. Vingt fois il fut sur le point de rompre le silence , mais la crainte de se trahir l'arrêta.

L'Italien était un homme de trente-cinq à quarante ans, grand, maigre, mais bien proportionné. Ses membres souples et musculeux donnaient à penser que la nature les avait taillés tout exprès pour faire un danseur de corde. Il se donnait en marchant une allure théâtrale, drapait son manteau et mettait fréquemment le poing sur la hanche.

Simon était petit, comme presque tous les Portugais , mais son pas leste, presque bondissant, et la large carrure de ses épaules disaient assez que sa petite taille n'était point un symptôme de faiblesse. De temps à autre, le Padouan le considérait en dessous. Peut-être se demandait-il combien le seigneur Conti paierait, au choix du marché, pour un coup de stylet convenablement appliqué à cet audacieux inconnu; mais la témérité, depuis le temps d'Horatius Coclès, n'a jamais été.le vice dominant des Italiens ; et il fit réflexion que le bout d'une bonne rapière relevait par derrière le bas du manteau de Simon, et se tint tranquille.

— A quoi bon le tuer ? se disait-il : — il ne m'a pas reconnu. S'il entre à la taverne, j'entre avec lui ; s'il est repoussé, je recommence à le suivre ; — je le suis jusqu'à la haute ville, jusque là où l'on a découvert la demeure d'un homme, on n'est pas bien loin de connaître son nom.

Ils arrivaient en ce moment au bout du faubourg ; la taverne d'Alcantara s'élevait devant eux. Elle était sombre; aucune lumière ne brillait aux fenêtres, et l'honnête Miguel Osorio, toujours assis sur le pas de sa porte, fumait sa cigarette avec toute la dignité qui caractérise Espagnols et Portugais s'acquittant de ce solennel devoir.

— Voilà ! dit le Padouan en montrant l'hôtellerie; entrez-vous?

— Oui.

— Vous avez donc le mot de passe ?

— Non; — et vous?

— Oh! moi, je n'ai pas besoin du mot de passe. Vous allez voir... Miguel ! satané coquin ! qui avons-nous aujourd'hui dans la grande salle ?

— Coquin ! s'écria Miguel tremblant de frayeur en reconnaissant la voix de Macarone. — Qui ose appeler coquin le tavernier de la cour! Il n'y a pour cela qu'un marchand de la haute ville, je parie !.. Au large, manants !.. je ne reçois que des gentilshommes !

— C'est bien, c'est bien ! brave Miguel, — et, comme nous sommes gentilshommes, tu vas nous préparer à souper dans la grande salle. Va !

Ce disant, Macarone prit Osorio par les épaules, le fit tourner sur lui-même et entra; —mais au moment où il allait passer le seuil de la salle, une main vigoureuse le saisit à son tour et lui fit subir une opération analogue. Seulement, comme la secousse fut incomparablement plus forte, il s'en alla tomber à l'autre bout du corridor.

— Au revoir, seigneur Ascagno Macarone dell'Acquamonda, dit la voix moqueuse du jeune ouvrier drapier. — Attendez-moi ici, s'il vous plaît : j'ai fermé la porte de la rue, et je vais fermer celle de la salle.

Simon entra aussitôt en effet, et referma la porte à double tour.

Ascanio se releva tout meurtri, et tâta ses membres l'un après l'autre pour voir s'il n'y avait point quelque part de lésion.

— Il m'avait reconnu, grommela-t-il. C'est une idée que j'ai eue de ne pas jouer du poignard avec ce jeune enragé. Il a un poignet d'Hercule, et je tâcherai désormais de le surveiller à distance. En attendant, voyons s'il a dit vrai.

Il essaya d'ouvrir la porte extérieure ; elle était fermée. Quant à la porte de la salle, il n'osa même pas toucher la serrure ; mais approchant l'oreille du trou, il tâcha d'entendre ce qui se disait à l'intérieur : ce fut en vain. Il reconnut qu'il y avait grand tumulte et que des voix confuses se croisaient en tous sens.

— Quel coup de filet ! pensa-t-il. Si cette maudite porte de la rue n'était pas fermée, j'emprunterais un cheval à ce misérable Miguel, et dans une heure, tous ces bourgeois, y compris mon jeune camarade, seraient en sûreté dans la prison du palais.

Heureusement pour les bourgeois de Lisbonne, Simon avait eu la même pensée, et la lourde clé était dans la poche de son pourpoint.

Au moment où Simon entra dans la salle où se trouvaient réunis les corps de métiers de Lisbonne, la discussion était si vivement engagée qu'on ne prit pas garde à lui : il traversa comme il put la cohue et vint s'asseoir au premier rang, vis-à-vis de la table où se tenait seul Gaspard Orta Vaz, doyen de la corporation des tanneurs et président de l'assemblée.

La réunion était, comme nous l'avons dit, très-nombreuse. Groupés en cercle autour du président, les doyens de corporations formaient le premier rang. Derrière eux venaient les chefs d'ateliers, et derrière encore, les petits marchands et artisans salariés. C'était parmi les doyens de corporations que, dans son ignorance, Simon était allé se placer. Il avait jeté son manteau sur son bras ; son costume, sans ressembler plus que le matin à celui d'un gentilhomme, lui donnait l'air d'un bourgeois aisé. — Il avait mis un pourpoint neuf de drap de Coïmbre, à crevées et passades de velours ; une lourde chaîne d'or tombait sur sa poitrine.

Quand il jeta les yeux autour de lui et qu'il se vit entouré de longues barbes blanches et de têtes vénérables, il voulut faire retraite et gagner les rangs inférieurs ; mais il n'était plus temps. La trouée qu'il avait faite à grand renfort de vigoureux coups de coude, s'était refermée derrière lui, et le tumulte qui s'apaisait peu à peu ne lui permettait pas d'espérer qu'il pût rencontrer aucun succès. Il demeura donc à sa place et rabattit son chapeau sur ses yeux.

— Enfants ! disait le vieux Gaspard , à qui on avait négligé de donner une sonnette, — enfants, écoutez les anciens !

— Mort aux valets de cour ! répondaient en chœur les apprentis et petits marchands. Mort au fils du boucher !

— Sans doute, sans doute, mais faites un peu de silence, reprenait le malheureux président. — Je m'enroue, et pour peu que cela continue, je ne pourrai plus vous donner mes conseils.

Simon écoutait et hochait la tête.

— Est-ce bien sur ces vieillards impuissants et sur ces enfants bavards qu'il faudrait m'appuyer pour accomplir la mission que m'a imposée mon père à son lit de mort? se demandait-il. — Je n'ai pas le choix... attendons, la volonté de Dieu se fera.

— Mes amis et concitoyens, reprit Gaspard Orta Vaz, saisissant au vol un moment de calme, personne n'ignore que j'ai soixante-treize ans depuis la fête du glorieux saint Antoine, patron de l'Hôtel-de-Ville. Depuis onze ans et sept mois, j'ai l'honneur d'être le doyen d'âge de la corporation des tanneurs, apprêteurs, corroyeurs, fourreurs, peaussiers et mégissiers de Lisbonne. Ce sont des garanties, mes enfants; —quand on peut dire comme moi : je suis ceci et cela, et en outre j'ai cinq ducats, depuis le premier janvier jusqu'à la Saint-Sylvestre, à manger tous les jours, on a le droit...

— Qu'est-ce à dire ! interrompirent en même temps cent voix courroucées, —parce que nous sommes pauvres, prétendrait-on nous enlever la parole ?

— Nous a-t-on appelés pour aider à remplacer la tyrannie de l'épée par celle du coffre-fort?

— Par saint Martin !..

— Par saint Gil !..

— Par saint Rafaël ! vous êtes un vieux fou, maître Gaspard Orta Vaz, malgré votre front chauve et les cinq ducats que vous mangez tous les jours.

Le vieux tanneur s'était levé ; il frappait dans ses mains et demandait du silence, sans doute pour rétracter ou expliquer ses paroles ; mais il avait beau faire, l'agitation de l'assemblée augmentait loin de diminuer, et bientôt le vieillard, épuisé, retomba lourdement sur son siège. Alors on se tut, et l'un des doyens alla s'asseoir auprès d'Orta Vaz pour le remplacer dans ses fonctions de président.

— Laissez parler Baltazar, dit tout à coup une voix de Stentor dans la foule compacte des derniers rangs ; —Baltazar vous tirera d'affaire.

— Qui est-ce Baltazar ? demanda le président.

— C'est Baltazar , répondit la même voix.

— Bien répondu ! bravo! criait-on de toutes parts.

Et un immense éclat de rire fit trembler les murailles de la salle, tant il est vrai que rien n'est plus facile que de faire passer une assemblée populaire de la fureur à la gaieté, et réciproquement.

— Approche et parle, dit le président.

Aussitôt il se fit un grand mouvement, et une sorte de lourd colosse portant devant soi un tablier de toile, souillé de sang, s'avança vers la barre, renversant tout sur son passage.

— Voilà, dit-il, en posant son pied sur les marches de l'estrade, voilà Baltazar !

— Bravo pour Baltazar ! cria encore la foule.

— Quant à ce que j'ai à vous dire, reprit le géant, — ce n'est pas long, mais c'est malin... Tout à l'heure on parlait de Conti, le fils du boucher, disait-on. Il y a du vrai là-dedans ; car j'ai eu l'avantage de servir chez son père, qui est mort de chagrin en voyant que le jeune homme ne voulait pas suivre l'état... oh ! un bel état, mes garçons !...

— Au fait, dit le président.

— C'est juste. Il s'agit de tuer quelqu'un, n'est-ce pas ? Pendant qu'on y est, moi je trouve que c'est dommage de s'arrêter. Conti est un gueux, mais le roi est un fou. Après Conti, un autre viendra.

— Il a raison ! appuyèrent quelques voix.

— Nous tuerons cet autre-là, reprit Baltazar ; mais après lui, un autre encore, si bien que ça n'en finira pas. — Le plus simple serait de tuer le roi.

Il se fit dans la salle un silence subit.

— Misérable ! s'écria Simon, qui bondit sur son banc, — oses-tu bien parler d'assassiner le roi !

— Pourquoi pas ? demanda tranquillement Baltazar.

— Par le sang de Souza ! cette parole sacrilège sera la dernière que prononcera ta bouche ! reprit le jeune homme indigné.

Il s'élança vers le géant en brandissant son épée.

— Trahison ! trahison ! s'écria-t-on de toutes parts. — C'est un espion de la cour ! à mort ! à mort !

Entouré de tous côtés à la fois, Simon fut, en un clin d'œil, terrassé et désarmé.

— Il a juré par le sang de Souza, disaient les plus acharnés, — c'est sans doute un valet du nouveau comte de Castelmelhor, arrivé depuis hier à Lisbonne, et de beau seigneur dont la première visite a été pour Conti.

— Mensonge ! voulut dire Simon ; — le comte de Castelmelhor est un loyal Portugais qui déteste et méprise Conti comme pas un de vous...

Mais il y avait là plusieurs des fournisseurs de Conti ; — car un marchand peut fort bien essayer le matin une paire de bottes ou une veste de velours à l'homme dont, le soir, il demandera la tête ; — et quelques-uns de ces fournisseurs avaient vu Louis de Vasconcellos y Souza, comte de Castelmelhor, introduit au petit lever du favori, ce dont ils ne manquaient point de rendre témoignage. Cette circonstance mit le comble au danger de Simon : sa mort était déjà résolue.

— A tout seigneur tout honneur, mes maîtres, dit un apprenti ; le rôle d'exécuteur revient de droit à Baltazar.

Les maîtres et doyens avaient perdu tout pouvoir de modérer cette foule exaspérée. Il est douteux d'ailleurs qu'ils eussent un fort grand désir de sauver cet homme qui, le lendemain, aurait pu livrer leur tête au bourreau. Ils restaient donc passifs spectateurs de cette scène. Quant au reste de la foule, elle accueillit avec transport la motion de l'apprenti.

Baltazar avait les honneurs de la séance et venait de se créer, sans trop le savoir, une notable popularité. On traîna Simon jusqu'à lui, et l'apprenti, présentant par la pointe la propre épée du malheureux jeune homme, fit un geste significatif.

Le boucher comprit ce signe et prononça une seconde fois, sans sourciller, son flegmatique : Pourquoi pas ? — Puis, saisissant l'arme, il en examina la trempe en connaisseur, hocha la tête comme pour dire que l'outil lui semblait convenable, et se mit en posture. — Ceux qui tenaient Simon firent un pas en arrière ; le boucher leva l'épée.

A ce moment, Simon, dont la tête s'était affaissée sur sa poitrine, se redressa fièrement, et regarda en face son bourreau.

Baltazar laissa échapper l'arme, et se frotta les yeux.

— C'est différent, dit-il, c'est bien différent !

— Qu'a-t-il donc ? demandait l'assemblée, qui comptait sur une exécution et n'entendait point y renoncer.

— Il y a, répondit Baltazar, que c'est bien différent.

— Ramasse l'épée, Diégo, dit une voix, et fais l'affaire ; cet homme ne sait tuer que des moutons : il a peur.

Deux ou trois apprentis s'avancèrent pour ramasser l'arme ; mais

Baltazar les prévint et, se posant entre eux et Simon, il fit décrire à l'épée une ou deux douzaines de courbes si efficaces, qu'il y eut bientôt autour de lui un large cercle vide.

— Puisque je vous dis, mes maîtres, que c'est bien différent, répéta-t-il avec un calme imperturbable... Écoutez : si vous tenez à me voir couper une tête, coupez-vous et fournissez-m'en une autre. Celle-ci est la tête d'un brave ; c'est rare ; ni vous ni moi ne toucherons un seul de ses cheveux.

— Tu le connais donc ? demanda un ancien.

— Si je le connais ? Oui et non... Mais, vous-mêmes, qui me laissiez tête tout à l'heure, me connaissiez-vous ?

— Réponds-tu de lui ?

— Sur ma tête !

— Quel est son nom ?

— Je n'en sais rien.

— Cet homme se joue de nous, dirent les maîtres, qui songeaient au lendemain avec terreur. — Il s'entend avec ce jeune inconnu, et tous deux sont des agents du palais.

— Ce n'est que trop vrai ! murmura Gaspard à l'oreille de son voisin ; j'ai rencontré ce matin ce jeune drôle sur la place, en compagnie d'un Fanfaron du roi.

— Plus de doute ! Il faut s'emparer d'eux à tout prix !...

Baltazar prit une position menaçante.

— Debout, jeune homme ! dit-il à Simon. Prends ton épée ; tu t'en sers rudement, je le sais. Moi, j'ai mon couteau... Deux contre mille, ce n'est pas beaucoup, mais ça s'est vu : En garde !

Les bourgeois s'encourageaient mutuellement à fondre sur ces deux hommes, mais nul ne donnait l'exemple. Simon s'était relevé. L'aspect de son visage, où se lisait le sang-froid le plus intrépide, augmentait l'hésitation de l'assemblée.

— Allons, mes maîtres, dit Baltazar au bout de quelques minutes, — je vois que, pas plus que nous, vous n'avez envie de commencer. Nous allons nous entendre... Dites-moi, voulez-vous que je vous régale d'une histoire ? Cela vous aidera à passer une heure, et vos femmes pourront croire que vous avez fait quelque chose cette nuit. Mon histoire est toute neuve ; elle date de ce matin. Simon et moi y avons joué un rôle : moi, celui de victime ; vous, celui de spectateurs peureux et inoffensifs, — votre rôle habituel, mes maîtres. Quant au rôle du héros, je vous dirai tout à l'heure qui s'en est chargé.

Vous savez que ce matin Conti a fait sonner toutes les trompettes de la patrouille royale, afin de vous appeler sur la place, et de vous braver à la face du ciel. Ceux de vous auxquels la frayeur n'avait pas enlevé l'usage de leurs yeux, ont pu voir le favori frapper de son épée un malheureux qui ne pouvait se venger... L'avez-vous vu ?

— Oui.

— Ce malheureux souffrait. Un homme s'est avancé, sous les yeux de Conti, et a tendu son mouchoir au trompette, qui a pu étancher son sang et bander sa blessure.

Cet homme est un brave, dit un des doyens, car il affrontait la colère du favori, ce qui est rare, c'est la colère de Conti. Quel est-il ?

— Vous le saurez... Quant au trompette, c'était moi... Oh ! calmez-vous. Qu'importe ce que j'étais ce matin ? Ce soir, je suis garçon boucher et tout à votre service. D'ailleurs, je vois ici le tailleur de Conti, son tapissier, son armurier ; pourquoi auriez-vous défiance de moi plutôt que de ces gens ? Conti les paye bien ; il me payait mal ; en le haïssant ils sont ingrats ; en l'abhorrant, je suis juste, la balance est en ma faveur, — passons... Quand le favori, après avoir fini de lire son insolente pancarte, a fait mine de vouloir se retirer, vous lui avez fait place ; vous vous êtes rangés comme eût fait un troupeau de ces moutons dont vous me parliez tout à l'heure. — Un seul homme n'a pas bougé ; un seul homme a barré le passage à Conti, et quand le parvenu a voulu, suivant sa coutume, lever la main, il a trouvé son maître. Vous l'avez vu rouler dans la poussière ; vous avez tous entendu ces paroles : — A toi, fils d'un boucher, le peuple de Lisbonne ! Ces mots et cet acte sont-ils ceux d'un agent du palais ?

— Non ! non ! cria la foule complètement retournée ; — celui qui a frappé Conti est un brave ; celui qui l'a frappé au nom du peuple de Lisbonne est un citoyen. Son nom ?

— Je vous ai dit déjà que je n'en sais rien. Mais qu'importe son nom ? celui qui a bravé la colère de Conti pour me venir en aide, celui qui a terrassé Conti au milieu de sa garde, pour vous venger, celui-là est devant vous, — et le voilà !

Il touchait l'épaule de Simon.

— C'est vrai, dit un apprenti, je le reconnais.

Et tout le monde de répéter :

— Je le reconnais, moi aussi, moi aussi.

— Je vous disais bien, mon compère, murmura Gaspar Orta Vaz à l'oreille de son voisin, — que j'avais vu ce jeune inconnu quelque part.

— Vous prétendiez, répliqua le voisin, qu'il était en compagnie d'un Fanfaron du roi?...

— L'ai-je prétendu?... Je me fais vieux, mon compère.

— Et maintenant, reprit Baltazar, un dernier mot : Vous avez grand besoin d'un chef intrépide ; ce jeune homme a fait ses preuves : qu'il soit notre général !

Une acclamation unanime accueillit ces paroles, et il n'y eut pas une voix pour protester. Tout ce qu'il y avait de jeune dans l'assemblée se sentait pris d'enthousiasme pour ce vaillant inconnu, et les vieillards étaient bien aises de décliner, autant que possible, leur part de responsabilité.

Orta Vaz, reprenant son rôle de président, frappa dans ses mains et réclama le silence.

— Étranger, dit-il, tu as bien mérité des bourgeois et métiers de Lisbonne ; saurons-nous le nom de notre défenseur?

— Simon, répondit celui-ci.

— Eh bien! dom Simon, veux-tu être notre chef?

— Peut-être...... Mais auparavant je ferai mes réserves.

— Et d'abord, voici mon sauveur, auquel je n'ai point tendu encore la main en signe d'actions de grâce.

Baltazar s'avança et leva sa large main pour saisir celle du jeune homme, qui fit un pas en arrière.

— Pas encore, dit-il. Tu as prononcé des paroles qu'il te faudra rétracter avant que nous ne soyons amis.

— Tout ce qui vous plaira, seigneur Simon, dit Baltazar d'un ton profondément soumis.

— Tu as proposé d'assassiner Alfonse de Portugal ; tu vas jurer de le défendre.

— Pourquoi pas? murmura le colosse ; puis, enflant sa voix de Stentor, il s'écria : — Je le jure !

— A la bonne heure !... Maintenant voici ma main, et je te remercie.

Baltazar s'empara de la main de Simon, et, au lieu de la serrer entre les siennes, il la porta jusqu'à ses lèvres. — Simon le regardait avec surprise.

— Rassurez-vous, dit tout bas Baltazar, je ne vous connais pas ; mais à l'heure où vous aurez besoin d'un homme disposé à mourir sans demander pourquoi, — pour vous, bien entendu et non pas pour un autre, — souvenez-vous de Baltazar.

En même temps, il tira de son sein le mouchoir de Simon, teint de sang et déchiré.

— Avec cela, continua-t-il, vous m'avez acheté tout entier, cœur et bras... Place à Baltazar, vous autres !

Ce disant, il recommença à jouer des coudes et regagna le banc obscur où il avait siégé d'abord.

— A votre tour, mes maîtres, dit alors Simon en s'adressant à l'assemblée. Voici ma devise : Guerre à Conti ; respect au royal sang de Bragance!... l'acceptez-vous?

Il y eut un instant d'hésitation.

— Nous respectons, nous aimons la souche royale, dit enfin un doyen de corps ; mais n'est-ce pas afin de conserver l'arbre qu'on élague les branches desséchées?... Alfonse VI est incapable de gouverner.

— Alfonse VI est notre légitime souverain, s'écria Simon d'une voix forte ; — des traîtres ont abusé de sa jeunesse ; nous devons le délivrer et non le combattre : Guerre à Conti, amour au royal sang de Bragance!

— Soit, nous épargnerons le roi.

— Ce n'est pas assez ; vous le défendrez au besoin !

— Nous le défendrons.

— Moi, je serai votre chef.

L'assemblée prit alors un caractère plus grave. Simon lui imposa plus d'une fois sa volonté, aidé en cela par le puissant organe de Baltazar, qui appuyait de loin ses motions. Il fut convenu que chaque bourgeois se fournirait secrètement d'armes de guerre, et, séance tenante, les chefs et officiers de quartier furent institués. Le jour commençait à poindre lorsque Simon donna le signal du départ.

— Plus d'assemblées, dit-il en finissant ; — elles éveillent les soupçons. Je communiquerai avec les chefs de quartier seuls ; ils vous feront connaître mes volontés, et quand l'instant sera venu, honte à qui reculera !

La foule s'écoula en silence, comme elle était venue, et les anciens donnèrent de grandes louanges au vigilant Miguel, qu'on trouva endormi sur le pas de sa porte. Simon sortit le dernier ; il avait oublié le Padouan Macarone, et traversa le corridor les yeux baissés et l'esprit perdu dans ses réflexions. A peine avait-il dépassé le seuil extérieur que l'Italien sortit de l'enfoncement d'une porte et se mit à le suivre de loin.

— Ces rustres ne se savaient pas si près d'un bon gentilhomme, pensait Macarone. — Au fait, je n'ai rien entendu, pas même le nom de mon jeune camarade ; et si je continue à jouer ainsi de malheur, Conti pourrait bien, au lieu de deux cents doublons, me faire donner pareil nombre de coups de plat d'épée.

Il suivait toujours Simon. Celui-ci traversa la ville entière et s'arrêta au bout du quartier noble, devant un hôtel de magnifique apparence.

— Ho ! ho ! se dit Macarone, serait-ce un serviteur du jeune comte de Castelmelhor?

Simon heurta. — Un valet vint ouvrir qui, à la vue du jeune homme, ôta précipitamment sa toque et se courba jusqu'à terre. Le

Mort de Jean de Souza

Padouan tendit le cou. A travers la porte entrebaillée, il vit Simon traverser la cour, le feutre sur l'oreille, tandis que les écuyers et gentilshommes de Souza se découvraient sur son passage.

— Par mon patron! s'écria-t-il, au comble de la surprise, — ce n'est rien moins que le comte lui-même!

V.

JEAN DE SOUZA.

Le feu comte de Castelmelhor, Jean de Vasconcellos et Souza avait été l'un des plus fermes appuis de la maison de Bragance, lors de la restauration de 1640. Il était, à cette époque, l'ami intime du duc Jean, qui, après son avénement au trône, le combla de faveurs.

A la naissance de dona Catherine de Portugal, la comtesse de Castelmelhor fut instituée sa gouvernante, et suivit son éducation jusqu'au départ de la jeune princesse pour la cour d'Angleterre. Malgré toutes ces causes d'union entre la cour et la maison de Souza, on vit, en 1652, dix ans avant l'époque où commence notre histoire, le comte de Castelmelhor quitter subitement Lisbonne et se retirer avec ses deux fils à son château de Vasconcellos, dans la province d'Estramadure.

Dona Ximena, à l'instante prière de la reine, qui était pour elle une sincère amie, ne suivit

Le couvent da Mai de Deos.

point son mari et demeura près de Catherine de Bragance.

Ce subit départ du comte fut longtemps un sujet de conversation pour les oisifs du palais. Les uns disaient qu'il boudait le roi Jean, parce que ce prince lui avait refusé l'investiture du duché de Cadaval, vacant par la mort de Nuno Alvarez Pereira, dernier duc, — refus d'autant moins équitable que Castelmelhor, outre ses services, avait des droits à l'héritage de Cadaval par sa femme, qui était Pereira. Les autres prétendaient que l'infant don Alfonse (le roi actuel) avait insulté grossièrement l'aîné de Souza en présence d'une nombreuse assemblée, et n'avait point voulu faire d'excuse. Les uns et les autres se trompaient. Le roi avait offert de lui-même au comte le duché de Cadaval; mais celui-ci, modèle de noblesse et de générosité chevaleresque, avait répondu que ce duché devait rester l'héritage de la fille unique du feu duc, qu'il lui donnerait en mariage à l'époux qu'elle se choisirait, et qu'il n'était pas homme à spolier l'orpheline que la loi mettait sous sa tutelle. Quant au second motif, il fallait être courtisan pour le mettre en avant, puisqu'il était de notoriété que l'infant don Alfonse insultait le premier venu, et n'était point malheureusement de ceux qu'on peut rendre responsables de leurs actes.

Il fallait d'ailleurs un motif plus grave à un homme comme le comte

pour se retirer des affaires et déserter une cour où il était généralement aimé et respecté. Ce motif, c'était sa haine éclairée contre l'Angleterre et la connaissance profonde qu'il avait de l'odieuse politique de ce gouvernement.

A peine, en effet, le roi Jean avait-il repris possession du trône de ses pères, que la cour de Londres envoya un ambassadeur à Lisbonne et tâcha de s'immiscer dans les affaires du pays. Cromwell gouvernait alors l'Angleterre sous le titre de protecteur. Ce monarque de fait, habile autant qu'un homme peut l'être et Anglais de cœur, suivit par instinct la politique de ses devanciers : tout envahir, afin de mieux vendre. Il avait pris, en s'asseyant à la place de Charles Ier assassiné, les allures de cette diplomatie perfide que l'Angleterre, cette peuplade de trafiquants, impose depuis des siècles à ses rois. Jean, séduit tout d'abord par ses offres, les accueillit avec empressement, malgré les représentations du comte de Castelmelhor et de quelques sages conseillers; il fit avec l'Angleterre des traités de commerce, avantageux en apparence et ruineux par le fait. Le comte s'y opposa de tout son pouvoir, jusqu'à protester en plein conseil contre les menées de l'ambassade anglaise. Ce fut inutilement. Ne voulant point sanctionner par sa présence ce qu'il regardait comme l'abaissement et la ruine du Portugal, il quitta Lisbonne avant la signature du traité, et ne revit jamais la cour.

Il avait de son mariage avec dona Ximena Pereira deux fils jumeaux, Louis et Simon de Souza. Nous savons déjà que ces enfants, au physique, se ressemblaient d'une façon extraordinaire : ils étaient tous deux beaux et de noble mine. — Au moral, Louis était un jeune homme grave et studieux, mais dissimulé, Simon, au contraire, se montrait vif jusqu'à l'étourderie. Avec l'âge, ces deux caractères portèrent leur fruit. De la fougue première de Simon, il ne resta qu'une mâle franchise et une générosité sans bornes; tandis que chez Louis, cauteleux, plein d'astuce et dévoré d'ambition, cachait sous des dehors séduisants une âme qui n'était point celle d'un gentilhomme.

Les deux frères s'aimaient, c'est-à-dire que Simon avait pour Louis un dévouement affectueux et à l'épreuve, et que Louis, par habitude ou autrement, tenait son frère en dehors du cercle de haine jalouse et universelle qu'il portait à quiconque était son égal ou son supérieur. Un incident arriva, qui, sans porter atteinte à la tendresse de Simon, fit disparaître tout sentiment fraternel du cœur de l'aîné de Souza.

Deux ans avant l'événement que nous avons rapporté aux précédents chapitres, dona Ximena, comtesse de Castelmelhor, quitta la cour de Lisbonne où sa présence n'était plus nécessaire, et vint rejoindre son mari au château de Vasconcellos. Elle amenait avec elle sa pupille dona Inès de Cadaval.

Inès était belle, nous l'avons dit, et les grâces de son esprit surpassaient celles de sa personne. La voir et l'aimer fut pour les deux frères une même chose. Tous deux, par des motifs différents, se firent mystère de ce sentiment nouveau. Simon, timide et poussant d'ailleurs la délicatesse jusqu'au scrupule, aurait cru profaner son amour en lui donnant un confident; Louis, devinant son frère et espérant le gagner de vitesse, voulait éloigner toute pensée de rivalité, afin d'épargner à ses démarches une surveillance jalouse et intéressée.

Il advint que ses calculs furent déjoués. Dona Inès aima Simon et lui fut promise par fiançailles solennelles, dans la chapelle du château de Vasconcellos. Dès lors une inimitié sourde germa et grandit dans le cœur de don Louis. Il entrait dans son amour une forte dose de calcul. C'était non-seulement une femme aimée, mais aussi une immense fortune que lui enlevait le succès de Simon, et il n'était pas homme à pardonner cela. Vaincu de ce côté, mais non sans espoir, car, après tout, le mariage n'était point encore consommé, il tourna ses pensées vers l'ambition et se posa ce problème : trouver le chemin le plus court pour arriver à la puissance.

La santé du vieux comte s'affaiblissait de jour en jour. Le moment approchait rapidement où les deux frères, libres de leurs actions, pourraient choisir et leur place et leur rôle sur le théâtre de la vie. Jusqu'alors la volonté de Jean de Souza les avait tenus confinés à Vasconcellos; mais, avec le comte, devait mourir toute autorité qui pût les y retenir encore.

Louis n'ignorait rien de tout cela et agissait en conséquence. Il s'informait et se tenait, autant que possible, au courant de tout ce qui se passait à la cour. Avec un homme de son âge, de l'adresse et de l'audace, ce n'était pas, pensait-il, une mince fortune que celle qui l'attendait sous un prince du caractère d'Alfonse VI. Un obstacle se présentait : Conti, cet homme du peuple que le hasard et la folie du souverain avaient fait grand seigneur. Louis se demanda longtemps s'il lui faudrait le servir ou le combattre. Son naturel cauteleux lui fournit la réponse à cette question : il résolut de le tromper.

Malheureusement, il n'attendit pas longtemps l'occasion de mettre à profit ce résultat de ses réflexions. La maladie du comte traînait depuis bien des mois en longueur, mais une crise survint et précipita le dénoûment.

Une nuit, les deux frères furent réveillés par des cris d'alarme.

— Le comte se meurt ! disait-on dans le château.

Louis et Simon se précipitèrent dans la chambre de leur père. Le comte avait quitté son lit et s'était assis dans un antique fauteuil aux armes de Souza, auquel la tradition prêtait le funèbre privilège d'avoir reçu les derniers soupirs de tous les chefs de cette illustre maison, depuis l'Espagnol Ruy de Souza, qui vint de Castille au temps du roi Pélage.

Il était pâle et sans mouvement; la mort pesait déjà sur son front. La comtesse, agenouillée près de son époux, pleurait et priait; le chapelain du château récitait à l'oreille du mourant le suprême adieu de l'âme catholique à la terre. — Les deux frères s'agenouillèrent parmi les serviteurs, et quand le prêtre eut prononcé le dernier verset de l'oraison mortuaire, ils s'approchèrent à leur tour. Leur présence parut ranimer le vieillard, dont les yeux retrouvèrent une étincelle de vie.

— Adieu, madame, dit-il à la comtesse. Avant de mourir, Dieu me donnera, j'espère, la force d'accomplir un devoir, et il faut nous séparer.

Doña Ximena voulut protester.

— Il faut nous séparer, vous dis-je; mes instants sont courts et comptés. Adieu! puissiez-vous être heureuse en cette vie et dans l'autre autant que vous le méritez !

La comtesse déposa un baiser sur la main déjà froide de son époux et se retira lentement. Sur un signe, les serviteurs et les gentilshommes du comte firent de même.

— Mon père, dit le vieillard au chapelain, vous reviendrez tout à l'heure; je vous appellerai pour mourir. — Laissez-nous.

Quand le prêtre eut quitté la chambre, Jean de Souza resta seul avec ses fils qui s'agenouillèrent à ses côtés. Il les considéra un instant l'un après l'autre comme si la mort eût donné à son regard la force de lire jusqu'au fond de leur âme.

— Sois prudent, dit-il à Simon : — Sois vaillant, dit-il à Louis.

Puis fermant les yeux et recueillit ses esprits :

— Vous êtes jeunes, poursuivit-il : un vaste avenir s'ouvre devant vous. Je vous laisse le nom de Souza tel que me le légua mon père, intact et glorieux. — Si l'un de vous le souillait jamais!..

« C'est impossible !.. Il y a dix ans j'ai quitté la cour, croyant n'y pouvoir demeurer sans forfaire à ma conscience. Peut-être eus-je tort.

Le devoir d'un citoyen est de travailler toujours, même lorsqu'il sait que son labeur doit être inutile. Réparez ma faute, mes fils, si je commis une faute. Le Portugal est en danger; il a besoin de tous ses enfants. — Allez à Lisbonne.

« Il y a là, dit-on, un misérable valet, qui est plus puissant qu'un grand seigneur. Cet homme exploite la faiblesse du roi. — Écrasez cet indigne favori, mais sauvez le roi!

« Sauvez le roi, — le roi, entendez-vous, quoi qu'il advienne, souffrez pour lui, mourez pour lui! »

La voix du vieillard vibrait comme aux jours de sa vigueur. Son regard brillait d'un éclat étrange. Il s'était redressé sur l'antique fauteuil où ses ancêtres, avant lui, avaient dicté sans doute, leurs derniers ordres à leur famille, car les Souza ne savaient point mourir dans leur lit : pour rendre l'âme il leur fallait un champ de bataille ou ce siége traditionnel. — Les deux jeunes gens l'écoutaient tête baissée et les larmes aux yeux. Louis sentait, à ces graves et nobles paroles, tout ce qu'il y avait en lui de bon sang remonter vers son cœur. Simon faisait tout bas, d'avance, le serment d'obéir à son père.

Le comte reprit :

— Des traîtres vous diront : je suis tout-puissant, aide-moi, et tu partageras ma puissance : — Fermez l'oreille, dom Louis. Des faux sages viendront ensuite : — le roi est incapable, diront-ils : pour le bonheur, pour la gloire du Portugal, choisissons-en un plus digne; — Simon, tu es pour ton pays un ardent amour; n'écoute pas ces conseils perfides. Soyez tous deux, fidèles, loyaux, inébranlables : vous êtes Souza.

« Comte de Castelmelhor ! — Louis tressaillit et se leva, — et vous dom Simon de Vasconcellos ! posez la main sur mon cœur qui, dans quelques instants, ne battra plus, et jurez de combattre les traîtres qui entourent le trône d'Alfonse VI.

— Je le jure, dirent en même temps les deux frères.

— Jurez encore de veiller sur le roi, de le protéger, fût-ce au péril de votre vie.

— Je le jure! dit faiblement dom Louis.

— Puisse Dieu me fournir bientôt l'occasion d'accomplir mon serment, s'écria Simon avec enthousiasme; — je le jure!

— Et moi, je vous bénis, mes chers enfants, murmura Jean de Souza, dont la voix s'affaiblit tout à coup, comme si la mort eût mesuré au devoir qu'il voulait accomplir ses courts instants de répit.

— Mon père, mon bien-aimé père, sanglota Simon en couvrant sa main de baisers.

— Adieu, Simon, meurs encore le comte, tu seras loyal. — Adieu, dom Louis, je prie Dieu que vous le soyez. Qu'on fasse venir mon chapelain, j'en ai fini avec les choses de ce monde.

Une demi-heure après, sa vieux comte n'était plus. En exécution de ses ordres, sa veuve et ses deux fils partirent le mois suivant pour Lisbonne avec dona Inès de Cadaval.

L'impression qu'avait faite sur le cœur de dom Louis la vue de son père mourant fut courte et inefficace. Le jour même de son arrivée à Lisbonne, avant d'être présenté au roi, il alla offrir ses hommages à Conti, et tâcha de sonder le caractère et les dispositions de cet homme. Il découvrit sans peine que son plus ardent désir était de se rattacher aux noms de vieille et véritable noblesse. Il tressaillit de joie à cette découverte qui doublait tout d'un coup ses chances de réussite et lui donnait dès l'abord, un moyen d'entrer en négociations avec le favori.

VI.

LE ROI.

Le lendemain, de bonne heure, le jeune comte de Castelmelhor et Simon de Vasconcellos montèrent à cheval pour se rendre au palais d'Alcantara, où Henry de Moura Téllès, marquis de Saldanha, cousin de leur mère, devait les présenter au roi. Ils traversèrent la ville, suivis du nombreux cortège de gentilshommes que leur permettait leur fortune et leur naissance. Le peuple s'arrêtait sur leur passage, disant qu'on n'avait point vu depuis longtemps de jeunes seigneurs de si galante tournure, ni deux frères si parfaitement ressemblants.

— Ce sont les jumeaux de Souza, répétait-on de toute part, — les fils du vieux Castelmelhor qui s'exila autrefois par haine des Anglais maudits; Dieu veuille que les enfants aient le cœur de leur père!

Au bout du faubourg d'Alcantara, leur escorte trouva le chemin barré par une litière sans armoiries, qui tenait toute la largeur de la porte. Les gentilshommes de Castelmelhor réclamèrent passage en déclinant, suivant l'usage, les noms et titres de leur maître. Une voix grondeuse répondit du fond de la litière :

— Au diable Castelmelhor, Castelréal et tout autre hidalgo qui ajoute à son nom celui de sa masure ! ma litière ne bougera pas d'un pouce... Je sais un manant qui s'appelait Rodrigue, ni plus ni moins que ce beau dogue que m'a donné M. de Montaigu, comte de Sandwich, — et à l'heure qu'il est, ce manant se dit duc ou comte, ou marquis... que sais-je ?.. de Castelrodrigo... c'est très-plaisant !.. ma litière ne bougera pas.

— Voici un obstiné coquin, s'écria Simon de Vasconcellos ; poussez sa litière de côté !

— Oui dà ! mon jeune coq ! dit la voix. Ceux qui voudront y mettre la main trouveront que la litière est bien lourde pour la pouvoir pousser de côté.... Pour en revenir à ce comte, ou marquis ou duc... quelque chose comme cela... de Castelrodrigo, — je l'ai exilé à Terceire, parce que son nom me déplaisait.

Le cadet de Souza avait mis pied à terre. Il se pencha à la portière de la chaise.

— Seigneur, dit-il, qui que vous soyez, ne vous attirez point, par votre faute, une méchante affaire. Nous voulons passer, nous passerons, et sur l'heure.

— Mon épée ! Castro ! mes pistolets ! Menesès, cria la voix qui tremblait de colère. — Par Vénus et Bacchus ! nous allons pourfendre ces traîtres ! Que n'avons-nous, seulement, ici, notre cher Conti et une douzaine de chevaliers du Firmament !... C'est égal : en avant !

La litière s'ouvrit à ces mots, et un pâle jeune homme sortit en chancelant et en boitant. A peine dehors, il fit feu de ses deux pistolets qui ne blessèrent personne, et se précipita l'épée nue sur l'escorte de Castelmelhor.

— Le roi ! le roi ! ne frappez pas le roi ! crièrent en même temps Castro, Sébastien de Menesès et Jean Cabral de Barros, l'un des quatre grands prévôts de la cour, qui sortaient à la fois de la litière royale.

Il était temps. Simon avait déjà fait sauter d'un revers l'épée d'Alfonse de Bragance, et lui criait de demander merci.

Les trois seigneurs, compagnons du roi, s'élancèrent pour le relever, et Simon, rempli d'un étonnement douloureux à la vue du triste maniaque qui tenait le sceptre portugais, se découvrit, croisa les bras sur sa poitrine et baissa les yeux. Castelmelhor mit précipitamment pied à terre et tomba aux genoux du roi.

— Que Votre Majesté venge sur moi le crime de mon frère, dit-il avec une tristesse hypocrite, en présentant au roi son épée par la poignée.

— Ne suis-je point mort, Cabral ? demanda Alfonse. — Sébastien de Menesès, tu seras pendu, mon ami, pour n'avoir point été quérir le médecin du palais... Çà, comptons nos blessures.

— Votre Majesté n'en a point reçu, j'espère, dit Cabral de Barros.

— Crois-tu ?.. Je pensais que ce jeune rustre m'avait passé son épée au travers du corps... Puisqu'il en est autrement, tant mieux ! Poursuivons notre route vers Alcantara.

— Sire, voulut dire Castelmelhor.

— Que veux-tu ?.. Est-ce toi qui nous a désarmé ?

— A Dieu ne plaise !

— C'est donc ton frère ? Comment le nomme-t-on ? — car, vous autres hidalgos, vous prenez des habitudes princières ; il ne vous suffit plus d'un nom pour une famille... C'est très-plaisant !

— Je me nomme dom Simon de Vasconcellos et Souza, dit Simon avec respect.

— Que disais-je ? en voilà un qui a deux noms pour lui tout seul ! c'est très-plaisant... Eh bien ! dom Simon de Vasconcellos, etc., je t'ordonne de ne plus jamais te montrer à mes yeux... va !..

Quant à vous, seigneur comte, poursuivit Alfonse, vous nous semblez agir avec le respect convenable ; nous vous pardonnons d'être frère de ce paysan mal appris, et nous prierons Conti, notre cher camarade, de s'occuper de vous... Aimez-vous les courses de taureaux ?

— Plus que toute autre chose au monde, Sire.

— En vérité ! c'est comme nous... Eh bien ! comte, tu nous plais ; remonte à cheval et suis-nous.

Castelmelhor obéit aussitôt, et n'osa même pas jeter un regard sur son frère, qui s'éloignait lentement dans la direction opposée.

— Sois prudent, m'avait dit mon père, pensait Simon ; et voilà qu'en deux jours je m'attire la haine du roi et celle de son favori,

sans parler de cette conspiration bourgeoise dont je me suis fait étourdiment le chef. Pour Conti, c'est bien, je ne me repens pas. Mais le roi !.. hélas ! pouvais-je penser que ce malheureux prince poussât jusqu'à ce point la folie ? Pouvais-je penser qu'il se trouvât des serviteurs assez lâches pour l'aider en de semblables équipées ? Et mon frère, mon frère qui m'a lâchement abandonné ! Tant mieux ! la volonté de mon père sera rigoureusement accomplie : pour le roi, je souffre et je travaille ; pour lui je mourrai s'il le faut.

Tout en rêvant ainsi, le cadet de Souza, dans lequel nos lecteurs ont reconnu depuis longtemps l'ouvrier drapier de la ville, s'enfonçait sous les bosquets touffus qui, dans la haute ville, bordent le cours du Tage. Des pensées consolantes vinrent faire trêve à son chagrin : il se voyait l'époux d'Inès de Cadaval, sa belle fiancée, qu'il aimait et qui répondait à son amour.

— Au moins, se disait-il, rien ne peut m'arracher cet espoir : elle me soutiendra dans ma vie d'obscur dévouement. Elle m'encouragera aux heures de faiblesse, elle me comprendra et saura, si je meurs à la tâche, ce qu'il y eut en moi de loyal courage et de complète abnégation. Que m'importe, si je lui laisse le secret de ma vie, que d'autres insultent à ma mémoire !..

Le roi, cependant, avait repris le chemin d'Alcantara, enchanté de son aventure [1], et se promettant de la raconter en détail à Conti.

En arrivant, il demanda, comme c'était son habitude lorsqu'il était de belle humeur, son dogue Rodrigue et l'infant don Pédro son frère.

— Sire, lui dit l'huissier de sa chambre, le secrétaire de vos commandements demande les ordres de Votre Majesté.

— Mes ordres ? Je lui ordonne de ne me les plus demander, répondit Alfonse. Vous verrez, seigneur comte, ajouta-t-il en s'adressant à Castelmelhor, que ce dogue Rodrigo est un bel animal. J'ai voulu le tuer l'autre jour, parce qu'il boitait de la façon du monde la plus disgracieuse... Je n'aime pas les boiteux... Mais j'ai réfléchi, et, à l'heure qu'il est, je donnerais de bon cœur l'Alentejo et quelque autre chose, pour ne me point séparer de Rodrigue. Conti en est jaloux.

Castelmelhor s'inclinait et souriait, ce qui, dit-on, avec un roi bavard est la plus spirituelle manière de soutenir la conversation. Par une sorte d'instinct que possèdent les gens nés pour la cour, il se sentait grandir dans les bonnes grâces du roi, et apprenait à chaque mot de son maître quelque secret pour s'insinuer davantage. Alfonse avait passé son bras sous le sien ; ils traversèrent ensemble la longue galerie qui conduisait aux appartements privés.

— Sur mon âme, seigneur comte, s'écria tout à coup le roi, — toi ou moi, nous boitons : c'est révoltant, — voyez !

Castelmelhor rougit. La roi, par suite de l'accident dont nous avons parlé, ne pouvait faire un pas sans imiter les mouvements d'une embarcation tourmentée par le roulis. Le moment était souverainement périlleux pour un courtisan novice.

— Votre Majesté, répondit enfin Castelmelhor, vient de me dire qu'elle déteste les boiteux... Dois-je lui avouer après cela ?...

— Tu boites ? — Allons, mon mignon, je te sais gré de ta franchise. Ce doit être une vie fâcheuse que celle d'un boiteux ; mais tout le

(1) Pour qu'on ne croie pas que nous ridiculisons à plaisir l'extravagant caractère d'Alfonse VI, nous citerons un passage de la *Relation des troubles arrivés dans la cour de Portugal, en l'année 1668*, etc. (Paris, François Clousier l'aîné, 1674) ouvrage contemporain, et, à plus d'un titre, fort digne de foi, passage où se trouve relaté un fait analogue.

.... Passant par la rue étroite de Saint-Pierre d'Alfana, il (le roi) rencontra le carrosse de Martin Correa de Sa, vicomte d'Asseca. Comme le roi allait avec un grand empressement, les conducteurs de sa litière crièrent aux gens du vicomte qu'ils avançassent, avec des paroles si injurieuses, qu'ils ne les purent souffrir. Les uns et les autres ayant mis l'épée à la main, le combat s'échauffa de telle sorte que le vicomte fut obligé de sortir de son carrosse pour soutenir ses gens, ainsi que François de Sequeira (valet de la garde-robe) avait fait pour soutenir les autres. Le roi pouvait d'une seule parole faire cesser le désordre ; il ne le voulut pas néanmoins faire ; au contraire, étant sorti de sa litière avec Conti, il fut mettre le pistolet à la gorge du vicomte déjà blessé, *qu'il eût tué s'il le pistolet eût fait feu*. — Sitôt que le vicomte eut reconnu le roi, il baissa son épée, et, se prosternant à genoux, lui demanda pardon ; mais la soumission, non plus que l'innocence de ce gentilhomme n'empêcha point le roi de lui dire des paroles outrageantes. Tout le monde était surpris de voir que le roi fût sorti si mal accompagné, et qu'en plein jour, dans un lieu public, il eût voulu tuer un gentilhomme élevé auprès de lui dans le palais... Aussi, n'y eut-il personne qui ne crût le danger général, et chacun commença à craindre pour soi, etc., etc.

monde ne peut ressembler au beau Narcisse, et, à tout prendre, — pour un boiteux, — tu n'es pas encore trop mal tourné.

C'était grande pitié de voir ce pauvre enfant malingre, étique, presque difforme, parler ainsi à l'un des plus charmants cavaliers qu'eût vus la cour de Lisbonne; mais s'il se trompait grossièrement, il le faisait de bonne foi : ses courtisans étaient parvenus à lui persuader qu'il était, au physique comme au moral, l'idéal de la perfection humaine. Castelmelhor se hâta de s'humilier devant la supériorité prétendue de son souverain.

— La beauté, murmura-t-il, est à sa place sur un trône, et ce serait acte déloyal que d'envier à son roi les dons précieux que le ciel lui a départis.

— Messeigneurs, s'écria le roi en se retournant vers la foule des gentilshommes qui l'attendaient à la porte de ses appartements, Vénus et Bacchus me sont témoins que ce petit boiteux que voilà a plus d'esprit à lui seul que vos épaisses cervelles réunies. Si mon très-cher Conti ne le fait pas assassiner avant huit jours, il pourra bien lui voler sa place... Vous pouvez baiser notre main, seigneur comte.

Et Alfonse, avec cette dignité qui ne peut entièrement abandonner les rois, si bas qu'ils soient tombés d'ailleurs, congédia le nouveau courtisan.

Dom Louis avait besoin de se remettre : au lieu donc de continuer à faire antichambre, il voulut gagner les jardins afin de recueillir ses idées. En se retournant, il aperçut Conti, dont l'œil fixé sur lui avait une expression de dépit jaloux et hostile. Castelmelhor avait, infuse, la science de la vie de cour. Il poussa droit au favori, le salua fort respectueusement, et dit :

— Plairait-il au seigneur de Vintimiglia de m'accorder un instant d'audience?

— Pas à présent, répondit sèchement Conti.

— Je l'entends ainsi, répondit Catelmelhor, qui s'inclina de nouveau jusqu'à terre, mais dont la voix s'affermit et prit une nuance de fierté. En se relevant, — dans une heure, j'attendrai Votre Seigneurie dans telle partie du jardin qu'il lui plaira de m'indiquer.

Conti, étonné de ce changement, releva son œil sur le jeune comte, qui soutint ce regard avec hauteur.

— Et si je ne voulais pas vous accorder ce rendez-vous, mon jeune seigneur? demanda le favori.

— Je n'en solliciterais pas un second.

— En vérité?

— Je suis l'aîné de Souza, seigneur Conti.

— Et comte de Castelmelhor, je le sais... Moi, je ne suis qu'un pauvre gentilhomme; — mais le roi m'a fait chevalier du Christ, gouverneur de l'Algarve et président de la cour des Vingt-Quatre.

— Ce que le roi mineur a fait, la reine régente pourrait le défaire.

— Elle n'oserait.

— Il ne faut point compter, seigneur de Vintimiglia, sur la faiblesse d'une femme qui a conquis un trône... Mais on nous observe.

— Où dois-je vous attendre dans une heure?

— Au bosquet d'Apollon, dit Conti, j'y serai.

Castelmelhor fit aussitôt sa révérence et se rendit aux jardins du palais.

— En un jour, gagner l'oreille du roi et celle du favori! se disaient les courtisans étonnés. — Malpeste! ce campagnard en sait plus long que nous!

VII.

MÉPRISES.

Conti, inquiet et préoccupé, avait traversé la foule des courtisans qui attendaient le bon plaisir du roi, et passé le seuil des appartements, où il avait, à toute heure, ses entrées.

— Enfin, je puis joindre Votre Excellence, s'écria Macarone, qui, en costume de garde du palais, faisait faction dans l'antichambre intérieure.

— Que me veux-tu? dit rudement Conti.

— Je veux gagner les quatre cents pistoles que m'a promises votre munificence, répliqua le Padouan.

— Tu m'apportes le nom que je t'ai demandé?...

— J'ai eu de la peine, bien de la peine, et j'espère que Votre Excellence me récompensera tout comme si ma découverte n'était pas inutile.

— Inutile? répéta Conti.

— En ce sens, qu'elle vient trop tard, puisque vous savez le nom de notre homme aussi bien que moi.

— Je ne te comprends pas.

— Me suis-je trompé?... tant mieux! Il me semblait pourtant que Votre Excellence s'entretenait tout à l'heure avec le jeune comte de Castelmelhor?

— Eh bien!..

— Vous ne l'avez pas reconnu? demanda le Padouan avec un étonnement véritable.

— Reconnu qui? le comte! s'écria Conti. Tu es fou...

— Ma foi, dit froidement l'Italien, Votre Excellence a peu de mémoire! Et si un homme m'avait fait, à moi, qui ne suis qu'un pauvre diable, une marque semblable à celle qui décore votre visage...

— Pas un mot de plus, sur ta vie! murmura Conti qui pâlit de colère au souvenir de la scène de la veille. Puis il ajouta comme en se parlant à lui-même : — Le comte! ce serait le comte!.. Au fait, lorsque j'aperçus la figure de cet audacieux inconnu, il me sembla reconnaître vaguement... Oui, je me souviens à présent : c'était lui!

Au lieu d'entrer chez le roi, Conti se prit à arpenter l'antichambre à grands pas. Plus il réfléchissait, plus il se perdait dans l'explication de ce fait étrange : dans quel but Castelmelhor avait-il pris ce déguisement? Pourquoi cette insulte gratuite et sanglante à lui, Conti, que redoutaient les plus puissants? — Et encore, l'insulte une fois admise, pourquoi cette entrevue, dans une heure, aux jardins du palais?

— Ce fou d'Alfonse a dit vrai, prononça-t-il à bas que le Padouan ne peut l'entendre. Si je laisse vivre cet enfant, il me perdra... Je ne lui en donnerai pas le temps!

Il vint se poser en face d'Ascanio Macarone et le toisa quelques instants en silence.

— Tu es un espion adroit, dit-il enfin; es-tu un spadassin sans peur?

— A Florence, répondit le Padouan, qui mit le poing sur la bouche. — J'ai servi le marquis de Santafiore, lequel avait la plus belle femme de l'Italie et en était jaloux : j'ai tué cinq cavaliers en quatre mois, et j'ai quitté la ville pour éviter le gibet. — A Parme, où je me retirai, la comtesse Aldea Ritti me donna mille piastres pour assassiner un sien cousin, qui lui faisait ombrage et dont le nom tenait trop de place au testament de son mari; je gagnai les mille piastres de la comtesse. — En France, j'ai été valet de M. le duc de Beaufort; mais là, les gens se défendent et le métier est trop dangereux. — Je suis venu à Lisbonne, en passant par l'Espagne, où, chemin faisant, j'ai envoyé en l'autre monde un jeune fat d'oydor qui voulait devenir le gendre d'un alcade malgré ce digne magistrat. — Je n'ai rien fait encore en Portugal, et suis l'humble valet de Votre Excellence.

Macarone, à ces derniers mots, s'inclina profondément, retroussa sa moustache et caressa la garde de sa noble rapière.

— C'est bien, dit Conti qui ne put s'empêcher de sourire. Par mes nobles ancêtres! si tu manies aussi dextrement de moitié l'épée que la langue, tu dois être un merveilleux serviteur!... J'aurai besoin de toi, peut-être. Ne quitte pas cette place, et dans une heure, tu recevras mes ordres.

Le favori tourna le dos; — Macarone attendit une seconde, espérant toujours qu'il mettrait la main à la poche; mais voyant qu'il n'en faisait rien, il s'élança sur les pas de Conti et saisit sa main qu'il baisa avec transport.

— Je remercie le hasard, s'écria-t-il, qui m'a fait trouver un si noble maître. Corps de Bacchus! je ne me sens pas de joie. Quand vous parliez, il me semblait entendre la voix du généreux marquis de Santafiore, mon ancien patron; je croyais sentir encore ma main pleine des beaux ducats florentins de Sa Seigneurie.

A ce trait, Conti se dérida tout à fait.

— Tu es un rusé coquin, dit-il. Tiens, prends cet à-compte. Si je suis content de toi, tu ne regretteras ni le marquis de Santafiore, ni la comtesse Ritti, ni même M. le duc de Beaufort, qui fait trop bien ses affaires lui-même pour avoir besoin d'un maraud de la sorte.

Il jeta sa bourse, et Macarone la saisit à la volée.

Quand le favori eut quitté l'antichambre, Macarone se mit à inventorier le contenu de la bourse.

— Deux, quatre, six, murmurait-il en faisant glisser les pistoles dans sa main; — décidément ce fils de manant me traite un peu trop sans cérémonie... Huit, dix, douze, quatorze... on dirait qu'il oublie qu'il parle à un gentilhomme... seize, dix-huit... je l'en ferai souvenir, morbleu !.. vingt... Vingt pistoles seulement ! de par tous les diables ! il n'y a qu'un enfant de boutique pour s'imaginer qu'on puisse être insolent à si bon marché !.. Oh ! oh ! vous changerez de façons, mon maître, ou loin de tuer Castelmelhor pour votre compte, je pourrais bien vous tuer pour le compte de Castelmelhor... Je suis comme cela, moi.

Le Padouan serra la bourse et reprit sa faction.

Le palais d'Alcantara, bâti aux portes de Lisbonne, au milieu du quinzième siècle, par Alfonse V, surnommé l'Africain, à cause de ses nombreuses victoires sur les Maures, était célèbre pour la magnificence de ses jardins. Jean IV, après sa réintégration au trône de ses pères, les avait restaurés et embellis au point que les poëtes du temps, race peu nombreuse en Portugal, mais d'autant plus emphatique, pouvaient les comparer, sans trop d'exagération, aux fameux jardins des Hespérides et autres parterres mythologiques. Suivant la coutume du temps, ils étaient ornés d'une grande profusion de divinités païennes : le bosquet d'Apollon, lieu assigné pour le rendez-vous de Castelmelhor et de Conti, empruntait son nom à un groupe, représentant le dieu de la poésie, muni de sa lyre, et entouré des neuf inévitables sœurs.

Longtemps avant que l'heure se fût écoulée, on aurait pu voir le jeune comte errer autour de ce bosquet. Il marchait rapidement et à pas saccadés, comme un homme absorbé par ses méditations.

Sa préoccupation n'était point sans motif. Ce rendez-vous donné ou plutôt imposé au favori, était une sorte de défi qu'il fallait soutenir à tout prix. Mais comment? — Nouveau venu de la veille, sans autre appui à la cour que la bienveillance fortuite d'un roi imbécile et qui, à ce moment peut-être, l'avait oublié déjà, que faire contre un homme, assis dès longtemps à la première place et résolu sans doute à ne reculer devant aucun moyen pour se maintenir au poste brillant qu'il avait conquis !

Aussi Castelmelhor ne prétendait-il point déclarer la guerre avant d'avoir proposé la paix. Son esprit froidement réfléchi et audacieux à la fois, comprenait qu'il manquait au favori plébéien l'appui et l'amitié d'un grand seigneur de naissance et, sur cette chance, il jetait hardiment tous ses espoirs d'avenir. Il ne se dissimulait nullement ce qu'avait de précaire la base de ses espérances, mais en suivant la route battue, il eût trouvé Conti toujours sur son chemin. Il lui aurait fallu attendre longtemps peut-être, ou se résigner à tenir un rang secondaire ; or, cet orgueilleux enfant qui foulait dédaigneusement aux réflexion sous ses pieds les rigides vertus de sa race, avait conservé entière dans son cœur l'indomptable fierté des Souza, il pouvait souffrir un rival, en gardant l'arrière-pensée de le renverser, mais point de supérieur.

Il avait mûrement et longtemps balancé les inconvénients et les avantages de cette démarche. Ce n'était point un partage qu'il comptait offrir à Conti. Quelque précieuse que pût être pour le favori l'alliance d'un Souza, Castelmelhor comprenait qu'il est tel bien qu'on n'aliène à aucun prix. Il avait son projet, qui en apparence, ne pouvait faire ombrage à Conti, et qui néanmoins, mis à exécution, devait faire de lui, Castelmelhor, l'homme le plus puissant de Portugal après le roi, si fortune incalculable, haute naissance, talent et audace réunis sont une source certaine de puissance. Ce projet, il est vrai, détruisait d'un seul coup le bonheur de Vasconcelos, son frère : mais qu'importe le bonheur d'un frère à l'homme que possède la soif de parvenir !

Telles étaient les pensées de l'aîné de Souza qui, plein de crainte et d'impatience à la fois, comptait les minutes en attendant l'heure de l'entrevue. Tandis qu'il tourmentait sa cervelle afin de préparer quelque argument nouveau pour le combat de ruses qu'il se préparait, le hasard lui forgeait une arme puissante et sur laquelle il n'avait pu compter jusque-là.

Baltazar, ce trompette de la patrouille que nous avons vu jouer un rôle dans l'assemblée des métiers de Lisbonne à l'auberge d'Alcantara, n'avait point renoncé à ses entrées au palais, bien qu'il eût abdiqué sa dignité de trompette des Fanfarons du Roi. Sa femme occupait un petit emploi d'intérieur ; il s'était dépouillé des signes distinctifs de sa nouvelle profession, et se promenait dans les jardins, guettant le moment favorable pour s'introduire au palais et arriver jusqu'à sa moitié.

Au détour d'une allée, il se trouva face à face avec Castelmelhor. L'ancien trompette se découvrit à la vue d'un gentilhomme, et allait passer son chemin, lorsque son œil rencontra par hasard le regard du jeune comte. Il poussa une exclamation de surprise.

— Le seigneur Simon en costume de cour ! se dit-il. Allons, j'en étais sûr, l'ouvrier drapier d'hier avait beau faire ; il ne me don-

nait point le change ; j'avais deviné sous son pourpoint de drap l'homme habitué à porter la soie et les dentelles..... Mais que fait-il ici ?...

Baltazar revint sur ses pas et alla se placer au milieu de la route que suivait Castelmelhor.

— Salut à notre vaillant général ! dit-il.

Castelmelhor leva les yeux, et voyant un inconnu, tourna le dos avec humeur.

— Holà ! seigneur Simon, reprit Baltazar en le suivant, — vous ne m'échapperez pas ainsi. Cet habit brodé a-t-il fait de vous un autre homme ? ou quelques heures de sommeil ont-elles suffi à vous ôter mémoire de vos amis de la veille ?

Au nom de Simon, le comte avait tressailli. Ce n'était pas la première fois qu'on le prenait pour son frère ; il n'eut donc pas de peine à retenir un léger mouvement de surprise, et se retourna vers Baltazar en souriant.

— Tu m'as donc reconnu, mon brave ? dit-il.

— Mon gentilhomme. s'écria gaiement Baltazar, — ce n'est pas à moi qu'on en passe !... Et d'abord, depuis quand les ouvriers drapiers portent-ils des chiffons de cette sorte ?

Il tira de son sein le mouchoir du cadet de Souza, et l'agita au-dessus de sa tête d'un air de triomphe. Castelmelhor n'avait garde de comprendre ; il reconnaissait la broderie du mouchoir de son frère, mais comment le mouchoir se trouvait-il au pouvoir de ce rustre ? — Sans savoir où le mènerait ce manége, un peu par curiosité et beaucoup par habitude de dissimulation, il résolut d'accepter le rôle que lui offrait le hasard, de ne point se faire reconnaître.

— Ah ! tu as gardé mon mouchoir ?... demanda-t-il.

— Et je le garderai toujours, dom Simon !... c'est un gage entre vous et moi, entre le grand seigneur et le pauvre homme, un gage qui me dira, si je venais à l'oublier, qu'il est au monde un noble qui a eu pitié d'un vilain... Et croyez-moi, en sauvant la vie à ce noble, le vilain n'a pu acquitter encore qu'une faible partie de sa dette !...

— Peste ! pensa dom Louis, ce brave garçon m'a sauvé la vie !.. où diable mon frère a-t-il été se fourrer !

— Je suis heureux de vous avoir rencontré, reprit Baltazar. C'est une entreprise dangereuse que celle où vous vous êtes engagé. Conti a le bras long, et ceux qui l'ont attaqué jusqu'ici sont morts.

Dom Louis était tout oreilles. Ces derniers mots, qui se rapportaient parfaitement à sa propre situation contenaient un terrible pronostic ; — il pâlit.

— Qui t'a dit que je m'attachais à Conti ? demanda-t-il vivement. Puis se souvenant de son rôle, il se hâta d'ajouter :

— Vois-je si je suis prudent ; j'ai pu me défier un instant de toi !...

— Oui, prononça lentement Baltazar, vous êtes prudent aujourd'hui, vous ne l'étiez pas hier : il me semble voir en vous d'autres changements que celui du costume. Mais que m'importe ! Le danger est grand, je le répète, car le favori a des stylets bien affilés à son service, mais nous sommes nombreux, et nous nous avons juré obéissance... Si vous vous hâtez de frapper, les autres tiendront leur serment ; que vous vous hâtiez ou non, moi je tiendrai le mien, et puisse Dieu permettre que le jour où le poignard de l'assassin menacera votre poitrine, Baltazar soit là pour mettre son sein entre le poignard et vous !

Castelmelhor écoutait plongé dans une muette stupeur. Il comprenait vaguement, maintenant, qu'une vaste conspiration s'ourdissait dans l'ombre contre le favori, et que son frère était le chef de cette conspiration.

— En deux jours ? se disait-il avec une inexprimable surprise, — dom Simon n'a pas perdu son temps, et il me faudra courir si je veux le gagner de vitesse !... Mon brave ami, reprit-il en s'adressant à Baltazar, je suis touché de ton dévouement ; sois sûr qu'il sera généreusement récompensé. En attendant que je puisse faire mieux, voici pour le service que tu me rendis hier...

Le comte avait tiré sa bourse et la tendait à Baltazar. — Celui-ci recula brusquement ; puis revenant d'un saut, il mit la main sur l'épaule de Castelmelhor et le regarda en face. Le résultat de cet examen ne se fit pas attendre.

Baltazar doué d'une force extraordinaire, saisit le comte à bras le corps et le terrassa, comme il eût fait d'un enfant ; — puis, appuyant son genou sur sa poitrine :

— De l'or ! murmura-t-il, dom Simon ne m'aurait pas offert de l'or !... Qui es-tu ?

Et avant que dom Louis eût le temps de lui répondre, il mit la main sous ses vêtements et en sortit un long poignard.

— Écoute, dit-il, si tu n'avais que mon secret, je te pardonnerais peut-être, mais tu m'as volé celui de dom Simon, il faut recommander ton âme à Dieu.

— Quoi! tu m'assassinerais ainsi, dans le jardin du palais!... voulut dire Castelmelhor.

— Pourquoi pas?... répliqua froidement le trompette. — Fais ta prière, te dis-je!

Il y avait un calme effrayant sur la figure de Baltazar. — Dom Louis se vit perdu.

— Mais, malheureux, dit-il avec désespoir, — je suis son frère, le frère de Simon de Vasconcellos.

— Simon de Vasconcellos! répéta Baltazar, — le fils du noble comte de Castelmelhor! Oh! tu dis vrai, sans doute, en lui donnant ce nom : tel père, tel fils; mais toi, toi, son frère! toi, l'aîné de Souza!... Tu mens!

Il leva son poignard. — Dom Louis était brave, mais cette mort indigne et obscure l'épouvanta.

— Pitié! pitié! cria-t-il d'une voix déchirante; — au nom de mon frère, pitié!...

Baltazar passa la main sur son front d'un air égaré.

— Son frère! murmura-t-il; moi, répandre le sang de son frère!... Et si je laisse vivre cet homme, qui me répond de lui?... Que faire, que faire, mon Dieu!

— Tiens, regarde, et vois si je mens! reprit Castelmelhor en montrant son anneau; — connais-tu l'écusson de Souza?...

— Non, dit Baltazar, mais ton blason ressemble en effet à la broderie du mouchoir de dom Simon... Relevez-vous, seigneur, je ne vous tuerai pas... pas aujourd'hui. — Je ne vous demande pas même serment de ne rien révéler de ce que vous venez d'apprendre, car en l'apprenant vous avez manqué à l'honneur, et je ne croirais pas à votre serment... Mais je veillerai sur vous, et si jamais vous poussiez l'infamie jusqu'à trahir votre frère... nous nous reverrions, seigneur, une fois, une seule fois, face à face, comme aujourd'hui, — et, sur l'âme de mon père, dom Simon serait vengé!

Baltazar s'éloigna lentement.

Comme il disparaissait sous l'ombrage d'un massif, dom Louis vit s'avancer, du côté opposé, le seigneur Conti de Vintimille, escorté, suivant son habitude, d'une douzaine de Fanfarons du Roi, habillés en gardes du palais.

VIII.

L'ENTREVUE.

Le comte de Castelmelhor eût désiré avoir quelques instants pour se recueillir après ce rude assaut; mais Conti s'avançait rapidement, et il ne put faire autre chose que d'aller à sa rencontre. Le favori venait de passer une demi-heure avec le roi; il avait pu voir qu'Alfonse était plus soumis que jamais à son influence, et ce fut d'un air dédaigneux et plein de suffisance qu'il aborda l'aîné de Souza.

— Mon jeune seigneur, lui dit-il, bien que je donne communément audience à ceux qui veulent m'entretenir dans mes appartements et non ailleurs, il m'est venu désir de ne vous point refuser cette entrevue que vous m'avez demandée assez cavalièrement ce matin. C'est un caprice, parlez, — mais soyez bref : je vous écoute.

— Seigneur de Vintimille, répondit Castelmelhor du même ton, — bien que j'aie pour coutume de ne point m'aboucher avec d'autres gens qu'avec ceux de ma sorte, il m'est venu désir de vous assigner cette entrevue que vous avez failli refuser ce matin. C'est un caprice, — et je serai bref, parce que je n'ai pas de temps à perdre.

— C'est une gageure! s'écria Conti en riant : vous avez voulu voir jusqu'où pouvait aller ma patience.

— J'ai voulu vous dire, seigneur, que vous marchiez sur une planche suspendue au-dessus d'un précipice, et qu'un geste de moi, — Castelmelhor frappa du pied, — pourrait briser la planche et vous lancer dans l'abîme.

— Forfanterie que tout cela, mon jeune maître, dit Conti, qui ne put s'empêcher de frémir.

Castelmelhor garda un instant le silence. Il avait rapidement changé dans sa tête son ordre de bataille. Le secret qu'il venait de découvrir lui fournissait une réserve puissante, et c'était maintenant par la crainte qu'il voulait agir sur le favori.

— Faites éloigner ces hommes, dit-il froidement. — Ce que j'ai à vous communiquer, nulle oreille ne doit l'entendre.

— Je crois savoir, comte de Castelmelhor, répondit Vintimille, qui le confondait toujours avec son frère, et voulait faire allusion à la scène de la place; — je crois savoir que votre épée est leste à sortir du fourreau. Ces hommes ne me quitteront pas.

Dom Louis laissa errer sur sa lèvre un sourire de mépris et dénoua le ceinturon de son épée, qu'il jeta au loin dans le parterre.

— Faites éloigner vos hommes, répéta-t-il.

Sur un geste de Conti, les Fanfarons du roi se retirèrent à distance.

— Maintenant, écoutez, reprit Castelmelhor, et n'interrompez pas. — Vous avez pour vous l'aveugle affection d'Alfonse VI, c'est beaucoup; mais vous avez contre vous la haine de la noblesse et du peuple : c'est davantage. — Un mot prononcé devant la reine-mère peut vous perdre, parce que la reine-mère a l'amour du peuple et le respect des nobles; ma mère, dona Ximena, est l'amie de Louise de Guzman... ce mot, si je veux, sera prononcé demain.

— Et si je veux, moi, dit Conti, dans une heure!...

— Vous me ferez assassiner? Erreur!.. Mais je vous avais dit de ne point m'interrompre : tâchez de vous en souvenir... La noblesse, de son côté n'attend qu'un signal pour se ruer sur vous. Ce signal, s'il est donné par moi, sera entendu; car tout bon gentilhomme aime et respecte le sang de Souza à l'égal de celui de Bragance... D'un autre côté encore, le peuple... Oh! ne souriez pas, seigneur de Vintimille, c'est ici que le danger est menaçant, redoutable et certain : le peuple conspire.

— Je le sais.

— Vous croyez le savoir... Vous pensez qu'il s'agit ici de quelque tumultueuse assemblée où un millier de bourgeois couards se rassemblent pour mettre en action la fable d'Ésope et crient : à mort le tyran! sans qu'il se trouve un seul conjuré assez brave pour exécuter cette dérisoire sentence! Vous vous trompez, seigneur de Vintimille. Le fabuliste n'aurait point trouvé matière à raillerie dans la conspiration dont je vous parle, car cette conspiration a une tête pour délibérer, et un bras pour servir la tête...

— C'est vous! interrompit Conti.

— Non pas moi, dit avec calme Castelmelhor, — mais un plus redoutable. — Le bras, c'est un bras robuste, seigneur de Vintimille; et quand ce bras tiendra le poignard levé sur vous, comme tout à l'heure il le tenait sur moi, un décuple rang de vos grotesques chevaliers ne saurait pas garder votre poitrine!..

— Vous avez dit vrai, seigneur comte, sauf en un point. C'est vous qui êtes le chef de cette conspiration : comme tel, vous méritez de mourir, et vous mourrez. — Quand vous serez mort, elle tombera d'elle-même, car le bras ne frappe plus quand la tête a été tranchée.

Castelmelhor se mordit la lèvre et croisa les bras sur sa poitrine.

L'erreur de Conti était évidente; mais comment la lui faire apercevoir?

— Vous ne dites plus rien, reprit le favori? — croyez-moi, ce n'est pas à votre âge qu'il faut jouer sa tête sur ces chances compliquées où se perd l'expérience des vieillards.

— Je réfléchis que l'erreur ou l'entêtement d'un homme peut déjouer les plans les mieux combinés. Je vous tiens, seigneur de Vintimille; vous ne pouvez m'échapper qu'en vous perdant vous même, et vous allez vous perdre en croyant vous sauver... Je n'ai plus qu'un mot à vous dire, écoutez encore : cette conspiration, je l'ignorais, il y a une heure; je l'ai découverte, au péril de ma vie, ici même, — car elle est vaste et ses agents vous entourent. — Si je meurs, l'association verra en moi un martyr. Demain, ce soir peut-être, je serai vengé; si vous m'aviez cru, au contraire, vous auriez vaincu la conspiration du peuple, dominé la noblesse et bravé le pouvoir de la reine-mère.

Il y avait dans la voix du jeune comte une fermeté calme qui ne permettait pas de mettre en doute la vérité de ses paroles. Conti hésitait; Castelmelhor se sentit assuré de la victoire.

— Y aurait-il méprise? murmura le favori, et ne serait-ce point lui qu'a suivi le Padouan?.. Seigneur comte, poursuivit-il tout haut, quel âge a Simon de Vasconcellos, votre frère?

— Mon âge.

— On dit que vous ressemblez de visage?..

— Au point que vous avez pris, je le devine, Simon de Vasconcellos pour le comte de Castelmelhor, seigneur de Vintimille.

— C'est donc lui qui est le chef?..

— Je puis vous le dire maintenant, car il ne restera point à votre merci. — Enfin, nous nous entendons, n'est-ce pas? faisons nos conditions. — Vous êtes en mon pouvoir, vous le savez; je pourrais donc vous demander la moitié de vos honneurs pour rançon, ce ne serait pas trop... mais je tiens à sauver dom Simon, et n'exige de vous qu'un ordre du roi qui commande à dona Inès de Cadaval de me prendre pour époux.

— Et nous serons amis? dit vivement Vintimille.

— Non pas... nous serons alliés. Vous pourrez vous appuyer sur moi pour regagner la noblesse, et vous tenir assuré que la reine-mère n'entendra point parler de vous. — Quant à la conspiration, je m'en charge, s'il vous plaît.

— Cependant...

— J'y tiens. — Dom Simon sera envoyé sain et sauf au château de Vasconcellos où il restera jusqu'à nouvel ordre en exil... Et maintenant regagnons le palais, et vous me direz en chemin pourquoi vous faisiez allusion à mon épée...

— Cher comte! s'écria le favori, vous m'y faites songer! je vous dois à ce sujet réparation.

Et tâchant de lui donner les façons de la courtoisie chevaleresque, Conti détacha le ceinturon de sa riche épée et voulut l'attacher au côté de Castelmelhor; mais celui-ci esquiva cet honneur douteux, et courant ramasser sa rapière, il boucla son ceinturon en disant :

— Il y a trois cents ans, seigneur de Vintimille, que Diego de Vasconcellos conquit cette arme sur les infidèles... Vous ne me dites pas ce que vous a fait mon frère?

Le front du favori se rembrunit.

— Votre frère, dit-il, m'a outragé publiquement.

— C'est un noble et audacieux enfant, pensa Castelmelhor dont un soupir souleva la poitrine. — Il se souvient, lui, des dernières paroles de notre père!... Et comment vous a-t-il outragé?

— Par mes nobles ancêtres! s'écria Conti furieux, il m'a appelé fils de boucher.

— Il faut lui pardonner, seigneur de Vintimille, dit Castelmelhor avec un méchant sourire; — peut-être ne savait-il point vos autres titres.

Un éclair de haine illumina le regard de Conti, qui s'inclina cérémonieusement en murmurant :

— J'aurais sans doute mauvaise grâce, seigneur comte, à ne point accepter cette excuse, et je vous en suis reconnaissant autant que je le dois.

Ils montaient le perron du palais.

L'étonnement des courtisans fut au comble en voyant l'aîné de Souza s'appuyer familièrement sur le bras du favori. Le roi lui-même fut un instant frappé de cette circonstance.

— Voici, dit-il, notre très-cher Conti qui prend son successeur en croupe de peur de le perdre en chemin. C'est très-plaisant. — Moi, je lui avais conseillé de l'assassiner.

Puis, s'adressant aux courtisans :

— Messieurs, vous engage à gagner l'amitié de ce bambin de comte, il me plaît, et j'exile... voyons, qui exilerai-je? j'exile dom Pedro Da Cunha, qui se fait vieux, pour nommer le petit comte gentilhomme de ma chambre... Sévérim, vous en expédierez ce soir les provisions... Dom Louis de Souza, nous vous donnons licence de baiser notre main royale.

Conti s'efforça de sourire et complimenta gauchement le nouveau dignitaire. Les autres courtisans se confondirent en félicitations exagérées. — Castelmelhor coucha au palais cette nuit.

En traversant l'antichambre pour gagner son appartement, Conti trouva le beau cavalier de Padoue qui l'attendait de pied ferme.

— Misérable coupe-jarret, lui dit-il, je te chasse!

— Je n'ai pas bien compris Votre Excellence, balbutia Macarone; — elle a dit?..

— Je te chasse!

— Votre Excellence n'y songe pas... commençait Macarone.

Mais Conti ne l'entendait plus. Sans faire attention au lieu où il se trouvait, il s'était jeté dans un fauteuil, et il se frappait le front avec un dépit désespéré.

— Qui donc me vengera de ce Castelmelhor! murmurait-il.

Le Padouan s'approcha doucement.

— Est-il donc à l'épreuve de ceci?.. demanda-t-il en montrant un stylet italien d'une longueur démesurée.

— Le tuer! dit Conti en se parlant à lui-même; — non. Mais le tromper et me servir de lui...

— Je puis donner un bon conseil tout aussi bien que frapper un bon coup, insinua l'Italien qui remit son stylet dans sa manche.

— Peut-être! s'écria Conti : — ma tête se perd; mes idées se troublent; tu vas penser pour moi cette nuit.

Et, saisissant le bras du Padouan, il lui raconta son entrevue avec Castelmelhor et la promesse qu'il avait faite d'un ordre du roi pour forcer la jeune héritière de Cadaval à donner sa main au comte.

— L'ordre est expédié déjà, continua-t-il ainsi qu'un autre que Castelmelhor m'a également extorqué.

— Est-elle bien riche, cette belle enfant? demanda Macarone.

— Assez riche pour acheter la moitié de Lisbonne!

— Alors, vous avez bien fait de donner cet ordre.

— Tu railles, je crois!.. Une fois possesseur de cette fortune, Castelmelhor sera tout-puissant.

— Votre Excellence ne me laisse point finir. — Vous avez bien fait de donner cet ordre, mais il faut empêcher son exécution.

— Comment faire?

— Attendez donc!.. il y aurait mieux que cela!.. Je veux mille pistoles pour le conseil que je vais donner à Votre Excellence!

— Tu les auras... parle!

— Avec les trois cent soixante-quinze que Votre Excellence me doit, cela fera treize cent soixante-quinze! ou quatorze cents, afin d'éviter les fractions.

— Ton conseil, drôle! ton conseil!

— Voilà!... — il faut épouser vous-même la jeune héritière de Cadaval.

— Conti bondit sur son siège à cette idée. Ce mariage avec Inès Pereira lui donnait les droits au duché de Cadaval, il devenait d'un même coup le plus haut seigneur et le plus riche gentilhomme de la cour de Portugal.

— Ascanio! s'écria-t-il d'une voix tremblante, si tu me donnes un moyen de réaliser cet espoir, je te promets ton pesant d'or.

— Marché conclu! dit Macarone. J'ai mon idée; je vais y réfléchir.

Et il prit congé de Son Excellence pour se livrer à cette importante occupation.

Il est bon de dire au lecteur, avant de clore ce chapitre, qu'au moment où finissait l'entrevue de Castelmelhor et de Conti, dans le bosquet d'Apollon, Baltazar avait montré à demi sa large carrure derrière la statue. Il était parvenu à gagner ce poste à l'aide de longues branches qui jetaient leur feuillage à l'entour du groupe mythologique, et de là il avait assisté à l'entretien. Renonçant à voir sa femme ce jour-là, il se précipita sur la route de Lisbonne, et ne s'arrêta qu'aux portes de l'hôtel de Souza.

IX.

DONA XIMENA DE SOUZA.

Dona Ximena et Inès de Cadaval, sa pupille, étaient seules dans un salon de l'hôtel de Souza. La noble veuve tenait entre ses mains un livre de prières, à fermoirs d'or, et interrompait de temps à autre sa pieuse lecture pour admirer les miniatures délicates, dont quelque peintre excellent et inconnu avait chargé le vélin des hautes marges. Inès brodait une écharpe de velours, aux couleurs de Vasconcellos. Elle était assise près d'une fenêtre, et son regard inquiet se tournait bien souvent vers la porte extérieure de l'hôtel, qui ouvrait ses deux massifs battants au bout d'une vaste cour pavée en dalles de granit.

Le salon où se trouvaient les deux dames avait, comme le reste de l'hôtel, un aspect antique et tout seigneurial. On reconnaissait là cette antique maison qui prétendait faire remonter sa généalogie aux temps de la domination carthaginoise, et comptait parmi ses ancêtres, en remontant les siècles, des chefs ibères, des princes visigoths et des rois de la Castille, d'Aragon et de Portugal.

Tout autour de la pièce régnait un cordon de ces sombres portraits de famille, dont l'étrange beauté fut le secret des peintres de la vieille école espagnole. Au milieu, vis-à-vis de la porte d'entrée, s'élevait un trophée d'armes où la lance chevaleresque se trouvait pêle-mêle avec la zagaie et le cimeterre contourné des Maures de Grenade.

La tapisserie en cuir de Cordoue, représentant, gravés en or, sur fond bleu-obscur, des joutes, des fêtes et des batailles rangées. Au-dessus de chaque personnage, on voyait son nom et son écu. Les panneaux de cette magnifique tenture étaient séparés par des colonnettes en demi-relief supportant alternativement la croix du Christ et celle qu'on voit aux armoiries de Bragance. — Aux deux côtés de la pièce, deux larges cheminées, que surmontaient des glaces de Venise aux capricieux encadrements, étaient chargées de ces bizarres figures de porcelaine chinoise qui, de nos jours, atteignent un prix fabuleux, et que l'immense commerce des Portugais leur permettait de se procurer aisément. Un grand lustre de bronze, sans cristaux, et un tapis de Braga d'une couleur unique, mais éclatante, complétaient le sévère ornement de cette pièce.

Dona Ximena avait déposé son livre de prières et regardait Inès avec une tendresse de mère.

— En ce moment, dit-elle, comme si elle eût été sûre que la pensée d'Inès correspondait à la sienne, — en ce moment, ils sont auprès de Sa Majesté.

— Dieu veuille que le roi les reçoive selon leurs mérites, murmura la jeune fille.

Puis elle ajouta plus bas encore.

— Dom Simon gagnera le cœur de Sa Majesté.

Dona Ximena l'entendit et un sourire maternel dérida la tristesse accoutumée de son visage.

— Dom Simon? répéta-t-elle en faisant un signe de caressante raillerie.

— Et dom Louis, s'empressa d'ajouter Inès, dont une délicate rougeur vint colorer la joue.

— Oh! ne l'en défends pas, ma fille, reprit dona Ximena d'un ton grave et mélancolique; — qu'il soit, après Dieu, le premier dans ton cœur, comme son nom vient le premier à la lèvre : il t'aime tant lui! Je voudrais vous voir unis déjà. Le ciel a permis qu'un règne désastreux suivît en Portugal une ère de bonheur et de gloire : ceux qui sont jeunes auront sans doute une vie pleine d'amertume; mais tu auras du moins, toi, le bras et le cœur d'un époux pour te protéger et t'aimer.

— Un bras vaillant, un cœur loyal! dit Inès en relevant la tête avec fierté; — vienne le malheur, je ne le craindrai pas, madame!

— J'étais ainsi autrefois, reprit encore dona Ximena; —nous nous aimions comme vous vous aimez, mes enfants, d'un amour légitime et pur... Je fus heureuse... oh! bien heureuse!... Maintenant, Dieu m'a repris mon noble Castelmelhor... je suis veuve... je pleure!

Des larmes emplissaient en effet les yeux de dona Ximena : mais bientôt sa force d'âme reprit le dessus, et ce fut d'un ton ferme qu'elle poursuivit :

— A cette heure, le marquis de Saldanha, notre cousin, doit les avoir présentés au roi. Je ne sais, mais je tremble. On fait de ce jeune prince de si déplorables portraits... Simon est impétueux...

— Ne craignez rien pour lui, ma mère, interrompit Inès; il est impétueux, mais il est si passionnément dévoué à dom Alfonse de Portugal, son roi légitime! Croyez-moi; mon cœur ne peut me tromper; nous allons le voir revenir heureux et fier.

Elle n'acheva pas; une pâleur mortelle couvrit tout à coup son front, et sa main se posa sur son cœur pour en comprimer les battements précipités.

— Le voici, murmura-t-elle.

La comtesse se leva aussitôt et se pencha à la fenêtre.

Simon de Vasconcellos venait de passer le seuil de l'hôtel. Il traversait la cour à pas lents et la tête baissée. Un désespoir morne se lisait dans sa contenance. Les deux dames le regardèrent en silence; la comtesse fronça le sourcil; Inès joignit les mains et leva les yeux au ciel. — Après une minute d'attente, la porte du salon s'ouvrit, et Simon entra.

— Pourquoi ce retour si prompt, Vasconcellos? demanda froidement la comtesse.

— Madame, répondit Simon d'une voix étouffée, — pour soutenir l'honneur du nom de Souza, il ne vous reste plus qu'un fils... j'ai encouru la disgrâce du roi.

Ximena prit un visage sévère.

— En effet, dit-elle, celui-là seul sera mon fils qui gardera pour son souverain respect et amour.

— Ma mère, ne voyez-vous pas qu'il souffre? voulut dire Inès.

Mais la comtesse lui imposa silence d'un geste, et continua d'une voix solennelle :

— En l'absence de l'aîné de Souza, j'ai le droit de vous interroger, et je suis votre juge. Quelle faute avez-vous commise, Simon de Vasconcellos?

Le jeune homme se recueillit un instant et raconta la scène de la porte d'Alcantara, en atténuant autant que possible les torts du roi. Les deux dames l'interrompirent plusieurs fois par des exclamations de surprise et de douleur. Quand il eut fini, Inès mit la main de dona Ximena.

C'est un joli nom! Simon qui?

— Je savais bien, moi, dit-elle, qu'il n'était que malheureux !

Simon tourna vers elle un regard plein de reconnaissance et de tendresse. La comtesse gardait le silence.

— Et Castelmelhor, demanda-t-elle enfin, tout à coup, — qu'a-t-il dit ?

— Mon frère a suivi le roi au palais, répondit Simon.

— Peut-être a-t-il bien fait, pensa tout haut la comtesse ; — et pourtant, à son âge, baiser la main de l'homme qui vient d'insulter un frère !

— Cet homme est le roi, madame, interrompit Vasconcellos.

— Tu as raison ; j'ai tort..... mais, vous-même, dom Simon, pourriez-vous pardonner à sa majesté ?..

— Pardonner au roi ! interrompit encore Vasconcellos avec un étonnement qui peignait mieux que toute parole sa loyauté naïve et sans bornes ; — pardonner au roi, dites-vous ! je suis à lui, madame, à lui jusqu'à la mort !

Inès regardait son fiancé avec admiration ; un subit enthousiasme éclaira le visage de la comtesse.

— Oh ! tu es bien son fils ! dit-elle en ouvrant ses bras, — et que Jean, mon époux serait fier de t'entendre !

Simon tomba sur le sein de sa mère. Ce souvenir soudain de son père mort, jeté au travers de sa douleur récente, amollit son cœur et amena une larme à ses yeux.

— Senora, dit-il à Inès en se relevant, ce matin j'avais un vaste et brillant avenir ; la vie se montrait à moi pleine de promesses de gloire et de fortune ; j'étais digne peut-être de prétendre à votre main. Ce soir, je suis un pauvre gentilhomme destiné à traîner loin de la cour une existence obscure et inutile... Je suis moins que cela, car j'ai fait un serment, et, pour moi, le jour du péril approche. Vous aviez promis d'être la femme du brillant seigneur : le pauvre gentilhomme n'aura point la lâcheté de se prévaloir de cette promesse.

Vasconcellos s'arrêta ; il sentait sa force l'abandonner, et s'appuya sur un siége pour attendre la réponse d'Inès.

— Madame !... ma mère ! s'écria celle-ci dont la voix s'étouffait sous ses sanglots, — vous l'avez entendu !.... Suis-je donc si tombée à vos yeux... Vasconcellos ?..... Que vous ai-je fait pour

m'attirer cet outrage ? Oh ! savais-je, moi, ce que c'était que ce brillant avenir dont vous me parlez ? Et si parfois j'y pensais, était-ce pour un autre que pour vous ?..

Mais parlez-lui donc, madame ! dites-lui qu'il est injuste et cruel ; dites-lui que s'il voulait repousser ma main, il fallait qu'il le fît hier ; — et qu'aujourd'hui, en le voyant souffrir, j'ai le droit de refuser la parole qu'il veut me rendre, et de rester malgré lui sa fiancée !

Inès s'était mise à genoux et pressait les mains de la comtesse. Celle-ci regardait alternativement la jeune fille et Simon qui, succombant à son émotion, avait perdu la parole et semblait prêt à défaillir.

— Vous êtes faits l'un pour l'autre, dit-elle enfin ; — Inès, je te remercie, chère fille ; depuis longtemps mon cœur n'avait point goûté tant de joie ; et toi, Vasconcellos, rends grâce à Dieu, car il t'a envoyé une grande consolation.

Simon s'approcha et porta la main d'Inès à ses lèvres. Celle-ci prit d'abord un visage irrité ; puis, souriant tout à coup à travers ses larmes, elle cacha sa rougeur dans le sein de dona Ximena.

— Il faut nous hâter, mes enfants, reprit cette dernière ; les mauvais jours commencent pour nous. Qui sait quels obstacles ne pourraient point, plus tard, s'opposer à votre union ? Demain, vous serez mariés.

— Demain ! répéta Inès effrayée.

— Demain ! s'écria Vasconcellos avec transport.

— Demain, dit derrière lui une voix forte et rude, il sera trop tard !..

Les deux dames poussèrent un cri de terreur et Vasconcellos se retourna en portant la main sur son épée. — Baltazar était debout, immobile sur le seuil, de la porte.

— Toi ici ! s'écria Simon qui le reconnut aussitôt ; — qu'y a-t-il ?

— Il y a, répondit tristement Baltazar, que je vous ai trahi et que je veux tâcher de vous sauver. — Après, vous me tuerez si vous voulez.

— Quel est cet homme ? et que veut-il dire ? demanda la comtesse.

— Madame, dit Vasconcellos, je vous ai confié naguère que je fis un serment au lit de mon père. Ce serment, vous ne pouvez connaître son objet. Cet homme m'était étranger hier ; en échange d'un

Le lever du roi

2

léger service, il m'a déjà sauvé la vie. — Ce qu'il veut me dire doit
être un secret pour tous.

La comtesse prit la main d'Inès et se dirigea vers la porte. Sur le
seuil elle se retourna.

— Je prie Dieu qu'il favorise vos projets, Vasconcellos, dit-elle,
car vos projets ne peuvent être que ceux d'un fidèle sujet du roi.

— Au nom du ciel, qu'est-il arrivé? demanda Simon, dès qu'il
fut seul avec Baltazar.

— Je vous l'ai dit, répondit celui-ci, — Conti sait tout et cela par
ma faute!... il sait que vous êtes notre chef, il sait que c'est vous
qui l'avez insulté hier. Si j'en avais su moi-même davantage, Conti
ne l'eût pas ignoré...

— Qui a pu te porter à me trahir?

— Le hasard et l'envie que j'avais de vous servir. J'ai pris pour
vous le comte de Castelmelhor, votre frère; je lui ai parlé comme
j'aurais fait à vous-même. Le comte est plus fin que moi : il me laissait dire, si bien que j'ai tout dit!...

— C'est un malheur; — mais, de Castelmelhor à Conti, il y a loin,
mon brave, dit Simon avec confiance.

— Pas plus loin, mon jeune seigneur, que de ma bouche à votre
oreille en ce moment.

— Oserais-tu prétendre!..

— Oh ! il a fait ses réserves... Vous ne serez pas tué, dom Simon,
Votre frère a stipulé qu'on se contenterait de votre exil.

— Mais tu mens ou tu te trompes, Baltazar!... c'est folie que de
t'écouter plus longtemps!

— Vous m'écouterez, pourtant, seigneur de Vasconcellos, dit Baltazar en se mettant entre la porte et le cadet de Souza; dussé-je employer la force, je réparerai le mal que j'ai fait!

Simon se résigna et prit un siège; Baltazar vint se poser devant lui.

— Vous l'aimez bien, n'est-ce pas, cette belle enfant qui était à la
place où vous êtes assis maintenant? reprit-il d'un ton timide et
presque à voix basse. — Oh ! c'est là en effet la femme que doit aimer
un homme comme vous, seigneur : son front pur reflète la pureté
de son âme, et la douce fierté de son regard dit tout ce qu'il y a de
noble vertu dans son cœur. Je la chéris, dom Simon, parce que vous
l'aimez, et je donnerais ma vie pour épargner une larme à ce grand
œil noir qui reposait à l'heure se reposait sur vous avec tendresse.

— C'est de l'enthousiasme, cela ! dit Vasconcellos en souriant.

— C'est de la démence. Depuis hier, je me suis dit cela bien
des fois, seigneur ; mais, que voulez-vous? je vous aime comme si
vous étiez à la fois mon maître et mon fils... Votre frère souriait aussi
quand, en le prenant pour vous, je lui parlais de mon dévouement... Ne
souriez plus dom Simon ; il ne faut pas que vous ressembliez à cet
homme.

— Parlons sérieusement en effet, dit le jeune homme, et souviens-
toi de garder envers mon frère le respect convenable.

— Nous reviendrons tout à l'heure à votre frère, seigneur. Il s'a-
git maintenant de dona Inès de Cadaval qui, dans quelques heures,
auparavant — peut-être, va vous être enlevée!

— Inès enlevée! s'écria Vasconcellos en pâlissant; cet homme me
rendra fou!... Par pitié, Baltazar, explique-toi.

— Ne devinez-vous donc pas ce qui me reste à vous dire? Votre
frère l'aime, lui aussi, — ou plutôt il convoite ardemment son immense fortune.

— Mon frère! un Souza!... c'est impossible.

— Et, pour prix de sa trahison, poursuivit lentement Baltazar,
Conti lui a promis un ordre du roi qui doit mettre entre ses mains
l'héritière de Cadaval : j'étais présent au marché.

— Toi... tu as vu, tu as entendu cela?

— Je l'ai vu, je l'ai entendu.

Vasconcellos demeura comme anéanti. Il voulait croire à l'innocence
de son frère ; mais l'assurance de Baltazar le confondait.

— Et maintenant, reprit ce dernier, il n'y a pas de temps à perdre;
il faut, quand les gens du roi viendront, qu'ils ne trouvent plus Inès
de Cadaval, mais Inès de Vasconcellos y Cadaval, votre femme.

— Je le crois, je suis forcé de te croire, dit Simon en baissant la tête;
car ce conseil est celui d'un ami. Oh! Castelmelhor! Castelmelhor !

— Ce n'est pas le moment de gémir, seigneur ; vous avez, Dieu
merci, assez de besogne!... Tout de suite après la cérémonie, il vous
faudra prendre la fuite.

— A quoi bon?...

— Ne vous ai-je pas dit que votre frère dans sa clémence, a obtenu contre vous un ordre d'exil? Or, vous savez comment les agents
de Conti exécutent ces sortes de sentences : vous serez saisi et conduit à votre terre comme un criminel.

— Et il faut que je reste à Lisbonne. car j'y ai un devoir à remplir!... Tu as raison, Baltazar. Merci!... que Dieu pardonne à mon
frère!

Une heure après cette entrevue, tout était en grand émoi à l'hôtel
de Souza. Simon, sans révéler à sa mère la honteuse conduite de Castelmelhor, lui avait fait connaître qu'un péril prochain le menaçait
lui-même et qu'il fallait que le mariage fût célébré sur-le-champ. Sa
malheureuse aventure de la porte d'Alcantara et la folle colère du roi
motivaient suffisamment d'ailleurs cette mesure. Inès avait consenti,
et ses femmes, étonnées de cette résolution soudaine, s'occupaient de
sa parure.

La comtesse, Baltazar, Vasconcellos et un prêtre de Notre-Dame-
de-Grâce qu'on avait mandé à cet effet, attendaient la jeune fille.
Tout était disposé pour la cérémonie.

Elle parut enfin, pâle et si émue que le bras de sa camériste avait
peine à la soutenir. La comtesse la prit par la main et la conduisit
au prie-Dieu, où Simon alla s'agenouiller près d'elle. — Le prêtre
revêtit ses habits pontificaux.

Mais à ce moment, un grand bruit se fit dans la cour de l'hôtel,
qui, en un clin d'œil fut remplie de cavaliers.

— Hâtez-vous, mon père, s'écria Simon.

— Il n'est plus temps, dit Baltazar, et il faut fuir.

— Quoi!... l'abandonner ici, sans protection... Jamais!

— Il faut fuir, vous dis-je ; les agents du favori montent; ils sont
à vingt pas.

— Qu'ils viennent! s'écria le jeune homme en tirant son épée.

On frappa rudement à la porte du salon.

— Y a-t-il une autre sortie? demanda Baltazar à la comtesse.

— Cette porte masquée donne sur les jardins de l'hôtel.

— Il faut fuir! répéta une troisième fois Baltazar.

Et, saisissant Vasconcellos, il l'enleva de terre et l'emporta dans
ses bras malgré sa résistance.

Sur un ordre de la comtesse, la camériste d'Inès ouvrit la porte,
et Manuel Antunez, officier de la patrouille royale, entra escorté de
ses cavaliers... Il jeta son regard autour de la salle et parut dé-
concerté de n'y point voir Vasconcellos. Il n'y avait là qu'Inès évanouie, le prêtre de Notre-Dame-de-Grâce et dona Ximena de Souza.

— Qui vous amène? demanda cette dernière, qui avait recouvré
sa contenance hautaine et intrépide.

— Un ordre de Sa Majesté, répondit Antunez en dépliant un
parchemin scellé du sceau d'Alfonse VI (1).

— S'il est un lieu où le bon plaisir de Sa Majesté soit une loi sacrée, dit la comtesse, c'est la demeure des Souza. Faites votre devoir,
seigneur.

Antunez et ses chevaliers se regardèrent interdits.

— Madame, reprit-il en hésitant, il s'agit de votre fils, dom Simon de Vasconcellos... Une sentence d'exil...

— Mon fils n'est point ici, seigneur.

— On nous a prévenus ! murmura Antunez.

Et le dépit lui rendant son insolence, un instant comprimée par la
présence de la comtesse, il le couvrit et prit un siège.

Le prêtre donnait ses soins à Inès de Cadaval qui reprenait lentement ses sens.

— Seigneur, dit la comtesse avec un calme méprisant, — il y a
plus de serviteurs dans la maison de feu mon époux qu'il n'en faudrait pour vous faire tenir debout et découvert en présence de sa
veuve, mais je respecte en vous le porteur d'un ordre de Sa Majesté...
Au lieu de vous chasser, je me retire.

Dona Ximena prit à ces mots la main d'Inès qui se leva chancel-
lante et s'appuya sur le bras du prêtre; tous trois traversèrent la
salle. Antunez les laissa gagner la porte; mais au moment où la
comtesse allait disparaître, il se leva, se découvrit, et, saluant avec
une humilité moqueuse :

— A Dieu ne plaise, dit-il, que j'oublie mon devoir de cavalier
envers vous, noble senora; mais demeurez si vous suppliez, et, puisque vous professez un si profond respect pour les ordres de Sa Majesté, veuillez prendre connaissance de celui-ci.

Il tendit un autre parchemin, également marqué du sceau du roi.
C'était l'ordre intimé à dona Inès de Cadaval, de donner sa main,
dans le délai d'un mois, à Louis de Vasconcellos et Souza, comte de
Castelmelhor.

Dona Ximena pâlit en lisant les premières lignes; — quand elle

(1) Alfonse n'avait point encore le sceau de l'État qui restait aux mains
de la régente, sa mère.

arriva au nom de son fils aîné, le rouge de l'indignation lui monta au visage.

— Dieu sauve le roi! dit-elle en repliant le parchemin... Je pense, seigneur, que votre mission est accomplie?...

Antunèz, subjugué par cette dignité calme et à l'épreuve, s'inclina sans mot dire et sortit.

— Allez, ma fille, allez! dit la comtesse d'une voix entrecoupée; suivez-la, mon père... je veux être seule.

Le sang avait abandonné ses joues; elle tremblait, et se retenait convulsivement au bras d'un fauteuil, comme si ses jambes eussent fléchi sous le poids de son corps; Inès et le prêtre voulurent rester près d'elle; mais elle fronça le sourcil et montra la porte d'un geste si impérieux qu'ils durent obéir aussitôt.

Dès que Dona Ximena fut seule, deux larmes, longtemps contenues, jaillirent de ses yeux. Elle se traîna, chancelante et s'appuyant aux meubles, jusqu'au portrait de Jean de Souza, celui de ceux qui pendaient aux lambris, et tomba sans force sur ses genoux.

— Mon Dieu! dit-elle, fais que je me sois trompée! fais que le soupçon qui torture et brise mon âme n'ait d'autre fondement que mes folles anxiétés de mère!..... Non! oh! non, ce n'est que trop vrai! les réticences de Vasconcellos, lorsqu'il voulait hâter ce mariage, son embarras lorsque j'ai voulu l'interroger, tout me dit que Castelmelhor est coupable. Simon n'osait m'apprendre cette honte; son cœur généreux répugnait à accuser son frère!... son frère! — Ton fils, seigneur comte, ajouta-t-elle avec violence en regardant le portrait de Jean de Souza, celui qui porte ton nom et attache à son flanc la noble épée!... ton fils, qui est un mauvais frère, et un déloyal gentilhomme!

Elle se leva et parcourut la salle à grands pas.

— Et cet ordre du roi! reprit-elle. — Désobéir!... la veuve de Souza désobéir au fils de Jean de Bragance! et cependant dois-je laisser dépouiller Vasconcellos, — le seul enfant qui me reste! de sa part de bonheur sur cette terre!... Doi-je souffrir que ma pupille soit malheureuse entre les bras de ce fils indigne?... Ils étaient si heureux ce matin! Elle est si pure, lui, si noble! leur union eût été si fortunée!... Que faire, mon Dieu! prenez pitié!

Tout à coup elle s'arrêta, et comme si sa prière eût été soudain exaucée, une expression de radieux espoir chassa la pâleur de son visage désolé.

— La reine!... dit-elle; dona Louise, gouverne encore; dona Louise a le sceau de l'État et porte la couronne!... Cet ordre peut être révoqué par son ordre... Je vais aller me jeter aux genoux de la reine qui m'aime et qui nous sauvera!...

X.

LE LEVER DU ROI.

Le lendemain matin, Ascanio Macarone, le beau cavalier avait mis la main sur l'expédient qu'il cherchait. Il en fit part à Conti, lequel accueillit l'idée, et donna à l'Italien, non pas son pesant d'or, mais un très-notable à-compte; — puis le Padouan sortit du palais et gagna la ville afin d'assurer les préliminaires qu'exigeait la mise à exécution de son plan.

— Votre Excellence, dit-il à Conti, en le quittant, — sera l'époux de dona Inès et duc de Cadaval par-dessus le marché, ce qui vous fera cousin de Sa Majesté (1).

Nous retrouverons plus tard l'Italien, et le lecteur saura ce que c'était que son expédient.

En attendant, il nous faudra assister au lever de Sa Majesté Alfonse VI, roi de Portugal, lequel, sans s'en douter, devait jouer un si grand rôle dans la réussite des desseins du rusé Padouan.

Il n'y avait, suivant le cérémonial de la cour de Lisbonne, personne dans la pièce où couchait le roi; mais cette pièce donnait sur une vaste antichambre, dont la porte de communication restait toujours ouverte, et où veillait chaque nuit un des gentilshommes ordinaires. La porte extérieure était close; au dedans et au dehors étaient couchés, en travers, deux gardes du palais. Cette coutume avait été introduite par Jean IV, qui soupçonnait les Espagnols de le

(1) Les Cadaval sont une branche cadette de la maison de Bragance.

vouloir faire assassiner. Au delà de cette porte, régnait une salle d'armes, dont les Fanfarons du Roi faisaient le service.

Alfonse VI dormait; il faisait nuit encore. Le hasard avait voulu que ce fût le tour de veille de dom Pedro da Cunha, et Castelmelhor, son successeur, avait dû le remplacer. Le jeune comte se promenait de long en large et à pas lents dans l'antichambre. Il était pâle et défait, comme on l'est au sortir d'une longue maladie. Était-ce la joie immodérée du succès, était-ce le remords qui avait ainsi pesé sur lui durant cette première nuit de veille? Pas un instant le sommeil n'é-venu solliciter sa paupière; — eût-il été dans son lit, il n'aurait point fermé l'œil. La fièvre le brûlait.

— Mon père, murmurait-il, en jetant autour de lui ses regards égarés, — ne me condamne pas sans m'entendre. J'ai fait un serment; je m'en souviens : je le tiendrai! Qu'importe la manière dont je m'y prends pour le tenir? Tu as dit : veillez sur le roi, combattez le favori : — me voilà, veillant au chevet du roi, et quant au favori, je l'ai combattu et vaincu déjà... Je le combattrai encore... La ruse, dis-tu, n'est pas l'arme d'un gentilhomme? La meilleure arme, mon père, est celle qui remporte la victoire... Tu prononces le nom de mon frère!...

Ici Castelmelhor s'arrêta et tendit les deux mains en avant, comme pour repousser une vision obsédante.

— Mon frère! continua-t-il : — oui. Je lui prends sa fiancée qu'il aime, mais je lui rendrai sa fortune... Seigneur, je vous en donne ma foi, quand je serai grand et puissant, — le plus grand et le plus puissant de tous, — j'appellerai Simon près de moi... car je l'aime, et je veux qu'il soit un jour si près du trône qu'il n'y ait qu'un homme entre le trône lui. — Cela ne vaut-il pas bien l'amour d'une femme, mon père?...

— Qui ose parler dans l'antichambre royale? demanda tout à coup la voix grondeuse et cassée d'Alfonse VI.

Castelmelhor tressaillit violemment. — La vision disparut, mais il resta au jeune comte une accablante fatigue de corps et d'âme.

— Cunha! poursuivit-il encore, — Pedro da Cunha, vieux dormeur! j'ai failli être assassiné par les Maures de Tanger, et tu sommeilles pendu, mon ami!...

Castelmelhor n'osait répondre. Ce nom da Cunha était comme une suite de ce rêve magnétique qu'il venait de subir, car c'était encore le nom d'une victime de son ambition. Le roi s'agita dans son lit, et reprit d'une voix courroucée :

— Sommes-nous trahi, abandonné, jeté dans quelque palais désert et sans issue, allons-nous être couronné-nous de monde en mendiant notre pain comme fit, dit-on, le bon roi dom Sébastien, notre prédécesseur?... Holà! Pedro, je vais lâcher sur toi mon camarade Rodrigo, qui t'étranglera comme un mécréant que tu es!...

Rodrigo, en entendant prononcer son nom, se prit à hurler d'une façon menaçante. — Castelmelhor entra dans la chambre du roi.

— Enfin! s'écria celui-ci : tu as eu grand'peur, n'est-ce pas vieux Pedro?... Par la croix de Bragance! il y a trahison : vous n'êtes pas Pedro da Cunha!

Dom Louis s'arrêta et fléchit le genou.

— Il a plu à Votre Majesté, dit-il de me nommer hier gentilhomme de sa chambre.

— Qui, toi?

— Louis de Souza, comte de Castelmelhor.

Le jour commençait à se faire. Alfonse mit sa main sur ses yeux, considéra un instant dom Louis, puis partit d'un bruyant éclat de rire.

— C'est ma foi vrai, dit-il, voilà ce bambin de comte, et Vintimille, notre ami de cœur, ne l'a pas fait assassiner. C'est très-plaisant. Eh bien! Castelmelhor, nous t'avions complètement oublié.

Il s'arrêta et reprit :

— Quel âge as-tu !

— Dix-sept ans, Sire.

— Un an de plus que moi... tu n'es pas grand pour ton âge. — Sais-tu piquer un taureau?

— Je puis l'apprendre.

— Moi, je suis le plus brave picador de Lisbonne. — Sais-tu te battre?

— Sire, je suis gentilhomme.

— Moi aussi, petit comte, mais je ne le répète pas si souvent que vous autres... Il faut que je me batte avec toi.

Et, avant que Castelmelhor eût ouvert la bouche pour répondre, Alfonse avait passé son haut-de-chausses, et saisi une paire de fleurets suspendue à la muraille.

— En garde, seigneur comte, en garde! s'écria-t-il, bouillant d'une impatience enfantine. Une, deux!... parez!... parez !... à vous!...

Et Alfonse, après avoir poussé trois bottes extravagantes coup sur coup, se mit à son tour en défense. Castelmelhor fournit ses trois passes, et eut le bon esprit de ne pas toucher le roi.

— On dirait que tu me ménages! dit celui-ci en battant un appel de son pied nu; — Attends!... Parez quarte, et forcez dans le flanc... Touché! Cela s'appelle, bambin de comte, une flanconnade. Tu ne te frotteras plus à moi, n'est-ce pas?

— Votre Majesté m'eût traversé de part en part! dit Castelmelhor.

— C'eût été très-plaisant.

Alfonse, grelottant de froid, se remit entre ses draps; et, comme le jour était levé tout à fait, il ordonna à dom Louis de faire ouvrir.

Les gentilshommes qui avaient licence d'assister au lever du roi entrèrent aussitôt. Conti marchait en tête. Tous s'arrêtèrent à distance; le favori seul s'avança jusqu'au lit du souverain, et porta sa main à ses lèvres.

Il ne faut point s'attendre que nous nommions ici les représentants de cette belle noblesse portugaise du XVIIe siècle, qui ne le cédait à la noblesse d'aucun pays. Tout ce qu'il y avait de grands seigneurs était pour ainsi dire exclu de la familiarité d'Alphonse VI. On ne voyait à sa cour ni Soto-Mayor, ni le chef de la maison de Castro, ni Vieyra da Siva, ni Mello, ni Soure, ni da Casta, ni Saint-Vincent. Ses courtisans étaient des bourgeois anoblis ou des faux nobles, comme Conti, ou bien encore quelques petits hidalgos faméliques qu'avait attirés l'espoir d'une fortune facile.

Le cadet de Castro, celui de Menesès et une demi-douzaine d'autres auraient eu seuls le droit de figurer, comme gentilshommes, au lever du fils de Jean IV.

Alfonse sentait fort bien cela, car il avait des éclairs de sagacité dans sa folie et son esprit extravagant n'était pas dépourvu de finesse. Aussi n'épargnait-il point les brocards à cette foule de seigneurs de contrebande, et il en était venu, par habitude, à mépriser souverainement les titres de noblesse.

Conti, suivant sa coutume, accapara tout d'abord le roi, et, s'asseyant à son chevet, se prit à l'entretenir à voix basse.

Pendant ce temps, les courtisans, qui flairaient la faveur naissante de Castelmelhor, l'accablaient de prévenances et d'offres de service.

Ce jour-là, Conti avait plus d'une chose à obtenir du roi. Un mot l'avait frappé surtout, dans ce que lui avait dit la veille Castelmelhor:

— Ce que le roi a fait, la reine peut le défaire. C'était vrai, et c'était terrible pour un homme dont la précaire puissance reposait tout entière sur la faveur d'Alfonse.

— Que ferons-nous, aujourd'hui, ami? demanda ce dernier.

— Nous ferons un roi, Sire, répondit Conti en souriant.

— Un roi?.. que veux-tu dire?

— Votre Majesté est majeure, et pourtant le sceau de l'État n'est point entre ses mains. Un autre porte, de fait, le sceptre et la couronne... Vos bons serviteurs, Sire, s'affligent de cet état de choses.

Alfonse garda le silence et ébaucha un bâillement.

— Qui sait, continua le favori, ce qui peut résulter de tout ceci? La reine est faite à la volonté et n'approuve guère les nobles passe-temps de Votre Majesté; le prince dom Pierre se fait homme; il a su se concilier l'amour du peuple.

— Seigneur de Vintimille, interrompit le roi avec une sorte de sévérité, — nous aimons dom Pedro notre frère, nous respectons dona Louise de Guzman, notre royale mère... Parlez d'autre chose, s'il vous plaît.

Conti poussa un soupir hypocrite:

— Soit faite la volonté de Votre Majesté, murmura-t-il. Quoi qu'il arrive, j'aurai du moins rempli le devoir d'un fidèle serviteur, et je saurai mourir en combattant le mal que je n'aurai pu prévenir.

— Penses-tu donc qu'il y ait véritablement péril? dit le roi en se soulevant à demi.

— Je le crains, Sire.

Alfonse se laissa retomber et ferma les yeux.

— Pas moi, dit-il, — mais tu m'ennuies. Apporte une feuille de parchemin et mon sceau privé. Je signerai en blanc, tu feras ce que tu voudras; — mais si la reine se plaint, tu seras pendu.

Conti leva sur le roi un regard étonné; c'était la première fois qu'Alfonse lui faisait, à lui, cette menace, si banale dans sa bouche à l'égard de tout autre.

— Tu seras pendu, répéta le roi... Mais que ferons-nous aujourd'hui?

— Il est arrivé hier soir quatre taureaux d'Espagne, Sire.

— Bravo! s'écria Alfonse en frappant dans ses mains; — voilà pour la journée. Et ce soir?

— Il y a longtemps que Votre Majesté n'a mené sa grande chasse.

— Bravo encore, bravo!.. Entendez-vous seigneurs!... ce soir, grande chasse dans ma royale forêt de Lisbonne, où les taillis sont de hautes et solides maisons de pierre, et le gibier de bons bourgeois et de charmantes bourgeoises... mes habits, mes habits! ce sera une belle journée, mes maîtres... Conti, quoi qu'il advienne, tu ne seras pas pendu; nous te permettons de baiser notre main. Où est ce bambin de comte?

Castelmelhor s'avança vers le lit du roi.

— Nous te nommons, pour cette nuit, notre grand-veneur, petit comte.

— Un imperceptible sourire vint froncer à ces mots les lèvres de Conti.

— Par mes nobles ancêtres! murmura-t-il, ce nouveau grand-veneur ne s'attend guère à la bête qu'il forcera ce soir! S'il plaît à Votre Majesté, ajouta-t-il tout haut, le seigneur comte n'est pas chevalier du Firmament, et les règlements s'opposent...

— A cela ne tienne! interrompit le roi. Sa réception aura lieu avant la chasse, et ce sera une joyeuse plaisanterie de plus.

Alfonse achevait de s'habiller. Conti sortit un instant et revint aussitôt, portant le sceau royal et une feuille de parchemin. Le roi signa et scella; — il est douteux qu'il se souvînt de l'usage auquel son favori destinait ce blanc-seing: quatre taureaux d'Espagne, une dérisoire parodie des anciens us chevaleresques, et une équipée nocturne, c'était assez de joie pour lui faire perdre le peu de raison que la nature lui avait si parcimonieusement départi.

XI.

ASCANIO MACARONE DELL'ACQUAMONDA.

Dom Simon de Vasconcellos, épuisé par les émotions du jour précédent avait dormi d'un profond sommeil. Quand il s'éveilla, le soleil était levé déjà depuis longtemps. Il ouvrit les yeux et crut rêver encore.

Des poutres noires et sales se croisaient au-dessus de sa tête; il apercevait le ciel à travers une crevasse de la toiture. Autour de lui se montraient des objets non moins faits pour exciter la surprise d'un homme élevé jusque-là au sein d'une magnificence presque princière, une table de bois à peine dégrossi soutenait des pots de terre et les restes d'un grossier repas; à dix pas de lui, suspendu à un clou, se balançait un tablier de cuir couvert de taches de sang, et de la lame duquel sortait la longue lame d'un couteau.

— Où suis-je? murmura le fils de Souza en se frottant les yeux.

— Vous êtes auprès d'un serviteur dévoué seigneur, répondit la rude voix de Baltazar, qui se montra lui-même un instant après; — et c'est plus que ne peut dire Sa Majesté, dom Alfonse, dans son royal palais.

Simon tressaillit, et les brouillards du sommeil se dissipant tout à coup dans son cerveau, lui rendirent le souvenir des événements de la veille.

— Ce n'est donc point un rêve! dit-il avec amertume; — et voilà la retraite que Castelmelhor m'a laissée!

— Plût à Dieu qu'il n'eût pas fait pis, seigneur...

— Oui... dona Inès n'est-ce pas? Oh! il faut que je la voie, que je sache...

— Tranquillisez-vous; vous aurez de ses nouvelles sans sortir d'ici. Hier soir, je suis retourné à l'hôtel et j'ai su que votre noble mère a renvoyé sans réponse ce brigand d'Antunez et sa suite. Votre fiancée ne sait pas même jusqu'où votre frère a poussé la perfidie!

— Qu'elle ne le sache jamais! s'écria Simon; — que personne au monde ne le sache, entends-tu?

— Seigneur, répliqua Baltazar, quelqu'un l'a deviné... Dona Ximena de Souza sait qu'elle n'a plus qu'un fils.

— Dieu m'est témoin que j'aurais voulu lui épargner cette douleur, dit Vasconcellos; — mais le temps s'écoule, Baltazar, et nul ne veille sur ma fiancée; je vais sortir.

— Sous votre bon plaisir, vous allez rester, seigneur.

— Prétendrais-tu me retenir malgré moi?

— Pourquoi pas? prononça flegmatiquement Baltazar.

— C'est trop d'audace aussi! s'écria Vasconcellos; — tu m'as servi, je le sais; je t'en remercie; mais vouloir me retenir prisonnier!..

— Prisonnier, interrompit Baltazar, c'est le mot. Seigneur, il faudra que vous me passiez votre épée au travers du corps, avant de franchir ce seuil !

— Ecoute, dit Simon impatienté, — hier tu as usé de violence à mon égard; ton intention était bonne; mais aujourd'hui...

— Aujourd'hui encore, seigneur, mon intention est bonne, et si la violence est nécessaire, je serai forcé de l'employer... Mais auparavant, j'essaierai de la prière.

Il croisa les bras sur sa poitrine et continua :

— Ne vous ai-je pas dit, seigneur, que je vous aime à la fois comme un maître et comme un fils : — pour mon maître, je puis mourir; pour mon fils, je dois penser et avoir de la prudence. Ne croyez-vous donc pas à mon dévouement, Vasconcellos?

— J'y crois, répondit le jeune homme, cachant son émotion sous l'apparence de l'humeur; — ton dévouement est grand, mais il est tyrannique et...

— Et je ne veux pas que les gens du favori s'emparent de vous comme d'une proie facile!.. Non, c'est vrai... Mais vous-même, dom Simon, êtes-vous donc en cette vie si libre de tout devoir que vous ayez le droit de jouer ainsi votre liberté pour un vain caprice?.. N'avez-vous pas juré la ruine du traître qui fait de notre roi un tyran?

— Silence! dit impérieusement Vasconcellos. Pas un mot sur le roi!.. Tu as raison, j'ai juré; — ce souvenir que tu me rappelles est plus puissant que les violences ou tes prières. Je resterai.

— A la bonne heure!... moi, je vais laisser là pour aujourd'hui mon tablier de boucher et reprendre mon ancien uniforme de trompette de la patrouille royale. Soyez tranquille, seigneur, s'il se machine quelque trahison nouvelle contre vous ou dona Inès de Cadaval, je la découvrirai, et ce qu'un homme peut faire, je le ferai pour la déjouer.

Baltazar se disposa à sortir.

— Que font les bourgeois de Lisbonne? demanda tout à coup Simon.

— Ils attendent vos ordres.

— Peut-on compter sur eux?

— Jusqu'à un certain point.

— Sont-ils braves?

— S'ils sont dix contre un,— ils auront peur,— mais ils frapperont.

Vasconcellos parut réfléchir.

— Je suis exilé, dit-il après un silence; je veux obéir à la sentence du roi; — mais j'ai fait un serment et je veux aussi l'accomplir. Que les bourgeois de Lisbonne se tiennent prêts. Cette nuit, s'ils secondent, ils seront délivrés de ce tyran subalterne qui les a si souvent abreuvés d'outrages; cette nuit, nous vaquerons cette garde honteuse qui déshonore et souille la demeure du souverain... — Veux-tu porter mes ordres aux chefs de quartier?

— De grand cœur!

Simon tira ses tablettes et écrivit plusieurs billets qu'il remit à Baltazar.

— Et maintenant, seigneur, au revoir! dit celui-ci; — je prévois que ma journée ne sera pas oisive, et je me hâte de la commencer.

A peine Baltazar, sortant de chez lui, mettait-il le pied dans la rue, qu'il aperçut de loin Ascanio Macarone.

Celui-ci le vit également, et tous deux eurent à la fois la même pensée.

— Voilà l'homme qu'il me faut! se dirent-ils.

Baltazar cherchait en effet un valet du palais, un de ces personnages habitués à tremper, pour eux ou leurs maîtres, dans toutes intrigues de haut et bas étage; car il avait besoin d'apprendre les nouvelles courantes, afin de connaître au juste les périls qui pouvaient menacer encore Vasconcellos et dona Inès. — Macarone, de son côté, était en quête d'un homme en même temps robuste et intrépide, capable de tout exécuter : ils ne pouvaient mieux rencontrer l'un et l'autre.

Macarone continua de s'avancer d'un air indifférent, la tête au vent, la main sur la garde de son épée et le feutre sur l'oreille ; il fredonnait quelque refrain de ballet de maître Jean-Baptiste Lulli, surintendant de la musique du roi de France, et semblait penser à toute autre chose qu'à aborder Baltazar.

Celui-ci lui donna en passant le salut qu'un militaire accorde à son camarade, et poursuivit son chemin.

— Par le violon de ce cher monsieur de Lulli, dont je chantais tout à l'heure une courante! s'écria le Padouan, — n'est-ce pas là mon bon compagnon le trompette Baltazar?

— Lui-même, seigneur Ascanio.

— En conscience, on pourrait ne te point reconnaître!.. il y a si longtemps qu'on ne t'a vu!

— J'étais avant-hier sur la grande place, dit Baltazar, en montrant sur sa joue la blessure que lui avait faite l'épée du favori.

— Et c'est cette égratignure qui t'a fait garder la chambre depuis deux jours? Peste ! auriez-vous fait un héritage, seigneur dom Baltazar, que vous puissiez prendre ainsi du loisir?..

— Et que s'est-il passé pendant ce temps au palais? dit Baltazar, au lieu de répondre.

Le Padouan frappa sur son gousset plein de pièces d'or.

— Bien des choses, mon brave, bien des choses!.. répondit-il.

— Contez-moi donc cela, seigneur Ascanio, reprit Baltazar.

— Mon ami, tu me donnes l'occasion de faire ce que nous autres gentilshommes de la cour de France appelons un calembourg... cela se compte et ne se conte pas, ajouta-t-il d'un ton précieux, en tirant une vingtaine de pistoles de sa poche. M. de Balzac m'aurait envié celui-là.

— De l'or!.. vous avez dû beaucoup travailler pour gagner tout cela.

— Peuh ! une misère! J'ai donné un coup d'épaule à Vintimille, qui m'a mis à même, en retour, de faire une figure convenable à ma naissance... et toi, tu as toujours le diable dans ta bourse, mon pauvre compagnon.

— J'ai cinq réaux, seigneur Ascanio.

— J'ai su ce que c'était qu'un réal; je l'ai oublié. — Veux-tu gagner cinq quadruples?

— Je n'ai jamais su ce que c'était qu'un quadruple, je l'apprendrai; — je veux bien.

— Sans savoir ce qu'il te faut faire en échange?

— Combien font cinq quadruples?

— Vingt pistoles.

— Sans savoir.

— Voilà qui est parler ! s'écria Macarone en riant.

Baltazar garda son imperturbable sérieux. Il était simple et ne connaissait point la ruse; mais dans cette lutte de paroles, son sang-froid lui donnait un avantage évident sur l'Italien, bavard et étourdi. Depuis le commencement de l'entretien, il avait deviné qu'Ascanio avait en tête quelque projet, et devant se rapporter à l'homme que son dévouement, à lui, voulait couvrir comme une impénétrable égide.

Ascanio n'avait pas compté réussir aussi facilement ; il connaissait Baltazar et s'était souvent moqué de ce qu'il appelait des préjugés ; néanmoins, il ne prit point de défiance. Profondément corrompu lui-même, il ne pouvait s'étonner de la corruption d'autrui. Seulement ce facile succès lui donna à réfléchir, et il en conclut que Baltazar, moins dépourvu d'astuce qu'il n'en avait l'air, avait caché son jeu jusque-là. C'était un titre à son estime.

— Touche là, reprit-il. Je voudrais te prendre au mot et te mener les yeux bandés, comme dans les romans, aux lieux où tu devras agir ; mais c'est impossible. Il faut que je te mette au fait. Il y a de par le monde une jeune senorita qui a nom Inès de Cadaval..... Ecoute bien!

Cette recommandation était complètement superflue.

— Elle est jolie, poursuivit Ascanio, plus jolie que Vénus sortant du sein des ondes, comme eût dit le charmant auteur de la Sylvie; — un nourrisson des muses que j'ai fréquenté à l'hôtel de Soubise ; — elle est pure et candide... je veux l'enlever.

— Tu veux l'enlever? répéta froidement Baltazar.

L'Italien prit le bout de sa moustache entre l'index et le pouce, et le tordit en souriant d'un air de suprême impertinence.

— Mon brave, dit-il, je te paie, ne me tutoie pas... Oui, je veux l'enlever.

— Ah?... fit Baltazar, — et c'est moi qui?..

— Comme tu dis... Cela te convient-il?

— Pourquoi pas?..

En prononçant ce mot favori avec son calme habituel, Baltazar releva son regard sur Ascanio. Il faut croire qu'il y avait dans ce regard quelque chose qui ne plut pas au beau cavalier de Padoue, car il fit un pas en arrière et prit un air soupçonneux.

— Veux-tu des arrhes? demanda-t-il.

— Sans doute ; — mais je veux aussi une explication. Il ne faut rien dire ou tout dire, seigneur Ascanio : il n'y a pas de milieu. Vous avez commencé, finissez.

— Tu n'espères pas, je pense, que je te dise le nom?..

— Si fait : on aime à savoir pour qui l'on travaille.

— Je l'ignore moi-même.

— Alors, seigneur Ascanio, je vais au palais de ce pas trouver Louis de Souza, comte de Castelmelhor, et lui dire que certain Padouan, valet de Conti, projette d'enlever la femme que ce même Conti lui a promise hier au bosquet d'Apollon.

— Comment! balbutia Macarone au comble de la surprise, — tu sais cela?..

— Ne pensez-vous pas que Conti, pour se disculper, fera pendre le Padouan dont je parle, et que le pauvre Baltazar recevra plus de cinq quadruples pour sa récompense?

— Je t'en donnerai dix.

Baltazar retint une exclamation de mépris qui se pressait sur sa lèvre, et dit avec simplicité :

— Vous avez, seigneur Ascanio, des arguments sans réplique... Où se fera le coup?

— C'était pour marchander! pensa l'Italien, en respirant comme un homme soulagé tout à coup d'un grand poids. — Le lieu est incertain, ajouta-t-il tout haut, mais c'est pour cette nuit, pendant la chasse royale.

— Ah! il y a chasse royale? prononça lentement Baltazar; fou que je suis d'avoir pensé un instant que Conti serait assez audacieux pour s'attaquer à si noble sang! Le nom de la victime, cet or que tu répands à pleines mains me disent assez... Je sais ce que je voulais savoir, seigneur Ascanio : nous travaillerons ce soir pour le roi.

Le visage du Padouan prit une expression équivoque, tandis qu'il répondait :

— Tu as été bien longtemps à deviner cela, mon brave.

— Qu'importe, si j'ai fini par le deviner?.. A ce soir, seigneur; vous pouvez compter sur moi.

Baltazar tourna le dos et voulut se retirer, pensant qu'il n'aurait qu'un mot à dire à la comtesse pour prévenir le mal; mais le Padouan lui saisit le bras :

— Halte-là, s'il vous plaît! dit-il ; tu sais trop bien où trouver Castelmelhor, pour que je te quitte d'une semelle aujourd'hui.

Il appliqua un sifflet à sa lèvre et souffla de toute sa force. Aux deux extrémités de la rue parurent presque aussitôt des Fanfarons du roi.

— Ce n'est pas à ton intention, mon brave, que j'avais pris ces précautions, continua-t-il ; j'attendais ici un jeune gentilhomme que les espions de Conti ont suivi hier jusque dans cette rue, et que je suis chargé d'arrêter... C'est Simon de Vasconcellos, celui qui insulta Conti... tu sais?

— Je sais... Mais prétendrais-tu me retenir prisonnier?

— Quelque chose d'approchant, jusqu'à ce soir.

Baltazar eut un instant l'idée de résister, mais le souvenir de Simon l'arrêta.

— Je succomberais sous le nombre, se dit-il, — et je succomberais sans le sauver...

— Ne crains rien, reprit Ascanio, nous te ferons une agréable captivité. Tu auras pour prison la cantine des Chevaliers du Firmament, et si cela peut t'être agréable, je t'enverrai ta femme pour te désennuyer.

— Tout cela change la question, dit Baltazar d'un air d'insouciance. Une journée est bientôt passée, et le bon vin a son prix. — Je vous suis, seigneur Ascanio.

L'Italien ramena son captif au palais et tint sa promesse. Baltazar eut de bon vin et on lui envoya sa femme. On ne peut songer à tout, et le beau cavalier de Padoue oublia de défendre à cette dernière la sortie du palais. Aussi prit-elle bientôt le chemin de Lisbonne, chargée des lettres de Vasconcellos pour les chefs de quartier et d'un billet de Baltazar pour la comtesse de Castelmelhor.

Le premier soin d'Ascanio, en arrivant au palais, fut de se faire annoncer chez Conti, qui ordonna qu'on l'introduisît sur-le-champ.

— Votre Excellence, demanda le Padouan, a-t-elle fait sa part de besogne? Aurons-nous chasse royale ce soir?

— Ceci n'est pas une question, répondit le favori ; — quand il y a une extravagance à faire, Alfonse est-il jamais en retard?... Mais toi, as-tu réussi?

— Au delà de mon espoir. J'ai trouvé un homme qui, lui tout seul, arracherait une proie défendue par dix combattants et qui saurait la garder quand dix combattants essaieraient de la lui ravir.

— C'est un phénix que cet homme.

— Vous verrez le résultat. — Au milieu du tumulte, dona Inès disparaîtra. L'homme qui l'aura enlevée ne sera point un ravisseur, mais un libérateur, qui l'amènera en sûreté sous la puissante protection de Votre Excellence, et...

— C'est merveilleusement combiné! s'écria Conti.

— Et le moins qu'elle puisse faire, continua le Padouan, — dans sa reconnaissance pour son généreux sauveur...

— C'est de lui donner sa main.

— Alors, salut à vous, seigneur duc de Cadaval! s'écria emphatiquement le Padouan.

— J'en accepte l'augure, et tu n'auras pas à te repentir d'avoir prêté la main à ma fortune.

Ascanio se retira la joie au cœur, et se voyant déjà maître des richesses et dignités que la gratitude du favori ne pouvait manquer de faire pleuvoir sur lui.

Quand il fut sorti, Vintimille se prit à réfléchir. Voici quel fut le résultat de sa méditation.

— Cet aventurier de bas étage, murmura-t-il, tranche de l'indispensable!.. Quand je serai duc de Cadaval, je l'embarquerai pour le Brésil, — à moins que je ne trouve l'occasion de lui donner un logement à vie dans les cellules du Limoëïro (1).

XII.

LES CHEVALIERS DU FIRMAMENT.

Il y avait au palais d'Alcantara une vaste salle qui, du vivant de Jean IV, avait servi aux conseils et séances des ministres d'état, réunis, pour le cas d'urgence, aux titulaires et à la cour des Vingt-Quatre. Depuis la régence, ces assemblées se tenant sous la présidence de la reine, au palais de Xabregas, la salle dont nous parlons avait été affectée à un autre usage. Elle servait aux réunions solennelles et bouffonnes à la fois des Chevaliers du Firmament.

On ne sait point d'une manière certaine ce qui motiva la création de cet ordre dérisoire, dont faisaient partie le roi et ses courtisans, aussi bien que le dernier soldat de la patrouille. Il est probable que le recrutement de cette étrange milice, nécessitant au moins une apparence de mystère, Conti ou quelque autre flatteur du malheureux Alfonse avait songé, pour le distraire, à donner, à chaque nouvelle réception une forme imposante et théâtrale.

Les Fermes ou soldats à pied étaient reçus en assemblée de leurs camarades ; les Fanfarons ou cavaliers n'étaient admis que devant toute la milice réunie. Enfin, les gentilshommes, qui devaient recevoir l'accolade du roi, et avoir un parrain de nom noble, étaient reçus par devant le haut chapitre, composé de dignitaires de l'ordre, assistés d'une députation de simples chevaliers. Alfonse était de droit grand-maître, mais Conti était le chef réel de cette troupe nombreuse, effroi des bourgeois de Lisbonne. Quant aux commandeurs et autres dignitaires, c'étaient, les uns, en très-petit nombre, des seigneurs de naissance, qui avaient, par ambition ou par faiblesse, accepté cette ignominie, les autres, des fils de bourgeois déguisés, comme Vintimille, en gentilshommes.

Ce n'est pas sans beaucoup de répugnance que nous nous sommes déterminé à mettre sous les yeux du lecteur cette honteuse parodie d'une chose éminemment noble et belle en soi : la chevalerie ; mais cette peinture est comme le complément nécessaire du tableau de la cour d'Alfonse; elle servira d'ailleurs à éclairer certaines parties de cette histoire.

La comédie commença dans la chambre du roi. A la nuit tombante, au moment où l'on apportait les lumières, tous les courtisans arrachèrent à la fois, et d'un commun mouvement, les décorations qui couvraient leur poitrine. Alfonse lui-même mit bas le cordon du Christ et l'ordre de la Toison-d'Or, que lui avait envoyé le vieux dom Philippe d'Espagne, en courtois ennemi. Un de ses gentilshommes lui jeta au cou un cordon tout resplendissant de pierreries et composé d'étoiles à cinq flammes, reliées par des croissants demi-pleins.

A ce signal, on vit briller sur toutes les poitrines une décoration en forme d'étoile, surmontée d'un croissant les cornes en l'air. Un héraut, vêtu du costume nocturne de la patrouille, que nous avons décrit au commencement de ce récit, éleva une bannière portant sur champ d'azur les insignes de l'ordre et dit :

— Messeigneurs de l'Étoile et du Croissant, le Soleil est vaincu. A nous le monde!

(1) Prison de Lisbonne.

— Comment trouves-tu cela, petit comte? demanda tout bas Alfonse à Castelmelhor, qui se tenait debout près de son fauteuil.

— C'est un beau spectacle et une ingénieuse allégorie, sire.

— L'idée est de moi... Mais ce n'est rien ; tu vas voir !..

A ces mots, le roi se leva. Ce triste souverain, qui ne savait pas garder sur son trône le sérieux qui convient à un homme, trouvait dans ces sortes d'occasions une dignité bouffonne et déplacée.

— Bien que ce ne soit ni la première ni la centième victoire que nous remportons sur notre insolent compétiteur, le Soleil, dit-il gravement, nous en éprouvons une joie vive et sincère. Or, maintenant que le monde est à nous, il s'agit de le gouverner avec sagesse, et nous allons nous rendre dans la salle de nos délibérations.

Les courtisans se rangèrent en haie, et le roi traversa la chambre d'un pas solennel, appuyé sur le bras de Castelmelhor. Le héraut agitait devant lui sa bannière. Sur la première marche de l'escalier, le roi s'arrêta.

— Seigneurs, dit-il, quelqu'un de vous a-t-il vu notre très-cher Conti ?

Personne ne répondit.

— C'est que, reprit Alfonse, voici ce bambin de comte qui remplit sa place à merveille. — Je veux mourir si je sais pourquoi Vintimille ne l'a pas fait assassiner...

— C'est un oubli qui se peut réparer, dit entre haut et bas le cadet de Castro.

— Entends-tu cela, petit comte ?... c'est très-plaisant. A ta place, je remercierais Castro de son avis.

Le roi descendit les degrés et s'arrêta encore devant la porte grand'ouverte de la *salle des délibérations*. — Il lâcha le bras de Castelmelhor.

— Seigneur comte, lui dit-il, nos règlements ordonnent que vous restiez dehors. On vous introduira quand il en sera temps.

Alfonse entra suivi de son cortège, et Castelmelhor se trouva plongé subitement dans la plus complète obscurité. Les portes de la salle s'étaient refermées.

Le jeune comte éprouva un mouvement de vague inquiétude, et sentit battre violemment son cœur, lorsque deux mains vigoureuses saisissant les siennes dans l'ombre, les tinrent serrées comme si elles eussent été prises dans un étau.

— Traître ! — lâche ! — menteur !... dit une voix si près de lui qu'il sentit sur son visage le souffle d'une haleine.

Il fit un effort pour se dégager, mais le bras qui le retenait jouissait d'une force évidemment supérieure ; il se contint, pensant que c'était là une épreuve faisant partie de la grotesque cérémonie où il lui faudrait jouer un rôle.

— Ton frère souffre, reprit la voix ; — ta mère pleure ; — ton père te voit et te maudit... Et la fortune d'Inès t'échappe !

— Qui es-tu ? s'écria Castelmelhor confus et effrayé.

— Je suis celui dont le poignard a effleuré ta poitrine au bosquet d'Apollon. — Aujourd'hui comme alors tu vis entre mes mains, et j'ai de nouveaux forfaits à venger... Ne tremble pas ainsi, Castelmelhor. Aujourd'hui comme alors, j'épargnerai ta vie. Pauvre insensé ! tu as stipulé un prix pour trahir, et l'on t'enlève le prix de ta trahison !

— Est-il possible !

— Ce soir, quand tu auras consommé ton déshonneur, quand l'étoile de la honte brillera sur ta poitrine, esquive-toi, seigneur comte ; va frapper à la porte de la maison de tes pères, et tu verras si la femme dont les richesses ont tenté ton cœur avide est encore en ton pouvoir.

— Inès enlevée ! s'écria dom Louis en proie à l'agitation la plus vive.

— Pas encore, et tu pourrais la sauver.

— Qu'on introduise le postulant ! dit à l'intérieur la voix éclatante du héraut.

— Vite ! reprit Castelmelhor, réponds ; comment la sauver, comment faire ?

— Quitte le palais, rends-toi sur l'heure à l'hôtel de Souza...

— Ouvrez les portes ! dit encore la voix du héraut.

— Va ! il est temps encore.

Castelmelhor hésita une seconde.

— Va donc ! répéta Baltazar.

— Je ne sais, murmura le comte ; je ne puis...

Une clé joua bruyamment dans la serrure de la grand'porte, qui s'ouvrit aussitôt.

Le vestibule fut inondé de lumière. Castelmelhor put voir près de lui Baltazar, qui avait redressé sa grande taille et lui montrait la porte d'un geste plein de mépris.

— Entre, chevalier déloyal, dit-il ; — cœur dégénéré ! un autre que toi veillera sur la fiancée de Vasconcellos.

Les trompettes de la patrouille firent entendre une fanfare, et deux chevaliers du Firmament vinrent prendre Castelmelhor, qui entra pâle et la mort au cœur. Baltazar entra, lui aussi ; il avait son costume de Fanfaron du roi. Ascanio, qui se tenait au premier rang de la députation des cavaliers, lui fit un signe de bienveillante protection.

On se figurerait difficilement une décoration plus splendide que celle de la salle où fut ainsi introduit Castelmelhor. Alfonse, malgré la différence totale des mœurs, nous semble avoir eu quelques traits de ressemblance avec le bon roi René d'Anjou. S'il n'eût été constamment mal conseillé durant tout le temps de son règne, il aurait été, non pas un grand monarque ni même un monarque estimable, mais un de ces débonnaires et faibles souverains auxquels l'histoire, en les blâmant, accorde quelque sympathie.

Alfonse, comme René d'Anjou, avait en soi le sentiment intime du beau artistique. Il protégea chaudement les médiocres peintres qui florissaient alors à Lisbonne, et montra un intelligence remarquable dans la restauration qu'il fit des vieux monuments portugais. Sa musique, qu'il ne nommait point, comme les autres rois, sa *chapelle*, mais son *bal*, était composée d'exécutants choisis et appelés à grands frais de toutes les parties de l'Europe. Enfin, pour dernier trait de ressemblance, Alfonse faisait aussi des vers. Il est à peine besoin d'ajouter qu'il eût mieux fait de s'en abstenir.

Quoi qu'il en soit, dès qu'il s'agissait de faire preuve de goût artistique, Alfonse devenait un autre homme. Trop étourdi pour songer à la dépense, il jetait l'or à pleines mains, et poursuivait, sans sourciller l'exécution des plans les plus coûteux.

La salle où se tenait l'assemblée des chevaliers du Firmament semblait, en effet, le palais du dieu de la nuit. La voûte représentait le ciel, diapré de constellations diverses, et, immédiatement au-dessus du trône royal, un transparent, doucement illuminé, figurait un gigantesque croissant. Les insignes de l'ordre brillaient partout sur les tentures de velours azuré ; les meubles et les tapis offraient les mêmes représentations. Toutes ces étoiles , scintillant aux feux de cinq grands lustres et d'une multitude de candélabres, éblouissaient la vue. On se croyait transporté dans la retraite de quelque génie dont le pouvoir surpassait l'imagination de l'homme.

Au fond, un rideau de velours couvrait une niche où, en guise de saint, on avait placé Vénus et Bacchus avec leurs attributs païens. Ce rideau ne devait s'ouvrir que dans les circonstances solennelles.

Alfonse jouit quelque temps de l'étonnement de Castelmelhor à la vue de tant de magnificences ; — puis, se renversant sur son fauteuil, placé au haut d'une estrade recouverte, comme tout le reste, de velours étoilé, il dit :

— Approche, seigneur comte, nous avons fait prévenir notre cher Conti, afin qu'il soit lui-même votre parrain... Mais comme tu es pâle !.. A coup sûr, ce bambin a eu peur dans l'antichambre, où nous l'avons laissé sans lumière...

Un éclat de rire universel accueillit cette saillie d'Alfonse. Castelmelhor rougit d'indignation et ne répondit pas.

— Or çà, continua le roi, notre cher Vintimille prend les façons d'une tête couronnée : il se fait attendre... Qui de vous, seigneurs, veut être parrain à sa place ?

Personne ne bougea, tant on craignit la colère du favori. Mais le roi ayant répété sa demande, un simple chevalier sortit des rangs des Fanfarons et vint se placer au pied de l'estrade, où il exécuta une douzaine de courbettes consécutives avec un inimitable aplomb.

— S'il plaît à Votre Majesté, dit-il en mettant son feutre sous le bras, je suis l'intime ami de ce très-cher seigneur Antoine Conti de Vintimille, et je me ferai un plaisir de le remplacer.

— Comment vous nomme-t-on l'ami ? demanda le roi.

— Ascanio Macarone dell'Acquamonda, Sire, pour servir Votre Majesté sur terre, sur mer et ailleurs, aussi bien contre les Maures que contre les chrétiens, et tout prêt à se passer sa propre épée au travers du corps, à celle fin de montrer la dix-millième partie de son ardent et incommensurable dévouement !

Le beau cavalier de Padoue prononça cette période sans reprendre haleine.

— Voilà, dit Alfonse, un plaisant original, et il ne fallait rien moins que cela pour compenser l'expression lugubre de la physionomie du petit comte... Comte, veux-tu de cet homme pour ton parrain ?

— Est-il noble ? balbutia Castelmelhor.

— Que mes glorieux ascendants vous pardonnent cette question, dom Louis de Souza ! s'écria le Padouan en levant son regard vers le ciel.

— Ce fut mon trisaïeul qui fit le roi François de France prisonnier à la bataille de Pavie, et le frère de ce vaillant soldat était chevalier de Rhodes, à telles enseignes qu'il sauva le grand-maître Philippe de Villiers de l'Isle-Adam, dont les illustres seigneurs qui m'entourent n'ont point été sans entendre parler quelquefois par hasard.

— Bien trouvé, sur ma parole! s'écria le roi. — Dites-moi, seigneur Ascagne, n'êtes-vous point parent du pieux Énée et de son fils, qui portait le même nom que vous?

— J'ai toujours pensé, Sire, répondit sérieusement Macarone, — que c'était là une grave lacune dans les titres de ma famille. Le fait est qu'ils ne remontent que jusqu'au temps de Tarquin l'Ancien, cinquième roi de Rome. — C'est un malheur.

— Allons, petit comte, dit Alfonse, dans toute la chrétienté tu ne trouverais pas un meilleur gentilhomme. Donne-lui l'accolade et commençons.

Macarone quitta aussitôt le pied de l'estrade et s'avança vers Castelmelhor en tendant le jarret et imitant de son mieux les allures de crânerie affectée qu'il avait admirées à la cour de France, où il avait été réellement laquais de quelque grand seigneur. Le beau cavalier de Padoue avait fait somptueuse toilette. Sa main ne s'agitait qu'en soulevant un flot de dentelles, et le panache démesurément long de son feutre balayait le parquet à chaque pas. Son visage était radieux. Sa fortune subite et le fond qu'il faisait sur les promesses de Conti lui avaient littéralement tourné la tête. Castelmelhor le toisa d'un regard hautain. A la vue de cette mine de bravache, son premier mouvement fut de tourner le dos avec mépris; mais, trop avancé pour reculer, il tendit sa joue avec une répugnance visible qui réjouit fort Sa Majesté. Macarone se pencha d'une façon toute galante et donna l'accolade.

En levant les yeux, Castelmelhor put voir de loin le regard de Baltazar qui se fixait sur lui avec une expression de mépris et de pitié.

Nous passerons sous silence une multitude d'épreuves bizarres que le postulant fut obligé de subir, ainsi qu'un long et paternel discours d'Alfonse, qui obtint, comme de raison, les applaudissements de l'assemblée.

L'impatience dévorait Castelmelhor; une sueur froide découlait de son front. Non-seulement il souffrait de cette série d'humiliations qu'on lui imposait devant cette foule où pas un, excepté le roi, n'était son égal; mais il songeait aux paroles de Baltazar et tremblait que toute cette honte ne fût en pure perte.

Macarone, au contraire, se complaisait dans son office; il ne faisait grâce ni d'une formule ni d'une formalité. Or, il y en avait beaucoup, car ces cérémonies, destinées, comme nous l'avons dit, à divertir le roi, travestissaient à la fois les us et coutumes des associations secrètes d'Allemagne, d'Angleterre et d'Italie, et les anciennes traditions chevaleresques. On avait mêlé à tout cela des pratiques qui rappelaient l'origine de l'ordre, c'est-à-dire des assauts d'escrime, de barre, de lutte corps à corps, etc. C'était, on s'en souvient, par leur habileté dans ces exercices que les Conti, véritables instigateurs de ces bouffonneries, s'étaient insinués auprès du roi.

Castelmelhor, à bout de patience, contenait à grand'peine son dégoût, lorsqu'un incident vint mettre un terme à son martyre et lui épargner les dernières épreuves. Conti entra tout à coup dans la salle, traversa précipitamment la foule et s'élança vers l'estrade royale.

— Tout va bien, murmura-t-il en passant à l'oreille d'Ascanio.

Puis, franchissant les degrés, il mit un genou en terre et parla au roi à voix basse.

Alfonse le reçut d'abord d'un visage sévère, mais il paraît que le favori sut expliquer son absence d'une manière satisfaisante, car le front d'Alfonse se dérida tout à coup.

— Ainsi tu as fait une battue préparatoire? demanda-t-il en se frottant les mains.

— Que Votre Majesté me permette de lui parler en quelques mots de mon entrevue avec la reine sa mère, répliqua le favori.

— Demain, Vintimille, demain, tu me parleras de cela. Ce soir, il s'agit de la chasse; — y aura-t-il du gibier?

— Le gibier est trouvé, Sire, et je sais où le relancer.

— Quelle ramure?...

— Un cerf dix cors; la plus jolie senorita de Lisbonne, la perle du Portugal peut-être, mais il faut se hâter.

— Au diable la réception, alors!... Comte, nous te faisons grâce de la coupe des goinfres du roi, qui contient six pintes de France et du saut de l'épée,

Cela fait, il reprit sa course.

que nous seul, en l'univers, savons fournir d'une façon passable. — Avance ici! Castelmelhor monta les degrés, toujours suivi du cavalier de Padoue, son parrain. Alfonse se leva et fit un signe à Conti, qui tira le rideau de velours dont nous avons parlé. Les statues de Vénus et de Bacchus apparurent splendidement illuminées.

— Seigneur comte, reprit le roi, vous jurez fidélité à Vénus et à Bacchus, nos deux aimables divinités?

— Je le jure, dit dom Louis, en essayant de sourire.

— Vous jurez de garder un secret inviolable sur tout ce que vous venez de voir et d'entendre?

— Je le jure, dit encore dom Louis.

— Vous jurez, et c'est le principal, — de refuser le secours de votre épée à toute femme poursuivie par vos frères, les Chevaliers du Firmament, fût cette femme votre mère ou votre fiancée?...

Conti attacha sur le malheureux jeune homme un regard sardonique. — Castelmelhor recula et garda le silence.

— Jure pour lui, seigneur Turnus, Volscens ou tout autre nom héroïque; j'ai oublié le tien.

Ascanio se hâta de faire le serment demandé.

— Écrivez qu'il a juré, dit le roi au greffier chargé de rédiger procès-verbal de toutes ces misères.

Puis, saisissant l'épée d'Ascanio, il en déchargea un grand coup sur l'épaule de Castelmelhor, en riant à gorge déployée, et s'écria :

— Au nom du diable, de par Vénus et Bacchus, bambin de comte, je te fais chevalier !.. En chasse, seigneurs, tayaut ! tayaut !

Les trompettes exécutèrent un bruyant *départ*, et la foule, le roi en tête, s'écoula tumultueusement.

Ascanio courut rejoindre Baltazar.

— Voici le moment d'agir, mon brave, dit-il ; suis-moi et tiens-toi prêt.

Baltazar le suivit en silence.

Castelmelhor était resté agenouillé sur l'estrade, étourdi, affolé par ce qui venait de se passer. Mais lorsque les derniers sons de la fanfare eurent cessé de retentir à son oreille, il s'éveilla brusquement.

— Est-ce trop d'un trône, murmura-t-il, pour payer tant d'ignominies !.. Alfonse ! Alfonse ! je serai ton favori d'abord, puis...

Il n'acheva pas, mais l'éclair d'orgueil qui brilla dans son regard eût été, pour un tiers, une traduction suffisante de sa pensée.

Au lieu de suivre la chasse royale, il fit seller un cheval et prit au grand galop, le chemin de l'hôtel de Souza.

XIII.

LA CHASSE DU ROI.

Nous avons laissé la comtesse de Castelmelhor, déterminée à implorer le secours de la reine-mère, pour faire révoquer l'exil de Simon de Vasconcellos et l'ordre qui forçait dona Inès de Cadaval à prendre Castelmelhor pour époux. Bien qu'elle eût pour coutume de se rendre tous les soirs au couvent de la Mère-de-Dieu, résidence habituelle de Louise de Guzman, elle ne put mettre son dessein à exécution le jour même. Elle aimait tendrement ses deux fils. L'idée de voir dom Louis se couvrir de honte, l'avait frappée au cœur d'un coup si violent, qu'une fièvre ardente la saisit.

Tant que dura la nuit, la veuve de Jean de Souza demeura en proie à de poignantes pensées. Cette entrevue avec la reine, qui lui était apparue comme une chance de salut, l'effrayait maintenant. Dona Louise avait, pour son fils aîné, un si profond amour ! son ignorance des déportements de ce pauvre prince était si entière ! Elle allait donc, elle, Ximena, l'amie et la confidente de sa souveraine, changer brusquement son repos en souffrance, et remplir d'amertume les derniers jours de sa vie !

Cette idée redoublait sa fièvre. — D'un autre côté, qui, sinon la reine, pouvait la protéger contre le roi ? — Ne trouvant aucun moyen de sortir de cette cruelle alternative, la comtesse sentait sa tête se perdre et le délire s'emparer d'elle. Ses inquiétudes sur Simon, calmées un instant par Baltazar, qui était revenu à l'hôtel pour annoncer la mise en lieu sûr du jeune homme, se présentaient à son esprit,

Un chevalier du firmament.

plus vives et plus tenaces durant ces heures d'angoisse. Le jour la trouva éveillée, souffrant et méditant encore.

Enfin sa fièvre se calma. Elle adressa au ciel une fervente prière et s'affermit dans sa résolution d'aller se jeter aux pieds de la reine, tout en se promettant de ménager le cœur de cette malheureuse mère et d'épargner Alfonse autant que possible.

Quand vint l'heure où elle avait coutume de se rendre au couvent de la Mère-de-Dieu, elle se leva, et bien que faible encore, elle monta dans son carrosse avec dona Inès.

D'ordinaire, dona Ximena, en descendant de carrosse, était introduite sur-le-champ chez la reine ; mais, cette fois, les femmes de dona Louise lui refusèrent la porte. Cette dernière était depuis plus de deux heures en conférence avec deux de ses conseillers intimes et un messager du roi. La comtesse prit un siège dans le parloir qui précédait la chambre de la reine et attendit. Ce messager du roi n'était autre que Antoine Conti de Vintimille, qui avait rempli le blanc-seing à lui remis par Alfonse et venait signifier à la veuve de Jean IV que le roi, majeur depuis plusieurs mois, entendait désormais régner par lui-même et requérait que sa mère se démît solennellement de son autorité de régente pour lui confier le sceau et la couronne dans les formes voulues, en présence des grands de Portugal.

La reine, à la lecture du factum de son fils, avait été surprise d'abord, puis ravie. Depuis longtemps elle soupirait après le moment qui devait la décharger du poids des affaires publiques et lui permettre de se consacrer à Dieu tout entière. Néanmoins, dans une circonstance si grave elle ne crut point devoir assumer sur elle seule la responsabilité de sa détermination, et envoya quérir son confesseur, dom Miguel de Mello de Torres, grand-chantre de l'église cathédrale de Lisbonne, et le marquis de Saldanha, ses deux conseillers ordinaires.

Le marquis de Saldanha, parent et ami du feu comte de Castelmelhor, était un vieillard austère et juste, mais dont l'intelligence, naturellement peu développée ou affaiblie par l'âge, n'était point à la hauteur de la tâche qu'allait lui imposer sa souveraine.

Dom Miguel de Mello, au contraire, était un prêtre aussi savant que sage, qui n'avait point été étranger à la résistance que Jean de Souza avait faite autrefois contre l'alliance anglaise, et dont la sagacité était souvent venue en aide à Jean IV dans les crises difficiles qui suivirent sa rentrée au trône de ses pères. Saldanha aimait la reine au point de régler son opinion exclusivement sur sa volonté ; dom Miguel aimait assez son pays pour s'exposer à mécontenter temporairement sa royale maîtresse, lorsqu'il croyait, en le faisant, servir l'intérêt public.

Conti exposa de nouveau, devant ces deux conseillers, le bon plaisir du roi, et donna lecture du factum. Saldanha fut tout de suite d'avis qu'il fallait obtempérer aux désirs d'Alfonse, lequel avait droit de prendre en main les rênes du gouvernement, aux termes des lois et constitutions portugaises. Miguel de Mello combattit vivement cette opinion. Sans prétendre contredire les droits avérés d'Alfonse, il conjura la reine de convoquer les états du royaume, afin d'aviser à ce qu'il était bon et convenable de faire dans cette circonstance décisive.

— S'il m'était permis d'exprimer mon opinion en présence de Sa très-illustre Majesté, dit Conti, je ferais observer que cet avis, adopté, ne serait rien moins qu'un appel aux factions qui divisent le Portugal, et que dom Philippe d'Espagne lui-même ne donnerait pas un autre conseil.

— Seigneur Conti, répondit sévèrement dom Miguel, il est des circonstances où le conseil d'un mortel ennemi vaut mieux que celui d'un ami déloyal. S'il y avait à la cour d'Alfonse VI un personnage de moins, — ce personnage c'est vous, seigneur, — mon avis serait que la reine remît, dès ce soir, son autorité aux mains du roi son fils.

Conti appela sur sa lèvre un sourire insolent, et se prépara à répondre.

— Paix, seigneur, dit la reine.

Il y avait chez Louise de Guzman une dignité si vraie, si royale, que le favori baissa la tête aussitôt et garda le silence.

— Marquis de Saldanha, et vous, Miguel de Mello, reprit la reine, je vous remercie. Comme vos avis sont partagés et que j'ai en vous deux une égale confiance, je me déciderai d'après ma propre inspiration.

Elle traversa la chambre d'un pas ferme et alla s'agenouiller sur son prie-Dieu, où elle demeura quelques minutes comme absorbée. Quand elle se leva sa résolution était prise.

— Dom Miguel de Mello de Torres, dit-elle, nous vous donnons charge de convoquer pour demain, à l'heure de midi, l'infant notre fils, les ministres d'État, titulaires, conseillers, gouverneurs de châteaux et villes, seigneurs de terres, gentilshommes, ecclésiastiques, chefs d'ordre et prévôts de la bourgeoisie qui se trouvent actuellement dans Lisbonne. Devant tous ces dignitaires rassemblés, au lieu et place des états généraux du royaume, comme il est prescrit par les constitutions pour les cas d'urgence, nous énoncerons notre volonté.

Elle tendit sa main, que le marquis baisa respectueusement. Dom Miguel s'inclina en croisant ses bras sur sa poitrine; tous sortirent, suivis de Conti. En traversant le parloir, le favori aperçut la comtesse et l'héritière de Cadaval.

— C'est jour de bonheur! pensa-t-il. Demain Alfonse sera le maître absolu du Portugal, et moi, je serai le maître d'Alfonse : ce soir je m'empare de la femme qui servira de dernier échelon à ma fortune, et je me venge en même temps de cet odieux Castelmelhor, qui menace de m'enlever la faveur du roi... C'est jour de bonheur.

Il remonta dans son carrosse, et reprit, ventre à terre, le chemin d'Alcantara.

Pour la comtesse, elle resta longtemps encore dans le parloir, espérant que la reine la ferait appeler. Mais dona Louise, absorbée par la grande résolution qu'elle venait de prendre, priait et méditait. Une de ses femmes vint cependant dire à la comtesse que la reine ne la recevrait point ce soir.

Les deux dames regagnèrent leur carrosse; le couvre-feu était sonné et nulle lumière ne brillait plus dans les rues. Au loin, par la ville, on entendait un bruit étrange, inexplicable : c'était comme une fanfare de chasse, interrompue, puis reprise. Chaque fois que le cortège de Souza passait devant une des rues qui mènent au faubourg d'Alcantara, quelques notes éclataient brusquement. La rue passée, on n'entendait plus rien.

Pour ceux qui connaissaient les mœurs de la cour, c'était un avant-coureur terrible et trop significatif. Mais les gens de Souza arrivaient, comme leur maîtresse, du château de Vasconcellos; ils écoutèrent avec distraction ce bruit qui se pressèrent pas. — Ils étaient au nombre de douze, bien armés et montés, et croyaient n'avoir rien à craindre dans une ville paisible, à cette heure peu avancée de la nuit.

Cependant le bruit approchait rapidement : on pouvait maintenant distinguer les pas des chevaux. Au détour d'une rue, les cavaliers de Souza virent soudain, à cent pas en avant, une douzaine d'hommes à cheval, courant au grand galop, en agitant des torches. En même temps, quelques bourgeois, rendus de fatigue et de frayeur, passèrent entre le carrosse et la muraille, en criant :

— Sauve qui peut!.. la chasse du roi!

Ce cri n'était que trop célèbre. Le cortège de Souza comprit enfin le danger et voulut rebrousser chemin. Il n'était plus temps. Les cavaliers, qui l'avaient aperçu, éteignirent aussitôt leurs torches en criant tayaut! tayaut! — Au même instant une escouade de Fermes, ou gens de pied de la patrouille, arriva de l'autre côté de la rue, et le carrosse se trouva environné de toutes parts.

Le premier choc des Fanfarons à cheval arrivant à toute bride mit le désordre dans la petite escorte; mais c'étaient tous de vieux et braves soldats, anciens compagnons d'armes du comte Jean; ils se reformèrent promptement. Les deux laquais et le cocher, quittant leurs sièges, mirent pied à terre et tirèrent l'épée, afin de défendre la portière du carrosse. La mêlée était vive, sanglante, et menaçait de se prolonger, car l'obscurité complète favorisait le petit nombre; mais bientôt, des deux côtés de la rue, de bruyantes fanfares annoncèrent l'arrivée de nouveaux assaillants.

La comtesse, toujours ferme et intrépide, avait mis la tête à la portière.

— Que signifie cette indignité, seigneurs? dit-elle.

— Tayaut! tayaut! répondit à quelque distance la voix grêle d'Alfonse VI.

— Vous ne savez pas à qui vous vous attaquez, reprit dona Ximena, — je suis la comtesse de Castelmelhor.

— Oh! oh! s'écria le roi, ce bambin de comte ne nous avait pas dit qu'il fût marié. C'est trahison!.. Tayaut! tayaut!

Et le combat continua, animé par les cris excitants du roi et des chefs de la patrouille.

Plusieurs des champions de la comtesse étaient morts; les bras des autres commençaient à se lasser, lorsqu'un homme de taille presque gigantesque, et portant le costume des Fanfarons du roi rompit leur ligne et, faisant sauter l'épée de l'un des laquais qui défendait encore le flanc du carrosse, secoua violemment la portière et l'ouvrit. — Il avança la tête à l'intérieur.

Dona Inès se rejeta en arrière avec horreur. La comtesse elle-même ne put s'empêcher de trembler.

— Laquelle de vous est la fiancée de Simon de Vasconcellos? demanda le nouveau venu.

— Prétendriez-vous enlever l'héritière de Cadaval? s'écria la comtesse.

— Pourquoi pas? prononça froidement le Fanfaron du roi.

Dona Ximena se souvint d'avoir entendu cette voix et ce mot quelque part; mais dans ce moment de trouble et de terreur, elle n'essaya pas de rassembler ses souvenirs, et se mit en avant, pour faire à sa pupille un rempart de son corps.

— Pourquoi pas, répéta Baltazar, — s'il n'y a que ce moyen de la sauver?.. Hâtons-nous, senora, le temps presse, et je ne puis sauver que la fiancée de Simon de Vasconcellos.

— Qui êtes-vous?

— Vous ne savez pas mon nom, car je vous ai envoyé un billet qui contenait un avis, et cet avis, vous l'avez méprisé, puisque vous voilà... Au nom de votre fils, hâtez-vous!

La victoire était enfin restée aux chasseurs nocturnes, et l'autre portière fut brusquement ouverte.

— Où est notre très-cher Vintimille? disait Alfonse. Sonnez la mort, fanfares... C'est très-plaisant!

— Ma fille! ma pauvre enfant! s'écria la comtesse navrée.

Un bras puissant la repoussa de côté. Quand elle se retourna, Inès n'était plus dans la voiture.

Les torches avaient été de nouveau allumées. Il se faisait un assourdissant fracas de jurements, de cris, de fanfares et de gémissements. La comtesse se précipita à la portière de son carrosse, cherchant des yeux Inès et quelle elle vit.

A vingt pas d'elle, un homme de grande taille, dont elle ne put découvrir le visage, tenait dona Inès d'une main et une longue épée de l'autre. Il était entouré d'une foule compacte qui riait, trépignait et cherchait à lui arracher sa proie.

— Pitié! seigneurs, pitié! cria la comtesse défaillante; c'est Inès, c'est ma fille : tuez cet homme qui m'a volé mon enfant!

Mais sa voix se perdait dans le tumulte.

Baltazar, nous avons dit déjà que c'était lui, repoussait tranquillement les efforts de ses camarades. Il prenait son temps, et guettait le moment où la foule allait s'éclaircir. La comtesse regardait avec un effroi mortel tous ces hommes qui, la face rougie par la lueur des torches, semblaient autant de démons conjurés contre la faible Inès; elle regardait toujours néanmoins et ne perdait pas tout espoir.

— Le roi, se disait-elle, le roi va venir.

— Belle dame, dit à ce moment Alfonse, qui s'impatientait à l'autre portière, — ne nous montrerez-vous point votre charmant visage! Il voulut prendre sa main.

— Arrière! s'écria dona Ximena retrouvant toute son énergie. — Qui es-tu pour toucher la main de la veuve de Jean de Souza?

— Seulement le fils de Jean IV, répondit Alfonse avec une ironique humilité.

— Le roi! murmura la comtesse atterrée.

— Laissez passer le gibier du roi! cria en ce moment la voix tonnante de Baltazar, qui bondit en avant.

Dona Ximena tourna la tête et ne vit plus Inès.

— Enlevée! dit-elle, et c'est vous, vous, le roi!... Ah!... maudit sois-tu!

Et, sa force l'abandonnant avec sa dernière espérance, elle tomba évanouie au fond de son carrosse.

Un grand tumulte se faisait à l'endroit où nous avons laissé Baltazar. Celui-ci, en effet, voyant que la foule, loin de diminuer, augmentait sans cesse autour de lui, prit son parti tout à coup, et poussa le cri qu'avait entendu la comtesse.

En même temps, brandissant sa lourde épée, il s'élança au plus fort de la foule, qu'il perça en ligne droite, comme un boulet de canon percerait les pousses jeunes et serrées d'un épais taillis.

De temps à autre, chaque fois qu'un homme essayait de lui faire obstacle, il répétait son cri :

— Laissez passer le gibier du roi !

Et chaque fois son arme levée tombait; — l'obstacle aussi.

Bientôt il se trouva dans une rue sombre et déserte. Il n'y avait plus personne devant lui; mais un homme le suivait encore.

— Attends-moi donc; attends-moi donc, mon brave! criait celui-ci. — Les preux de l'Arioste, mon divin compatriote, n'étaient que des enfants auprès de toi. Oh! la bonne comédie! et comme tu les malmenais, mon excellent camarade!.. Or çà, arrête un peu que je puisse souffler et rire à mon aise.

Baltazar faisait la sourde oreille et courait toujours.

— Arrête donc! reprenait l'autre; ne reconnais-tu point ton bon compagnon Ascanio Macarone, qui t'a promis vingt pistoles neuves et qui a grande hâte de te les compter... Arrête donc!

Baltazar ne s'arrêtait point. Ascanio commença à concevoir des soupçons, car son bon compagnon ne courait point dans la direction d'Alcantara, mais bien dans celle de la ville basse. Il redoubla d'efforts. Quelle que fût la vigueur de Baltazar, son fardeau retardait sa course et l'Italien l'eut bientôt atteint.

— As-tu perdu l'esprit, mon excellent camarade? dit-il en se plaçant devant lui de manière à lui barrer le passage; — je crois que le combat de géants que tu viens de soutenir t'aura donné le transport. Tourne bride, coursier fougueux; nous avons une longue traite à faire avant d'arriver au palais.

— Vous allez au palais, vous? demanda tranquillement Baltazar, qui déposa son fardeau sur un banc de pierre pour reprendre haleine.

— Sans doute, sans doute, mon brave, répondit le Padouan.

Inès avait perdu connaissance, mais la fraîcheur de la pierre où Baltazar l'avait déposée lui fit reprendre ses sens.

— Ma mère... Simon !.. sauvez-moi, murmura-t-elle.

— Tranquillisez-vous, senora, dit Baltazar, vous êtes désormais sous ma garde, et je suis le plus fidèle serviteur des Vasconcellos.

— Merci ! oh ! merci ! dit encore Inès, dont les yeux se refermèrent.

— Ce colosse est un trésor ! pensa Macarone : il frappe comme Hercule et ment presque aussi bien que moi... En route, mon brave, reprit-il tout haut.

— Seigneur Ascanio, répondit Baltazar, je ne suis pas le même chemin que vous.

— Je prendrai celui que tu voudras, mon camarade... en route !

— Je prendrai, moi, celui que vous ne prendrez pas, seigneur Ascanio.

— Plaisantes-tu ? s'écria celui-ci dont les soupçons revinrent.

— Je plaisante rarement, et jamais avec les gens de votre sorte. Vous venez d'entendre ce que j'ai dit à cette jeune dame ; c'est la vérité.

Ascanio regarda en dessous Baltazar et crut qu'il n'était point sur ses gardes. Faisant glisser subtilement un stylet jusque dans sa main, il visa et lança son arme droit au cœur du trompette. Par malheur pour Macarone, ce dernier, malgré son air d'indifférence, n'avait pas perdu un seul de ses mouvements, il fit un mouvement de côté; le stylet alla s'enfoncer profondément dans les battants de chêne d'un portail voisin. — Avant que l'Italien eût pu prendre la fuite, Baltazar lui appliqua sur le crâne un coup du plat de son épée, et le renversa, étourdi, sur le pavé.

Cela fait, il reprit sa course.

Le roi, cependant, était resté à l'endroit où nous l'avons laissé, auprès du carrosse de la comtesse. Il avait avancé la tête à l'intérieur et reconnu que dona Ximena était seule. Quelques secondes après, Conti vint lui apprendre d'un air singulièrement confus et affligé, que la plus jeune des deux dames s'était échappée. Sous cette apparence chagrine, le favori cachait une joie qu'il avait peine à con-

tenir; il croyait l'héritière de Cadaval en sa puissance. Par le fait, ses mesures avaient été parfaitement prises, et l'expédient du beau cavalier de Padoue aurait dû réussir suivant toutes les probabilités.

— Par malheur, on avait compté sans Baltazar.

— Ami Vintimille, dit le roi en bâillant, je crois que tu ne sais plus m'amuser.

Tous les différents postes qu'on avait embusqués dans les carrefours des rues comme s'il se fût agi d'une véritable chasse en forêt, se trouvaient alors réunis à cette halte générale, et Conti put voir que cette marque publique de défaveur amenait un sourire sur presque toutes les lèvres. Il se consola en pensant à son duché de Cadaval. Inès, en ce moment, était sans doute en sûreté dans ses appartements, et le fidèle Ascanio lui chantait les louanges du puissant seigneur de Vintimille qui l'avait tirée de vive force des mains du roi, au péril de sa vie. — Quand un pareil conte a-t-il manqué son effet sur le cœur d'une jeune fille? se disait le favori.

— Tu ne sais plus rien faire de bouffon, reprit le roi; il y a un siècle que je ne t'ai entendu jurer par tes nobles ancêtres; c'était-très-plaisant.

— Votre Majesté a le droit de railler son dévoué serviteur, dit Conti, dévorant son dépit ; veut-elle que nous poursuivions la chasse?

Le roi bâilla à se démettre la mâchoire ; c'était un terrible symptôme.

— Je veux dormir, dit-il. Tu es un bon serviteur, Conti; mais tu te fais ennuyeux..... Ce bambin de comte a plus d'esprit dans son petit doigt que toi dans toute ta personne.

— Sire, voulut dire Conti.

— Tes nobles ancêtres n'ont pas été généreux envers toi sous ce rapport; — Jean, ton frère, valait mieux que toi; mais il ne valait pas grand'chose... Va-t'en et ne reviens plus, mon bon ami.

Conti s'inclina profondément. Les courtisans, partagés entre l'aversion qu'ils avaient pour le favori, et la crainte que le roi n'eût oublié le lendemain matin ce moment d'humeur, lui ouvrirent passage avec un froid respect.

— Demain, Alfonse régnera! se disait Conti avec rage, en prenant la route d'Alcantara ; — et il me chasse!... J'ai travaillé pour un autre!

— Et maintenant, reprit le roi, qu'on m'amène ce bambin de comte, mort ou vif! Je le veux ! il m'amuse... A propos. Cette dame qui est là dans ce carrosse ne peut être sa femme, puisqu'on me fit signer hier certain ordre... C'est sa mère, seigneurs; il faut que la comtesse soit reconduite à l'hôtel de Souza avec tous les honneurs convenables, et qu'on lui fasse des excuses en notre nom royal... Ceci, à cause de ce bambin de comte qui pourrait peut-être se fâcher..... Notre litière, et en route !

XIV.

PROUESSES DES BOURGEOIS DE LISBONNE.

Dans la salle de l'hôtel de Souza où déjà nous avons introduit le lecteur, le comte de Castelmelhor et Simon de Vasconcellos étaient réunis. Simon avait attendu Baltazar tout le jour. Ne le voyant point revenir, et ne pouvant plus maîtriser son inquiétude, il s'était enveloppé dans son manteau à la nuit tombante, et avait pris le chemin de l'hôtel de sa mère. Lorsqu'il arriva, la comtesse était partie. Sur une table était le billet de Baltazar ouvert. Simon le lut.

Il attendit une heure seul, en proie à l'agitation la plus vive. Au bout d'une heure la porte s'ouvrit; Castelmelhor entra.

Il était pâle, et son regard égaré accusait le désordre de sa pensée. A la vue de Simon, il recula comme frappé de la foudre.

— Vous ici! murmura-t-il.

— Remettez-vous, dom Louis, dit Simon avec calme; — ce n'est pas de moi que vous avez à craindre des reproches... Où est notre mère? où est Inès?

— Vous me le demandez ! répondit Castelmelhor. On vient de me dire qu'Inès m'était enlevée, et je vous trouve ici...

— Enlevée ! répéta Vasconcellos.

— Ce n'est donc pas vous ?

— Mon frère, dit Simon, dont la voix trembla, — vous avez voulu me faire bien du mal ; Dieu veuille que ce mal ne retombe pas sur la tête de dona Inès!

— Qui vous fait supposer ?...

— Ce billet écrit à ma mère lui conseille de se tenir sur ses gardes, de veiller sur Inès, et surtout de ne point quitter l'hôtel... Ma mère est sortie. Vous-même, ne m'avez-vous pas dit tout à l'heure · Elle est enlevée ?

— C'est un faux rapport, sans doute ; un homme que je ne connais pas, un de ces misérables qui portent la livrée nocturne d'Alfonse.

— Vous êtes bien sévère, dom Louis, interrompit Vasconcellos.

En même temps il toucha du doigt l'étoile qui brillait sur la poitrine de son frère. Castelmelhor l'arracha vivement et la foula aux pieds. Simon secoua la tête.

— Une autre fois, dit-il, vous l'ôterez avant d'entrer sous le toit de nos pères... Mais que vous a dit cet homme ?

— Il m'a dit... mais c'était un mensonge ! cet homme est mon ennemi ; il a levé hier son poignard contre moi.

— Ah !... fit Simon en regardant Castelmelhor en face : — et ne leva-t-il point le poignard contre vous parce que vous lui aviez volé son secret en prenant le nom de votre frère ?

Dom Louis baissa les yeux sans répondre.

— Cet homme est votre ennemi, en effet, seigneur comte, reprit Vasconcellos, — car il a trouvé infâme qu'un frère mît sous ses pieds le bonheur de son frère, afin de s'en faire un échelon pour monter jusqu'à la fortune. Mais ce qu'il vous a dit est vrai ; il ne sait point mentir.

— Alors, murmura Castelmelhor, Inès est perdue.

Vasconcellos demeura immobile près de la fenêtre, et dom Louis continua d'arpenter la chambre à grands pas. Des heures se passèrent ainsi, et la nuit était déjà fort avancée lorsqu'un carrosse s'arrêta devant la porte de l'hôtel. Le cœur des deux jeunes gens battit violemment. D'un mouvement instinctif et commun ils s'approchèrent l'un et l'autre, se prirent la main sans savoir et écoutèrent avec anxiété.

Le carrosse entra dans la cour, et bientôt des pas se firent entendre dans l'antichambre. La comtesse seule parut sur le seuil.

Elle était méconnaissable ; ses yeux fixes et secs gardaient encore quelques traces de larmes ; sa physionomie exprimait le courroux le plus violent. Elle traversa la chambre d'un pas saccadé et saisit le bras de ses deux fils, qui n'osaient l'interroger.

— Dieu soit loué, dit-elle, d'une voix entrecoupée, — je vous trouve, je vous trouve tous deux ! car tu es encore mon fils, Castelmelhor ; je te pardonne, eusses-tu traîné dans la fange le nom de ton père, je te pardonne !... Je n'ai pas trop de deux enfants pour venger mon outrage. Oh ! vous me vengerez, n'est-ce pas ?

— Nous vous vengerons ! dirent ensemble les jumeaux de Souza.

— Parlez, ma mère, que vous a-t-on fait ?

— Ce qu'on m'a fait ! oui ! il faut que je vous le dise... Enfants, on a insulté votre mère en présence d'une foule de misérables ameutés ; on a arrêté son carrosse, tué ou dispersé ses gentilshommes, enlevé sa pupille.

— Inès ! s'écria Simon ; c'était donc vrai !... Qui a fait cela ? madame, qui a donc fait cela ?

— Mon nom que j'ai prononcé, — le glorieux nom de votre père, enfants ! — n'a excité que la risée et le mépris...

— Mais dites-moi donc qui a fait cela !... rugissait Simon dont la pâleur était effrayante.

— Tu me demandes qui a fait cela !... c'est Alfonse de Portugal ! dit la comtesse avec un éclat de voix.

Elle se laissa tomber épuisée entre les bras de Castelmelhor.

Au nom du roi, Simon se couvrit le visage de ses mains.

— Mon père !... murmura-t-il avec un accent déchirant.

Puis, la fureur l'emportant sur le souvenir de son serment, il s'élança vers la porte et sortit sans prononcer une parole.

La comtesse, à ce moment, regarda autour d'elle d'un air étonné, comme si elle se fût éveillée d'un profond sommeil.

— Où va Simon ! demanda-t-elle d'une voix brève. — Qu'ai-je dit ? Que va-t-il faire ? — Puis se levant tout à coup : — Je me souviens, j'ai parlé. Courez !... Oh ! arrêtez-le, Castelmelhor ; il va tuer le roi !

Dom Louis essaya de la rassurer.

La comtesse regrettait amèrement déjà le mouvement de fiévreux délire qui l'avait portée à crier vengeance, — vengeance contre le roi ; mais elle songea au caractère loyal et dévoué de son fils cadet et prit espoir.

— Ce n'est point par la violence que se doivent venger de semblables outrages, dit-elle ; ma vengeance est prête et ne fera point tache à l'écusson de Souza.

Lorsque Vasconcellos sortit de l'hôtel, sa tête était en feu ; il enfila

au hasard une rue, courant comme un furieux. Des paroles sans suite s'échappaient de sa bouche : c'étaient tantôt des menaces contre le roi, tantôt des plaintes sur le sort d'Inès. La ville était tranquille et déserte ; il était une heure du matin.

Il allait toujours, marchant droit devant soi, sans savoir, sans penser. Il arriva ainsi au bout du faubourg d'Alcantara et atteignit les dernières maisons de la ville. Comme il passait devant la taverne de Miguel Osorio, la porte s'ouvrit brusquement et une foule nombreuse se précipita au dehors.

Simon s'arrêta et se pressa le front comme on fait pour ressaisir un souvenir fugitif et rebelle.

— Enfants, dit un de ceux qui sortaient, retournons chez nous et pas de bruit.

— C'est cela ! c'est cela ! appuyèrent des voix sans nombre.

— Fi ! s'écrièrent quelques autres, plus hardis et plus jeunes, n'avez-vous point de honte, maître Gaspard Orta Vaz, vous le vénéré doyen des tanneurs de Lisbonne ! proposer la retraite quand on est à moitié chemin de l'ennemi !

Simon écoutait avidement : son regard s'éclairait peu à peu ; il se souvenait.

Il se souvenait que, la veille, il avait remis à Baltazar des billets qui portaient ordre aux chefs de quartier de convoquer les mécontents, en armes, à la taverne d'Alcantara ; sa vengeance lui apparaissait prompte, sûre et terrible.

— Mes enfants, reprit le vieux Gaspard, je suis aussi brave qu'un autre — à l'occasion ; — mais à quoi bon aller se briser la tête contre les murs d'Alcantara ?... Où est notre chef ?

— Le voici ! s'écria tout à coup Simon en s'élançant au milieu de la foule.

Nous prenons sur nous d'affirmer que la vue du chef, qui était comme un signal de bataille, fit sur les trois quarts et demi de ces excellents bourgeois une impression éminemment désagréable ; mais les apprentis et ouvriers, jeunes et ardents, poussèrent un cri de joie. L'élan fut donné. Les marchands, chefs et doyens de métiers, durent suivre l'impulsion en apparence générale. Le vieux Gaspard Orta Vaz lui-même, qui avait, depuis le premier janvier jusqu'à la Saint-Sylvestre, cinq ducats à manger tous les jours, redressa sa courte taille et mit sur l'épaule sa hallebarde rouillée d'une façon passablement militaire.

— A la grâce de Dieu ! murmura-t-il ; le moins que nous puissions attraper dans cette bagarre, c'est un bon rhume de cerveau.

— En avant, dit Simon.

La troupe se mit en marche.

— Te souviens-tu, Diégo, dit un apprenti à un autre, — de ce grand gaillard de boucher qui, l'autre jour, à la taverne, voulait qu'on tuât le roi !

— Je m'en souviens, Martin, répondit Diégo.

— L'idée n'était pas trop mauvaise.

— Moi, je la trouve bonne.

— N'avons-nous pas encore entendu, ce soir, les fanfares de cette chasse diabolique ?...

— Et les cris des victimes.

— Et les insultes des bourreaux !... Le roi est fou, Diégo.

— Fou et méchant, Martin.

— Je suis d'avis qu'il faut tuer le roi.

— Moi aussi.

— Moi aussi ! répétèrent ceux qui avaient entendu cette conversation. Et cette résolution se propagea de rangs en rangs avec la rapidité de l'éclair.

Simon n'avait pas perdu une parole, son cœur tressaillit d'une joie cruelle ; — il n'imposa point silence aux deux apprentis.

La troupe des insurgés arriva devant le palais d'Alcantara. Il n'y avait point de sentinelles aux portes et l'on entendait à l'intérieur les cris joyeux de l'orgie. C'était fête au palais, comme toujours après les chasses royales.

Les bourgeois de Lisbonne entrèrent sans bruit.

— Où est la chambre du roi ? demanda Simon à voix basse.

Le tapissier du palais s'avança et offrit de le guider. Arrivé devant la porte, Simon se tourna vers la foule, et dit :

— A vous le favori et sa patrouille, mes maîtres ; — à moi le roi !

— Seigneur Simon, répondit résolument un apprenti, n'espérez pas le sauver.

— Le sauver... moi ! s'écria Simon dont l'œil brillait d'un éclat étrange.

— Sa tête ou la tienne ! dit la foule en chœur.

Vasconcellos disparut, et la porte retomba sur lui. Il traversa le corps de garde vide et l'antichambre également déserte : gentils-hommes et soldats étaient à faire orgie. Il tira son épée et entra dans la chambre du roi.

Alfonse fatigué, pris d'un ennui subit et inaccoutumé, avait quitté la salle du banquet. Il dormait. Une lampe brûlait près de lui. — Vasconcellos s'avança les sourcils froncés et l'épée à la main. Au mouvement qu'il fit, Alfonse s'éveilla.

— C'est toi, petit comte, dit-il en souriant. — Je rêvais que j'étais un bon roi... je voudrais être un bon roi, petit comte.

La colère de Vasconcellos tomba comme par enchantement, à la vue de ce malheureux enfant qui n'avait ni la vigueur ni l'intelligence d'un homme, et qui était son roi. Il fut pris de pitié et de respect à la fois.

— Une épée! reprit Alfonse effrayé. Pourquoi cette épée, seigneur comte?...

— Je ne suis pas Castelmelhor, dit lentement Vasconcellos.

— Le roi! la tête du roi! criait la foule au dehors.

Prompt comme la pensée, Vasconcellos se précipita vers la porte qu'il ferma solidement.

— Que disent-ils! s'écria Alfonse avec terreur. — Quelles sont ces voix?... Et tu n'es pas Castelmelhor!

— Je suis Simon de Vasconcellos, Sire, que vous avez exilé sans motif, — dont vous avez outragé la mère. — dont vous avez ravi, et peut-être déshonoré la fiancée!

— Mon Dieu! mon Dieu! murmura le pauvre enfant, ai-je fait tout cela?... Mais tu vas donc me tuer, Vasconcellos!...

— Le roi! la tête du roi! criait la foule impatientée qui commençait à heurter violemment la porte.

— Pitié! oh! pitié! balbutia Alfonse en se cachant sous ses couvertures.

Vasconcellos leva les yeux au ciel, joignit les mains et prononça le nom de son père.

— Levez-vous, Sire, dit-il; — je vais mourir pour Votre Majesté.

Alfonse obéit et se leva, tremblant; Vasconcellos le conduisit vers la porte et se mit devant lui, l'épée nue à la main, prêt à soutenir le premier choc des assaillants.

La porte retentissait sans cesse des coups qu'on frappait au dehors, et commençait à s'ébranler. La foule trépignait d'impatience et de colère; le bruit augmentait à chaque instant. Tout à coup une clameur s'éleva.

— Le voilà! disait-on, voilà notre Samson! il va briser la porte et tuer le roi.

Puis il se fit un silence, et un dernier coup, furieux, irrésistible, jeta la porte en dedans.

— Vive Baltazar! rugit la foule en se ruant à l'intérieur.

— A moi! à moi! cria Simon, auquel ce nom rendit quelque espoir. En même temps il fit face à la foule, couvrant toujours le roi. Ce moment de péril suprême avait chauffé son enthousiasme jusqu'au délire; il se sentait capable de combattre et de vaincre cette multitude. Les premiers qui voulurent l'attaquer tombèrent sous son épée, et leurs corps lui firent une sorte de rempart, derrière lequel il demeura inébranlable.

La foule s'arrêta étonnée.

— Tue! tue! criaient les derniers rangs.

Mais ceux qui se trouvaient en avant ne se pressaient point d'exécuter cet ordre. Cependant, honteux de se laisser arrêter par un seul homme, ils revinrent à la charge, et dix épées menacèrent à la fois la poitrine de Simon, qui, en un instant, fut couvert de blessures.

— A moi! Baltazar, à moi! répéta l'héroïque jeune homme.

L'assourdissant tumulte avait empêché le trompette d'entendre le premier appel de Vasconcellos. Il s'était tranquillement assis dans un coin du corps de garde et laissait faire ses compagnons.

Mais cette fois il entendit, et, refoulant la presse de droite et de gauche, il arriva à temps pour empêcher Simon de recevoir le coup mortel.

— Arrière! dit-il.

Et joignant le geste à la parole, il repoussa les bourgeois jusqu'au delà du seuil.

Ceux-ci étaient trop irrités pour abandonner leur proie, mais la force herculéenne et bien connue de Baltazar les tint en respect.

— Il nous avait promis la tête du roi, disaient-ils de ce ton que prennent les écoliers mutins vis-à-vis de leur maître.

— Et que voulez-vous faire de la tête du roi? dit Baltazar avec un gros rire; — vous savez bien qu'il n'a point de cervelle!

Cette plaisanterie parfaitement appropriée à l'auditoire dérida le front des plus récalcitrants; et, comme personne n'avait sérieusement

envie de se mesurer avec Baltazar, on saisit cette occasion de parlementer avec empressement.

— Au moins, dit Gaspard Orta Vaz, qui s'était tenu prudemment à l'écart pendant le conflit, comme il convenait à un tanneur de son importance, — au moins, aurons-nous la tête du favori?

— Pas davantage, répondit Baltazar; je me sens en veine de clémence et veux épargner ce pauvre diable de Conti, qui n'est plus à craindre, puisqu'un autre a la faveur du roi.

— Qu'aurons-nous donc?

— En fait de têtes?... ma foi, il y a cinq à six cents Chevaliers du Firmament qui boivent et chantent dans la grande salle; si vous vous sentez de force, attaquez-les, je vous les livre.

Les bourgeois hésitèrent.

— Cela ne vous sourit pas? reprit Baltazar; — au fait, les Fanfarons du roi ont de longues épées et peuvent prendre l'alarme d'un instant à l'autre...

— Si nous nous en allions? insinua l'honnête Gaspard Orta Vaz.

Baltazar avait déchiré le mouchoir de Simon, et, tout en parlant, il étanchait le sang de ses blessures qui se trouvèrent être sans gravité.

Les bourgeois se consultèrent un instant et un apprenti prit enfin la parole.

— Si nous nous en allons, à quoi aura servi notre révolte? demanda-t-il.

— C'est juste, dit Baltazar, il faut vous trouver un résultat... Eh bien! vous emmènerez avec vous le seigneur Conti de Vintimille, et l'un de ses valets, le cavalier Ascanio Macarone dell'Acquamonda; je me charge de vous les trouver. Nous les mettrons à bord de ce vaisseau qui est en partance pour le Brésil... Êtes-vous contents?

— Vive Baltazar! cria la foule, pour paraître satisfaite; — nous avons vaincu nos tyrans!

Le roi et Vasconcellos restèrent seuls. Alfonse était blotti derrière son défenseur. Tant qu'avait duré le conflit, il n'avait osé ni bouger ni respirer. Quand le bruit des pas de la foule eut cessé de se faire entendre, il se redressa tout à coup et prit une pose de matamore.

— Voilà une rude affaire, et, nous les avons chaudement menés! Je conterai tout cela à Meneses et à Castro. C'est très-plaisant... Quant à Tavarès, qui était cette nuit de service et qui a délaissé son poste, je le ferai pendre, et, si tu veux, jeune homme, je te donnerai sa place.

— Et c'est là notre roi! pensa Vasconcellos avec douleur.

— Tu ne dis rien, reprit le roi; je crois que tu n'as pas autant d'esprit que ce bambin de comte, ton frère... Va, mon ami, va quérir mes gentilshommes... A propos, tu t'es bravement défendu, mais je crois que sans moi ces rustres t'auraient fait un fort mauvais parti. Qu'en dis-tu?... Pas de réponse!... Décidément tu n'auras pas la place de Tavarès.

— Sire, prononça lentement Vasconcellos, j'ai une requête à mettre aux pieds de Votre Majesté.

— Quelle requête?

— Il est une jeune fille que j'aime et qui m'a donné sa foi...

— C'est joli! interrompit le roi.

Simon rougit d'indignation.

Sire, reprit-il, cette jeune fille me fut enlevée cette nuit.

— Par qui?

— J'espérais que Votre Majesté allait me l'apprendre.

Le roi regarda un instant Vasconcellos en face. Il n'avait garde de comprendre. Au bout d'une seconde, il tourna le dos en éclatant de rire.

— Voilà un pauvre diable, s'écria-t-il que l'amour a rendu fou... C'est très-plaisant!

— Au nom de tout ce que vous avez de cher et de sacré en ce monde, Sire, reprit encore Simon, répondez-moi : n'avez-vous pas fait enlever cette nuit Inès de Cadaval?

— Du tout! dit vivement Alfonse — c'est la fiancée de ce bambin de comte, et je ne voudrais pas le chagriner quand il s'agirait d'un taureau d'Espagne!

Simon restait perdu dans ses réflexions. Il ne savait que croire. Qui donc avait enlevé Inès? et où la retrouver?

Alfonse s'approcha de lui :

— Mon ami, dit-il, tu m'ennuies; — va quérir mes gentilshommes.

Vasconcellos s'inclina respectueusement et sortit. Sur le seuil, il entendit Alfonse murmurer en se frottant les mains :

— Ces manants vont me débarrasser de Conti; je leur pardonne en faveur de ce bon office!

Baltazar tint sa promesse. Il conduisit les insurgés dans la partie du palais où Alfonse avait donné un logement à Conti. On s'empara du favori, mais on ne put trouver le beau cavalier de Padoue. La foule reprit le chemin de Lisbonne, portant en triomphe le malheureux prisonnier, qui devait se livrer, chemin faisant, à de tristes réflexions touchant la faveur des rois et l'instabilité des choses humaines. Il regrettait surtout son duché de Cadaval, et maudissait ce peuple qui faisait avorter le plus beau projet qui eût germé jamais dans la cervelle d'un parvenu (1).

Le vaisseau sur lequel on l'embarqua mit à la voile le soir même.

Quant aux bourgeois de Lisbonne, ils racontèrent à leurs femmes et à leurs enfants la terrible attaque du château d'Alcantara, où six cents Chevaliers du Firmament tenaient garnison. Tout avait dû céder à leur courage ; et s'ils avaient épargné la vie du roi, c'est que ce prince leur avait solennellement promis de se mieux comporter à l'avenir.

XV.

REINE ET MÈRE.

Une fois que Baltazar se fut débarrassé de la poursuite d'Ascanio Macarone, à l'aide d'un coup de plat de son épée sur le crâne, il se demanda ce qu'il allait faire de dona Inès et resta fort indécis.

Ne pouvant savoir combien la puissance de Conti était désormais près de sa fin, il n'osa ramener Inès à l'hôtel de Souza, où elle serait plus exposée que partout ailleurs aux poursuites du favori. D'un autre côté, sa propre demeure, à part même la présence de Simon, n'était point une retraite convenable pour l'héritière de Cadaval. Il interrogea dona Inès ; mais celle-ci n'avait pas la force de lui répondre ; elle prononça seulement, d'une voix faible et à plusieurs reprises, le nom de la comtesse.

Enfin Baltazar, à force de réfléchir, se souvint que Vasconcellos, en lui racontant la veille sa mésaventure à la porte d'Alcantara, lui avait dit que c'était le marquis de Saldanha qui devait le présenter à la cour. Il prit sur-le-champ la route de l'hôtel de ce seigneur, et remit Inès entre les mains de dona Éléonore de Mendoça, marquise de Saldanha, sa femme.

Cela fait, il se hâta de gagner sa demeure, où il avait laissé Simon ; — mais Simon n'y était plus. Il se rendit à l'hôtel de Souza. Là, au lieu de répondre à ses questions, on lui demanda des nouvelles d'Inès. Baltazar ne voulut point ouvrir la bouche sur ce sujet en présence de Castelmelhor. Ce qu'il apprit du départ subit et de la colère de Simon, lui indiqua où il devait le chercher désormais, et il arriva au palais d'Alcantara au moment où la foule irritée essayait en vain de briser les fortes clôtures de l'appartement royal. Nous avons vu ce qui s'ensuivit.

Ce fut seulement lorsque Simon se trouva seul avec Baltazar qu'il apprit la retraite d'Inès et l'heureux dénoûment des traverses de la nuit. Transporté de joie et plein de reconnaissance pour cet ami d'un jour qui semblait chercher sans cesse les occasions de se dévouer pour lui, Simon le serra dans ses bras et lui demanda quelle récompense pourrait payer tant de services.

Baltazar avait reçu l'accolade de son jeune maître sans trop s'émouvoir, du moins en apparence ; mais, quand Simon parla de paiement, le sourcil du géant se fronça.

— C'est un mot semblable, dit-il, qui me fit reconnaître l'autre jour que j'avais affaire à Castelmelhor et non pas à Vasconcellos... Dom Simon, pour toute récompense, je vous demande de ne me jamais parler de paiement ; mais cette récompense, je ne l'implore pas, je l'exige !

Il y avait dans ces paroles et dans le ton dont elles furent prononcées une dignité simple et sans emphase qui alla droit au cœur de Simon.

— Baltazar, dit-il, tu n'es pas, en effet, de ceux qu'on paie, mais de ceux qu'on aime et qu'on honore. — Il lui prit la main. — Touche là, continua-t-il ; je te tiens pour un gentilhomme de cœur. — Que Vasconcellos soit heureux ou malheureux, tu seras son frère et son ami.

L'ancien trompette redressa sa haute taille et fit des efforts désespérés pour garder son impassibilité habituelle. il n'y put réussir :

(1) Conti fut en effet arrêté et mis sur un navire qui partait pour le Brésil, mais ce fut par le grand prévôt et sur l'ordre de dona Louise de Guzman, régente.

deux grosses larmes jaillirent de ses yeux et roulèrent lentement sur sa joue. Il se pencha sur la main de Simon, qu'il baisa.

— Votre ami, murmura-t-il, votre frère ! non, oh ! non, seigneur, c'est trop. Mais votre serviteur par exemple ! continua-t-il en se redressant tout à coup et avec une sorte d'exaltation ; mais votre garde du corps, le bouclier que la mort trouvera toujours entre sa main et votre poitrine... Oh ! oui, Vasconcellos, je veux être cela !

Quelques heures après, lorsque la cloche du palais de Xabregas sonna midi, les huissiers de la chambre du conseil ouvrirent les deux battants de la grande porte, et ceux qui avaient droit d'entrer furent introduits.

Au fond de la salle, sous un dais aux armes de Bragance, était le trône royal, que dominait, dans sa niche tapissée de velours, un colossal crucifix d'argent massif. A côté du trône, et aussi sous le dais, était le fauteuil d'Alfonse ; à droite, en dehors du dais, le siége de l'infant dom Pedro et le banc destiné aux seigneurs (1) du sang royal ; à gauche, sur la même ligne que le siége de l'infant, le siége du principal ministre d'État (c'était alors dom César de Meneses), et au-dessous le banc de ses collègues.

Des deux côtés de la salle, sous un dais aux armes de Bragance, était le trône royal, que dominait, dans sa niche tapissée de velours, un colossal crucifix d'argent massif. A côté du trône, et aussi sous le dais, était le fauteuil d'Alfonse ; à droite, en dehors du dais, le siége de l'infant dom Pedro et le banc destiné aux seigneurs (1) du sang royal ; à gauche, sur la même ligne que le siége de l'infant, le siége du principal ministre d'État (c'était alors dom César de Meneses), et au-dessous le banc de ses collègues.

Des deux côtés de la salle, et formant angle droit avec les siéges et bancs que nous venons de nommer, s'élevaient, à droite, l'estrade ecclésiastique, où siégeaient les prélats, inquisiteurs, chefs d'ordres, titulaires, etc. ; à gauche, le banc noble, rempli par les seigneurs de terres, gouverneurs de châteaux et titulaires séculiers. Enfin, au milieu, les bancs de la bourgeoisie attendaient les prévôts et élus du commerce de Lisbonne.

Tous ces siéges et bancs se remplirent successivement, et bientôt on n'attendit plus que les personnes royales.

Les huissiers frappèrent bruyamment leurs masses contre les dalles de marbre et annoncèrent le roi. Dona Louise de Guzman fit son entrée appuyée sur son fils aîné et la couronne en tête. Derrière elle, le secrétaire d'État, Melchior de Rego de Andrade, portait les grand et petit sceaux, dans une bourse, sur un coussin de velours. L'infant dom Pedro venait ensuite.

Alfonse était pâle encore des fatigues de la nuit, mais son visage exprimait l'insouciance la plus profonde ; il ne se souvenait point du blanc-seing qu'il avait donné la veille à Conti, et ignorait le but de cette solennelle assemblée.

— Seigneurs, dit dona Louise après avoir pris place au trône, nous vous avons convoqués en conseil général sur le désir manifesté par très-haut et très-puissant prince Alfonse de Portugal, le roi, notre bien-aimé fils.

Alfonse, qui s'était arrangé pour dormir, dressa l'oreille et regarda la reine avec étonnement.

— Ayant reconnu, poursuivit dona Louise, le bon droit de sa demande, et considérant qu'il a dépassé l'âge auquel notre loi fixe la majorité des héritiers du trône, nous allons remettre l'autorité entre ses mains.

— C'est très-plaisant, murmura le roi.

Miguel de Mello de Torres, confesseur de la reine et grand chantre de la cathédrale, qui siégeait aux bancs ecclésiastiques, se leva et salua profondément les personnes royales.

— Parlez, seigneur prêtre, dit la reine.

— S'il plaît à Votre Majesté, dit dom Miguel, le moment n'est peut-être pas favorable pour cet acte décisif. Le peuple n'est pas tranquille ; cette nuit même, une attaque séditieuse a été dirigée contre le palais d'Alcantara, résidence de Sa Majesté le roi.

— Je le sais : cette révolte est une des raisons qui me déterminent ; il faut la main d'un homme pour tenir le sceptre dans ces conjonctures difficiles.

— La main d'un homme !... murmura Mello de Torres en soupirant. Mais il n'osa poursuivre et se rassit.

— Seigneurs, reprit la reine, quelqu'un de vous a-t-il des représentations à faire ?

Tout le monde se tut sur les bancs de la noblesse et du clergé.

— Et vous ? demanda encore la reine en s'adressant aux bourgeois.

— Que Dieu et la Vierge bénissent Votre Majesté, répondit une voix soumise, — le roi, notre maître, et l'infant dom Pedro ! — Les bourgeois de Lisbonne ont-ils d'autres désirs que la volonté de leurs souverains ?

Celui qui parlait ainsi était le vieux Gaspard Orta-Vaz, doyen des

(1) Les parents du roi ne sont pas princes de plein droit, en Portugal ; les frères de roi, eux-mêmes, ne le sont qu'en vertu d'une déclaration émanant du trône.

tanneurs, corroyeurs, peaussiers, apprêteurs, fourreurs, gantiers et mégissiers de Lisbonne.

— Je connais cette voix-là, dit brusquement Alfonse.

Gaspard se crut perdu ; il songea à l'échauffourée de la nuit et vit une accusation de haute trahison suspendue sur sa tête chauve ; mais le roi .reprit aussitôt :

— Pardon, Madame et très-honorée mère ! mais quand ce vilain a parlé, j'ai cru entendre la voix du vieux Martin Crux, qui est chargé d'affamer mes dogues pour les combats d'ours.

Et Alfonse se renversa sur son siége avec un parfait contentement de lui-même.

Une légère rougeur monta au visage de la reine, dont le regard parcourut furtivement l'assemblée, pour voir l'effet produit par cette indécente sortie. Toutes ces figures de courtisans restèrent impassibles. La reine se leva et prit des mains du secrétaire la bourse qui contenait les sceaux.

— Voilà, dit-elle en se tournant vers son fils, — voilà les sceaux dont j'ai été chargée par les états du royaume, en vertu du testament du roi, mon seigneur, qui est devant Dieu. Je les remets entre les mains de Votre Majesté, et en même temps le gouvernement, que j'ai reçu avec eux des mêmes états, Dieu veuille que toute chose prospère sous votre conduite, comme je le souhaite (1) !

Dona Louise prononça ces mots d'un ton ferme et grave. L'assemblée entière fut émue, et il n'y eut personne qui ne regrettât de voir le sceptre passer des mains de cette noble femme dans celles d'un enfant privé d'intelligence et entouré de conseillers pervers. Le vieux Gaspard Orta Vaz, croyant devoir enchérir sur la tristesse générale, poussa un sourd gémissement et essuya ses yeux secs à plusieurs reprises.

Alfonse avait écouté le discours de sa mère d'un air indécis et confus. D'ordinaire, dans toute occasion où il devait parler en public, Conti lui faisait sa leçon d'avance ; mais cette fois il fut pris au dépourvu.

— Je veux mourir, Madame, dit-il enfin, — s'il était besoin de me faire venir d'Alcantara et de déranger tous ces honnêtes seigneurs pour me donner cette bourse de velours cramoisi et les joujoux qu'elle semble contenir... Nonobstant cela, je vous rends grâces et me déclare votre respectueux fils.

— Dieu protége le Portugal ! murmura Miguel de Mello de Torres.

La reine crut devoir passer outre. Elle ôta de son front la couronne royale et la tint suspendue sur la tête de son fils. C'était là le dernier acte de la cérémonie. Une fois la couronne mise sur la tête d'Alfonse, il était roi, et dona Louise perdait en même temps ses droits de tutrice et de régente.

Mais au moment où sa main levée s'abaissait, un bruit subit se fit entendre à la porte, et une voix de femme, une voix bien connue, parvint aux oreilles de la reine.

— Je veux voir Sa Majesté sur-le-champ, disait-elle.

Les gardes de la porte refusaient de livrer passage.

— Au nom de Dieu et du salut de votre peuple, reine, reprit la voix, qui arriva vibrante et sonore jusqu'au fond de la salle, je vous adjure de me donner entrée !

Dona Louise, inquiète, étonnée, fit un signe de la main, et la porte s'ouvrit.

Une femme, vêtue de deuil et la tête couverte d'un voile noir, traversa la salle d'un pas lent et ferme, et vint mettre un genou en terre sur la première marche du trône. Elle souleva son voile et le rejeta sur ses épaules. Le nom de la comtesse de Castelmelhor passa de bouche en bouche ; chacun fit silence dans l'attente de quelque événement extraordinaire.

— Relevez-vous, Ximena, dit la reine ; parlez vite si vous avez besoin d'implorer notre aide, car la dernière minute de notre puissance est venue, et voici la couronne qui va ceindre le front du roi notre fils.

La comtesse ne se releva point.

— Je n'ai pas besoin d'aide, Madame, prononça-t-elle si bas que la reine eut peine à l'entendre. — Je ne viens pas implorer, mais accuser... Reprends ta couronne, dona Louise de Guzman, car ton fils a forfait à tous ses devoirs de prince et de gentilhomme ; reprends ta couronne, car, après avoir touché ton noble front, elle ne doit pas ceindre celui d'un lâche ravisseur et d'un assassin !

Un tumulte inexprimable suivit ces paroles. Les uns tremblaient en voyant le trône ainsi ébranlé jusque dans ses fondements, les autres prononçaient le mot de trahison. Tous parlaient à voix basse et gesti-

<hr>

(1) Propres paroles de la reine, extraites textuellement de la *Relation des troubles du Portugal*.

<hr>

culaient avec feu. Alfonse seul, comme s'il n'eût point entendu, dardait ses yeux au plafond et bâillait à se démettre la mâchoire.

La reine était d'abord restée atterrée, mais bientôt le courroux lui rendit son énergie accoutumée. Elle imposa silence à tous d'un geste.

— Femme, dit-elle en prononçant chaque mot avec effort, — ceux qui accusent le roi risquent leur vie ; — tu prouveras ce que tu avances, ici, sur l'heure, ou, par la croix de Bragance, tu mourras !..

— Je le prouverai ici sur l'heure... Celui-ci n'est-il pas un lâche, Madame, qui insulte une femme sans défense ? — Celui-là n'est-il pas un ravisseur, qui enlève à main armée une enfant aux bras de sa mère ? — Celui-là n'est-il pas un assassin qui aposte ses émissaires dans l'ombre et qui met à mort d'inoffensifs serviteurs, coupables seulement de défendre leur maître ? — Alfonse de Portugal a fait tout cela !

— Qui te l'a dit ?

— Si on me l'eût dit, je ne l'aurais pas cru. — Mais ces serviteurs assassinés, ils sont les miens, dona Louise ; cette fille enlevée, c'est ma fille ; cette femme lâchement outragée, c'est moi !

Une pâleur livide avait couvert le front de la reine ; ses lèvres remuaient sans produire aucun son ; chacun de ses membres tremblait.

— Madame et très-honorée mère, demanda le roi en bâillant, — je vais, s'il vous plaît, prendre congé, afin de me rendre à mon palais d'Alcantara.

— Malheureux enfant ! dit la reine, qui se pencha jusqu'à son oreille, n'as-tu pas entendu ?... Ne te défendras-tu point ?

— C'est la mère du petit comte, dit Alfonse sans s'émouvoir. — Ses gentilshommes se sont bien défendus, et nous avons eu là un fort bel hallali.

— C'est donc vrai ! c'est donc vrai ! cria la reine hors d'elle-même, — l'héritier de Bragance est donc un .. !

Elle n'acheva pas. — Faisant sur elle-même un violent effort, elle parvint à reprendre sa contenance digne et hautaine.

— Seigneurs, dit-elle en remettant sur sa tête la couronne royale, — nous sommes reine encore, et justice sera faite !

— Nous supplions Votre Majesté, s'écrièrent en même temps plusieurs gentilshommes, d'avoir égard...

— Silence ! sur votre vie, interrompit dona Louise avec violence... Toi, Ximena, relève-toi, — à moins que tu n'aies encore, ajouta-t-elle amèrement, quelque accusation à porter contre le sang de Bragance.

La comtesse se releva en silence.

— Et maintenant, dom Alfonse, reprit la reine, qu'avez-vous fait de cette jeune fille ?

— Quelle jeune fille ? demanda le roi.

D'un regard, dona Louise renvoya cette question à la comtesse.

— Inès de Cadaval, répondit celle-ci.

— La fiancée de ce bambin de comte, ajouta Alfonse froidement.

A ce mot, un irrévérencieux éclat de rire se fit entendre à l'autre bout de la chambre.

Ecclésiastiques, gentilshommes et bourgeois tressaillirent ; car, dans ses rares occasions où dona Louise se laissait emporter par son courroux, sa nature se transformait pour un instant : elle poussait la violence jusqu'à la cruauté. Tout le monde tourna les yeux vers le point de la salle d'où était parti le bruit. Il y avait près du fond deux hommes portant le costume de la garde d'Alfonse. Le coupable était l'un d'eux, et loin d'être effrayé par la faute qu'il venait de commettre, il continuait de rire à la barbe de l'assemblée.

Contre l'attente générale, la reine ne s'emporta point ; son cœur était trop profondément blessé pour qu'elle pût accorder la moindre attention à ce misérable incident.

— Faites sortir cet homme, dit-elle seulement.

La garde, au lieu de permettre aux huissiers d'exécuter cet ordre, s'échappa de leurs mains, et traversant lestement la salle, il ne s'arrêta qu'au pied du trône, devant lequel il s'inclina de cette galante façon que tout le monde, voire les laquais, possédait à la cour de France, mais qu'on ne savait point ailleurs.

— S'il m'était permis, dit-il avec emphase, d'élever la voix en présence de cette auguste assemblée, qu'on ne peut comparer qu'au conseil des dieux du paganisme, réuni sur le mont Olympe, et présidé, pendant l'absence du puissant Jupiter, par Junon, sa noble dame ; — s'il était permis, dis-je, à un pauvre gentilhomme d'élever la voix...

— Écoutez ce bon garçon ! s'écria joyeusement Alfonse ; — je le reconnais ; il a une histoire très-plaisante sur ses glorieux ascendants... Parle, mon compagnon ; tu peux te vanter d'être le moins ennuyeux de nous tous, y compris la mère du petit comte, qui est pourtant, je vous l'accorde, une bien respectable dame.

Par un instinct semblable à celui de l'homme qui se noie et qui s'accroche à des herbages capables à peine de supporter la centième partie de son poids, la reine se prit à espérer en ce mystérieux inconnu, et au lieu de réitérer son premier ordre, elle dit avec douceur :

— Nos moments sont précieux ; parlez si vous avez quelque chose à nous apprendre, mais soyez bref.

— Je tâcherai de me conformer aux volontés révérées de Votre très-illustre Majesté, répondit le beau cavalier de Padoue, qui salua de nouveau avec tout plein de grâce. — Je n'ai qu'une chose à dire, mais elle est importante. — La noble comtesse de Castelmelhor se trompe ; ce n'est point S. M. le roi dom Alfonse qui a enlevé la jeune héritière de Cadaval.

— Dis-tu vrai ? s'écria la reine.

— Dieu m'est témoin que mon cœur est pur et sans artifice.

— Mais, dit Ximena, j'ai vu, j'ai entendu.

— Voilà justement le plaisant !... c'est-à-dire, — le ciel me préserve de prononcer en ce lieu, que je vénère à l'égal d'une basilique, des paroles inconsidérées ! — c'est-à-dire le surprenant ! Vous avez vu, noble comtesse, un homme portant la livrée royale enlever votre pupille ; vous l'avez entendu prononcer le nom du roi : c'était une ruse de cet infernal scélérat, de ce monstre vomi par la bouche la plus fétide du noir Tartare..... d'Antoine Conti, en un mot.

— Ne me parlez plus de Conti, dit le roi, qui commençait à sommeiller.

— Antoine Conti, reprit le Padouan, avait enlevé Inès pour lui-même, et j'en puis parler, puisqu'il avait voulu me contraindre, moi qui parle à Vos Excellences, — à le seconder dans ses infâmes projets... que mes glorieux ascendants lui pardonnent de m'avoir fait cette injure !

— Qu'on aille chercher ce Conti ! dit la reine.

— S'il plaît à Votre Majesté très-illustre, cet ordre ne sera point aisé à exécuter. Voici un honnête marchand, — il montrait Gaspard Orta Vaz, — qui s'est chargé, en bon citoyen qu'il est, d'embarquer Conti pour le Brésil, lui donnant, en guise de baiser d'adieu, un fort grand coup de sa vieille hallebarde sur les épaules.

Gaspard aurait voulu être à cent pieds sous terre ; il n'osait lever les yeux, se croyant l'objet de l'attention générale. Par le fait, personne ne songeait à lui.

Lord Richard Fanshowe et le moine.

La comtesse s'était agenouillée de nouveau.

— Je supplie Votre Majesté de me pardonner, dit-elle. C'est pour Inès que je suis venue. Mon insulte personnelle n'est rien : et la vie de mes serviteurs appartenait au roi de Portugal. Je rétracte, s'il est besoin...

— Pas un mot de plus, comtesse ! dit la reine.

— De cette façon, s'écria le Padouan ravi, — tout s'arrange, et je remercie la fortune de m'avoir mis à même de rendre à mes souverains ce signalé service !..

La reine avait froncé les sourcils et semblait plongée dans ses réflexions. Alfonse dormait tout de bon.

Dona Louise, dans toute l'assemblée, était peut-être la seule qu'eût surprise l'accusation de la comtesse. On lui avait soigneusement caché, comme nous l'avons dit, les extravagances de son fils, et elle-même avait prolongé son erreur en refusant d'ajouter foi aux avis secrets qui lui arrivaient de toutes parts.

Aussi cette révélation la frappa au cœur. Les paroles de Macarone, qui d'abord avaient été une sorte de baume pour sa blessure, ne furent qu'un soulagement passager. Qu'importait, en effet, qu'Alfonse eût ou non enlevé Inès de Cadaval ? Pour être innocent de ce rapt, en était-il plus capable d'être roi ? La question était de savoir si les rapports secrets qu'elle avait regardés jusque-là comme les produits de la malveillance ou de la trahison, étaient vrais ou faux, et le témoignage de dona Ximena, en qui elle avait une entière confiance, lui prouvait surabondam-

ment leur vérité. La reine aimait passionnément son fils ; peut-être, par ce mystérieux et sublime instinct des mères, l'aima-t-elle davantage à ce moment où elle le découvrait plus misérable ; mais c'était une âme véritablement royale que la sienne, et la pensée de placer sur le trône de Jean IV un maniaque tour à tour imbécile et furieux, la révolta. Elle jeta sur Alfonse endormi un regard d'amer désespoir, et reprit la parole.

— Seigneurs, dit-elle, nous vous avions appelés pour assister au couronnement de notre fils. Dieu n'a point voulu que nous vissions aujourd'hui le sceptre de notre époux et seigneur entre les mains

d'un digne héritier... Nous vous donnons licence de vous séparer, en vous ajournant à l'époque où nous convoquerons les états généraux du royaume.

Personne n'osa répliquer, et l'assemblée se sépara dans un morne silence.

— Saldanha, dit encore la reine avant de sortir, vous nous répondez de la personne de dom Alfonse de Bragance. Qu'il ne puisse point quitter le palais de Xabregas.

Dona Louise reprit, appuyée sur le bras de l'infant, le chemin du couvent de la Mère-de-Dieu. Sur son ordre, Miguel de Mello de Torres et la comtesse de Castelmelhor la suivirent.

On doit penser que l'intention de la reine était, en ce moment, de soumettre la question de succession aux états généraux assemblés; peut-être cette mesure eût-elle épargné au Portugal le règne d'Alfonse VI.— La Providence en avait décidé autrement.

A peine dona Louise fut-elle rentrée dans les appartements du couvent de la Mère-de-Dieu que sa force factice, résultat d'une volonté puissante, l'abandonna tout à coup.

Tant qu'elle avait été en présence de l'assemblée, son orgueil de reine et de mère l'avait soutenue; mais alors, seule avec son confesseur et celle que depuis bien longtemps elle nommait sa fille, elle laissa voir à nu la mortelle profondeur de sa blessure.

Elle s'était assise en entrant, et l'œil fixe, les dents serrées, elle ne faisait pas un mouvement. Dona Ximena, debout auprès d'elle, eût voulu calmer, au prix de sa vie, ce désespoir dont elle était la cause.

De temps à autre, Miguel de Mello tâtait le pouls de la reine et secouait la tête en silence.

Au bout d'une heure, l'œil de Louise de Guzman perdit un instant sa fixité et se tourna vers la comtesse. Un triste sourire parut alors sur sa lèvre.

— Ximena, dit-elle d'une voix si changée que le prêtre ne put retenir un geste d'effroi, — te souviens-tu, ma fille!.. je l'avais dit un jour : si jamais il manque à ses devoirs de roi et de gentilhomme...

— Pitié! pitié! murmura la comtesse navrée.

— Si jamais il forfait à l'honneur, poursuivit la reine, dont la voix faiblissait de plus en plus, — ne me le dis pas, Ximena... car je te croirais... et je mourrais!

La comtesse se tordait les mains et embrassait les genoux de la reine.

— Tu me l'as dit pourtant, reprit encore celle-ci... Oui! tu me l'as dit... j'ai cruellement souffert... Adieu, ma fille!

Le prêtre et la comtesse s'agenouillèrent en pleurant.—Dona Louise de Guzman n'était plus.

Isabelle de Savoie-Nemours.

XVI.

Les jumeaux de Souza.

Le lendemain, Alfonse de Bragance fut solennellement couronné en la salle du palais de Xabregas, devant cette même assemblée qui avait assisté à sa honte de la veille. A ces côtés, et si près du trône, que les franges du dais caressaient son front, était dom Louis de Souza, comte de Castelmelhor.

Alfonse ne semblait ni joyeux ni chagrin. Il bâilla bien des fois durant la cérémonie, et se dispensa d'assister au service funèbre de la reine sa mère, alléguant pour prétexte qu'il y avait deux jours que ses taureaux d'Espagne ne l'avaient vu.

La plupart des grands seigneurs, à demi satisfaits par la disparition de Conti, suivirent le roi au palais d'Alcantara. Castelmelhor était bien, lui aussi, un favori, mais son illustre naissance faisait, en bonne jurisprudence courtisanesque, qu'on pouvait sans honte accepter ses caprices et se courber devant sa volonté.

Le roi le nomma, le jour même de son couronnement, ministre d'État et gouverneur de Lisbonne.

Quelques jours après la mort de la reine, tous les membres de la maison de Souza se trouvaient rassemblés dans cette salle de l'hôtel du même nom, où se sont passées plusieurs scènes de ce récit. La comtesse, dona Inès et Vasconcellos étaient en costume de voyage. Castelmelhor portait un magnifique habit de cour. — Dans la cour plusieurs carrosses attelés attendaient.

3

— Adieu donc, madame, dit Castelmelhor en baisant la main de sa mère; — adieu, mon frère : soyez heureux.

— Dom Louis, répondit la comtesse, je vous ai pardonné. Maintenant que vous voilà puissant, soyez fidèle.

— Dom Louis, dit à son tour Vasconcellos, je ne vous ai point pardonné, moi, car jamais il n'y eut contre vous de colère dans mon cœur. — Mais je vous ai jugé : si vous me cédez maintenant la main de dona Inès, c'est que vous vous croyez trop haut placé pour avoir encore besoin de sa fortune.

— Vasconcellos!... voulut dire dom Louis.

— Je vous connais, reprit celui-ci. — Et s'approchant tout à coup il ajouta à voix basse : — Adieu, dom Louis : je vais loin d'ici, bien loin, pour n'entendre point parler de vous. Mais si la voix du peuple de Lisbonne se faisait quelque jour assez forte pour arriver jusqu'à moi, et venait me dire que Vintimille je reviendrais, seigneur comte; — car j'ai fait un serment au lit de mort de mon père.

Castelmelhor s'inclina froidement et baisa la main d'Inès de Cadaval en la nommant sa sœur. Puis il sortit pour se rendre auprès du roi.

Les autres membres de la maison de Souza prirent place dans un carrosse, et le cocher fouetta les chevaux.

— Y a-t-il bien loin d'ici au château de Vasconcellos? dit un étranger à l'un des valets de la comtesse.

— Six jours de marche.

— Pas davantage?... je vais aller avec vous.

— A pied? demanda le valet étonné.

— Pourquoi pas? répondit froidement l'étranger.

A ce moment, le carrosse qui portait les deux dames et Simon s'ébranla et passa près des deux interlocuteurs.

Simon jeta par hasard un coup-d'œil de leur côté. Il reconnut Baltazar.

— Que Dieu me pardonne mon ingratitude! s'écria-t-il, j'allais oublier l'homme qui deux fois m'a sauvé la vie... et qui a fait plus que cela pour moi! ajouta-t-il en regardant Inès avec tendresse.

Le carrosse s'arrêta. Quand il s'ébranla de nouveau, Baltazar joyeux et confus à la fois, était assis entre Simon et la comtesse, au grand étonnement de la livrée de Souza...

XVII.

L'ANTICHAMBRE.

Sept années s'étaient écoulées. On était à la fin de l'hiver de l'an 466.. Dans l'antichambre de Sa Seigneurie lord Richard Fanshowe, représentant à Lisbonne S. M. Charles II d'Angleterre, nous retrouvons deux de nos anciennes connaissances, Baltazar et le beau Padouan, Ascanio Macarone dell'Acquamonda.

Baltazar n'avait point changé. C'était toujours le même visage, simple, franc, un peu naïf, supporté par un torse herculéen, et des jambes qui ne déparaient point le torse. Il portait une livrée de drap rouge à revers d'azur, ce qui indiquait qu'il appartenait à milord ambassadeur.

Ascanio, au contraire, avait sensiblement vieilli. Les boucles nonpareilles de ses magnifiques cheveux avaient passé du noir au gris pommelé; ses longues mains blanches s'étaient ridées; un vermillon coupé de veines blanchâtres, à l'instar du marbre des Pyrénées, remplaçait la fraîcheur veloutée de ses joues.

En revanche, il avait gardé son séduisant sourire et l'incomparable agrément de sa tournure. De plus, son costume avait gagné presque autant que son physique avait perdu. Il portait toujours le galant uniforme de la patrouille royale; mais son pourpoint était de velours, ses culottes et son écharpe de la soie la plus fine, et ses bottes molles, à éperons d'argent, disparaissaient presque sous un flot écumeux de dentelles. A sa toque, brillait l'étoile blanche, signe distinctif des Chevaliers du Firmament; mais, au lieu d'être en oripeau, comme jadis, elle jetait des feux ni plus ni moins qu'une étoile véritable, parce qu'elle était formée de cinq pointes de diamants, dont chacune valait bien mille réaux.

C'est que le beau cavalier de Padoue avait monté en grade. Il n'était maintenant rien moins que le capitaine des Fanfarons du Roi, et se vantait à tout venant de posséder l'entière confiance de son illustre patron, Louis de Souza, comte de Castelmelhor, favori du roi dom Alfonse. Ce prince tenait le sceptre d'une main tremblante, et laissait Lisbonne livrée à une effrayante anarchie.

La plupart des charges, qui, en Portugal, sont triennales, étaient remplies par des créatures de Castelmelhor; mais le peuple était contre lui et la patrouille royale elle-même, dont il avait considérablement diminué l'importance, le voyait de fort mauvais œil. Macarone, dont le lecteur connaît l'excellent caractère, flattait Castelmelhor, et criait volontiers avec ses camarades : A bas le favori!

Baltazar et lui s'étaient donc rencontrés dans l'antichambre de lord Richard Fanshowe, et Ascanio attendait, en se promenant de long en large, qu'il plût à Sa Seigneurie de le recevoir.

— Ami Baltazar, dit-il, j'ai un confus souvenir d'un tour damnable que tu me jouas autrefois... du temps de la feue reine, que Dieu bénisse au ciel, où je la souhaite!... Ce fut, mon camarade, une fort mauvaise plaisanterie. Mais je n'ai point de rancune... Touche là, mon ami Baltazar!

Baltazar tendit sa lourde main et la referma sur les doigts effilés du Padouan.

— A la bonne heure! s'écria ce dernier; — point de fiel entre nous!.. Dis-moi, est-ce une bonne condition que tu as là chez milord?

— Pas mauvaise.

— Tant mieux!... Je t'ai toujours porté un vif intérêt... Sa Seigneurie est généreuse?

— Assez.

— Bravo! Je suis ravi de te voir content... Ah çà! qui donc est avec lui en ce moment?

— Le moine.

— Le moine! s'écria Macarone, il vient aussi chez l'Anglais?

— Oui.

— Et... connais-tu ce moine, ami Baltazar?

— Non.

— C'est étonnant!... Tu n'es pas plus bavard qu'autrefois... Pas mal, assez, oui, non... ce n'est pas là une conversation, mon camarade!... Que diable! après cinq ans de séparation, deux bons amis qui se retrouvent!... Voyons! assieds-toi là, près de moi, et causons.

Baltazar se laissa entraîner vers un siège et s'assit d'un air profondément indifférent.

— Pendant ces cinq années, reprit le Padouan, tu as dû avoir des aventures. Conte-moi ton histoire.

— J'ai suivi dom Simon au château de Vasconcellos, dit Baltazar. Après cela, je suis revenu à Lisbonne.

— Ton histoire est fort intéressante, mon camarade, et ne contient point de longueurs... Ainsi, tu t'es séparé de dom Simon.

Baltazar fit un signe équivoque.

— Je ne sais s'il vit ou s'il est mort, répondit-il.

— En vérité!

— Quand il eut perdu sa jeune épouse, dona Inès de Cadaval, qui mourut il y a trois ans, la même année que la comtesse douairière, le pauvre seigneur pensa devenir fou... Et il y avait de quoi, car dona Inès était un ange... Il partit pour la France... je le suivis, mais je revins seul.

— Pourquoi?

— Peu importe... je revins seul.

— Toujours discret, s'écria Macarone; mais la discrétion est inutile avec moi, je devine... Dom Simon resta en France, aux genoux de la belle Isabelle de Nemours-Savoie, qui est maintenant reine de Portugal.

— Je n'entendis jamais parler de cela.

— A d'autres, mon compère!... Vasconcellos était amoureux de la reine; s'il vit, il l'est encore.

L'observateur le plus attentif n'eût pas vu s'animer un seul muscle sur le large visage de Baltazar, qui se borna à répondre :

— Dieu veuille qu'il vive encore! seigneur Ascanio.

— Amen! dit celui-ci; je n'y mets point d'empêchement... mais parlons de nous. Nous vivons dans un temps, ami Baltazar, où un bon garçon comme toi peut faire rapidement son chemin. Moi qui te parle, j'ai fait le mien, comme tu vois.

Ce disant, le Padouan fit ondoyer les plumes de sa toque, et joua négligemment avec la frange d'argent de sa ceinture.

— Oui, continua-t-il; maintenant je mène un train, un train en rapport avec ma noble naissance. Je suis un homme de cour, et le cher comte me tient en grande amitié.

— Quel comte? demanda Baltazar.

— Le grand comte... Louis de Souza!... Il n'y a qu'un comte à

Lisbonne, de même qu'il n'y a qu'un moine... Eh bien! mon enfant, il faut suivre mon exemple. Avant qu'il soit un an, tu porteras rapière à garde dorée, et pourpoint de velours comme moi.

— Et qu'avez-vous fait pour gagner tout cela?

— J'ai servi l'un, puis l'autre, — souvent tout le monde à la fois. Tu ne comprends pas?... Je vais m'expliquer : A Lisbonne, maintenant, tout le monde conspire; bourgeois, prêtres et gentilshommes se donnent si innocent plaisir... Compte sur tes doigts : il y a le parti de l'infant, celui de la reine, celui du comte, celui de l'Angleterre et celui de l'Espagne.

— Cela fait cinq partis, dit Baltazar, et vous en oubliez un sixième, seigneur.

— Lequel? demanda le Padouan étonné.

— Celui de dom Alfonse de Bragance, roi de Portugal.

Macarone éclata de rire.

— On voit bien, s'écria-t-il, que tu reviens de loin, mon camarade. Le parti du roi... En conscience, l'idée est bouffonne, et je réjouirai le cher comte en lui racontant cela demain, à son petit lever... Poursuivons : le parti de la reine est nombreux, il se compose de la majeure portion de la noblesse, parce que la reine est belle et que la noblesse est folle. Le parti du prince est faible, mais certains disent qu'il pourrait bien se confondre avec celui de la reine, et alors, il faudrait en tenir compte... Le parti de Castelmelhor est composé de moi et de tous les fonctionnaires; c'est un parti estimable : il dispose des revenus de l'État... Le parti de l'Angleterre se compose de moi et du peuple; c'est un joli parti : lord Richard ne ménage pas trop les guinées... Enfin, le parti de l'Espagne se compose de moi et de la patrouille royale. Ce parti n'est point à dédaigner, à cause des pistoles de Madrid, qui sont larges, lourdes, et d'un titre parfait.

— Ainsi, dit Baltazar, vous servez trois maîtres à la fois?

— C'est peu, j'en conviens, répliqua Macarone avec modestie; — mais la reine et l'infant n'ont pas un doublon pour leur cassette.

— Et si, — par hasard, — il me prenait envie de rapporter cette conversation à milord?...

— Tu me ferais une prévenir, mon excellent ami, dit Ascanio sans se troubler. Je viens ici pour vendre à milord les deux autres partis qui ont l'honneur de me posséder dans leur sein... Crois-moi, tu m'as trompé une fois, n'essaie pas de recommencer.

— Je n'ai garde, répondit Baltazar; je plaisantais.

— Tes plaisanteries sont lugubres, ami; c'est égal; j'ai besoin de toi... Veux-tu me prêter tes services?

— Non.

— Veux-tu me les vendre?

— Oui... sauf le cas où Vasconcellos reviendrait et réclamerait mon aide, et en tant que ces services ne contrarieront point mes devoirs envers milord.

— Soit. — Quant à Vasconcellos, je dépose mon estime sur sa tombe; quant à milord, loin de lui nuire, je prétends faire entrer sous son toit la joie et le bonheur.

Ici, Ascanio frisa sa moustache, arrondit ses bras, se dandina sur un pied et prit un air sentimental.

— O toi, dit-il, heureux Baltazar, qui respire le même air qu'*elle*, ne me comprends-tu point?

— Non, dit encore Baltazar.

— Arrière les froids calculs de la politique! s'écria Macarone en s'échauffant; — lâchons pour un moment le timon de l'état et parlons de ce suave sentiment qui est la joie des immortels dans leurs palais du mont Olympe...

— J'y suis! interrompit Baltazar, vous êtes amoureux de la camériste de miss Fanshowe.

— Fi donc! épris d'une camériste... moi! Les illustres Macaroni, qui sont morts en Palestine, au chevaleresque temps des Croisades, en frémiraient dans leurs tombeaux!... Mais il y a, dans ce que tu dis, quelque chose de vrai, cependant... Cependant, je suis amoureux... entends-tu? amoureux.

— J'entends.

— Moi, l'invincible Ascanio, moi dont le cœur semblait cuirassé d'un triple airain, j'ai senti la puissance du carquois de ce jeune espiègle qui... En un mot, mon camarade, continua Macarone en se calmant comme par magie; je songe à m'établir.

— C'est une idée louable, seigneur Ascanio.

— Et j'ai jeté les yeux sur miss Arabella Fanshowe.

— La fille de milord!...

— La ravissante fille de milord!

Baltazar ne put s'empêcher de sourire.

— Ce serait, pensa-t-il, un couple bien assorti!

— Eh bien? fit Ascanio.

— Eh bien? répéta Baltazar.

— Qu'en dis-tu?

— Rien.

— Ta réserve est éloquente... Tu m'approuves et tu consens à me servir?

— Que faut-il faire?

— Chut! s'écria le Padouan, qui se leva et fit le tour de l'antichambre sur la pointe des pieds, pour s'assurer que les portes étaient bien closes, et que nulle oreille indiscrète ne se tenait aux écoutes. Ce devoir d'un amant délicat étant accompli, il revint vers Baltazar, et tira de la poche de son pourpoint un billet, délicatement plié, et attaché par un fil de soie rose. Avant de le remettre à Baltazar, il le baisa sur les deux côtés.

— Ami, dit-il, je te confie le bonheur de ma vie.

— Il est en bonnes mains, seigneur Ascanio, dit Baltazar.

Il prit la missive amoureuse et la serra. Puis, se ravisant, il ajouta :

— Peut-être vous plairait il qu'elle fût remise sur-le-champ?

— Tout de suite! Voilà une pensée qui t'honore, Baltazar, et, sois tranquille, tu n'auras pas obligé un ingrat.

Baltazar sortit pour s'acquitter de son galant message.

A peine avait-il tourné les talons, que Macarone se précipita vers la porte du cabinet de lord Fanshowe. Il colla d'abord son oreille à la serrure, mais il n'entendit rien. Changeant alors de tactique, il mit son œil à la place de son oreille.

— Le moine! murmura-t-il; — c'est bien le moine!... Et toujours son capuchon sur les yeux... Pas possible de voir son visage... Cet homme doit avoir un bien grand intérêt à se cacher!

Il se releva et croisa ses bras sur sa poitrine. Son front était plissé; ses sourcils se rapprochaient de plus en plus. Tous ses traits exprimaient le travail intérieur d'un homme qui tend son esprit afin de deviner une énigme.

— Sous un secret, reprit-il, il y a toujours de l'argent... de l'argent pour celui qui découvre... Il y a parfois aussi des coups de poignards; mais bah! il faudra que je découvre le secret de ce révérend père.

Il remit l'œil à la serrure.

— C'est étrange! il garde son capuchon même en présence de milord! Ce personnage m'intrigue au dernier point. Je donnerais dix pistoles pour lui arracher ce masque qui le couvre sans cesse... partout je le rencontre chez le roi, chez l'infant... chez le comte lui-même... et chez milord aussi! cela passe les bornes! Pour avoir ainsi des rapports avec des hommes de partis si hostiles, il faut qu'il ait un intérêt. Me ferait-il concurrence!

Comme il se retirait, il entendit un bruit argentin de l'autre côté de la porte, et se hâta de coller une troisième fois son œil curieux au trou de la serrure.

— De l'or! s'écria-t-il en serrant ses deux mains l'une contre l'autre.

L'Anglais avait ouvert un coffre, placé en face de la porte. Il y plongea la main à plusieurs reprises, et la retira chaque fois pleine de larges pièces d'or. Le moine restait immobile. Quand Richard Fanshowe eut puisé une somme suffisante, il prit la peine de la compter lui-même, et, l'enfermant dans une riche et large bourse, il la remit au moine en s'inclinant :

— Il le salue par-dessus le marché, grommela Macarone, qui sait! il va peut-être lui dire : — Votre révérence est bien bonne de me débarrasser de mes guinées, et je la remercie du fond de l'âme.

Lord Richard s'avançait en ce moment vers la porte. Le Padouan n'eut que le temps de se jeter vivement de côté.

La porte s'ouvrit.

— Je suis fort obligé à Votre Révérence, dit Richard Fanshowe, — et je la prie d'agréer mes sincères remercîments.

— A demain, dit le moine.

— Quand il plaira à Votre Révérence... je suis à ses ordres.

Le moine sortit. Richard Fanshowe se frotta les mains d'un air satisfait. Quant au beau cavalier de Padoue, il demeura ébahi.

— Il y avait au moins cinq cents guinées, pensa-t-il, et il le remercie..

XVIII.

LE CABINET.

Lord Richard Fanshowe rentra dans son cabinet sans apercevoir le Padouan, qui se faisait petit dans un coin.

— Il a l'air bien joyeux, se dit Macarone; il est clair qu'il y a ici une intrigue dont je n'ai pas le fil... Est-ce un sixième parti qui se forme?..

En ce moment, Baltazar reparut.

— Eh bien! s'écria vivement le Padouan.

— J'ai remis la lettre.

— A-t-on daigné?

— Sans doute.

— Quoi! la charmante Arabelle a lu ces caractères tracés par la main du plus humble de ses esclaves!

— Elle a fait mieux.

— Qu'entends-je! s'écria Marcarone en se découvrant, — dois-je espérer tant de bonheur! Aurait-elle condescendu à faire une réponse?

— Mieux que cela, dit encore Baltazar.

Le beau cavalier de Padoue prit une attitude théâtrale.

— Baltazar, soupira-t-il, parle vite, ou mon pauvre cœur va se briser!..

— Miss Arabella vous accorde un rendez-vous, seigneur Ascanio.

— Un rendez-vous! délices du paradis terrestre! félicités du ciel! Où? quand? réponds donc!

— Demain soir, dans les jardins de l'hôtel et voici la clé de la grille.

— N'est-ce pas un songe! il paraît vraiment certain que je vais m'établir, s'écria Macarone en saisissant la clé.

— De la discrétion, dit Baltazar.

— Muet comme la tombe, répondit Ascanio en posant la main sur son cœur.

Puis il ajouta très-froidement.

— Baltazar, mon digne camarade, je n'ai pas de fonds, mais je me proclame ton débiteur pour la somme de cinquante réaux (4). Maintenant un mot sur un autre sujet : Le moine est parti.

— C'est bien; je vais annoncer Votre Seigneurie.

— Attends donc. Ce moine m'intrigue, Baltazar. Ne pourrais-tu savoir qui il est?

— Peut-être.

— Et ce qu'il vient de faire chez milord? continua Macarone.

— Cela n'est pas possible.

— Je te récompenserai royalement, Baltazar, songe à cela, et introduis-moi.

Lord Richard Fanshowe était un vieillard à la physionomie pâle, insignifiante et comme effacée. Ses cheveux rares et presque blancs, étaient plantés sur le derrière de la tête et laissaient découvert un front démesurément haut, mais étroit et fuyant. Sa barbe soigneusement taillée, suivant la mode de l'époque, avait, ainsi que sa moustache tordue, conservé sa couleur naturelle, qui était un blond ardent et tirant sur le roux. Il avait un menton pointu, des lèvres minces et pâles; la distance de son nez à sa bouche était hors de toute proportion avec le cadre de son visage. De petits yeux gris, à vue courte et sans cesse demi-clos, lançaient de cauteleux regards du fond de leur orbite profondément cave, et dont la saillie était dépourvue de sourcils.

Cet ensemble de traits était complété par un nez planté droit et se relevant perpendiculairement au plan de la lèvre supérieure. Ce nez, britannique, au premier chef, était un véritable nez de diplomate. Que l'œil sourît, que la bouche se fronçât, que la pâleur blafarde de ses joues se changeât au vermillon par l'effet de la joie ou de la colère, le nez restait immobile et blanc comme un membre mort, mais parfaitement conservé. On a vu des nez indiscrets, osciller ou s'épanouir, de manière à trahir la pensée secrète de leur maître, mais le nez de lord Richard n'avait garde; vous l'eussiez pincé sans l'émouvoir, vous l'eussiez broyé avant de le faire rougir.

Aussi lord Richard y tenait-il beaucoup, ce que le lecteur com-

(4) Nous employons dans tous le cours de ce récit les monnaies espagnoles, qui ont eu cours en Portugal longtemps après la Restauration.

prendra, s'il veut faire réflexion que ledit lord l'avait acheté trois guinées chez un chirurgien d'Yorck, sa ville natale.

Le nez était en carton doublé d'argent, et si merveilleusement conditionné que Fanshowe s'applaudissait tous les jours d'avoir égaré celui que la nature lui avait primitivement imposé.

Le reste de la personne de lord Richard était à l'avenant. Il n'était bossu qu'aux yeux des gens qui ne l'aimaient point, et pour voir qu'il boitait, il fallait d'abord ne pas être ébloui par le cordon de l'ordre de la Jarretière qui entourait son microscopique gras de jambe.

Les Anglais sont beaux d'ordinaire, bien faits et irréprochables au point de vue de la forme. Pourtant ils ne sont point agréables à voir. Il y a toujours dans leur physionomie une manière de repoussoir qui déplaît et chagrine; sous leur teint frais, sous le duvet incolore de leur fine barbe, perce l'égoïsme antipathique et brutal qui est au fond de leur nature.

Don Juan ne songea jamais à introduire son âme éternellement renaissante dans un fourreau britannique : il lui faut, pour séduire, un masque allemand, rêveur et fatal, un visage italien, vif et passionné, le regard ardent qui brûle sous le front basané de l'Espagnol, ou tout au moins le franc et spirituel sourire du Français de bonne race. Sous la peau d'un Anglais; — d'un de ces beaux Anglais qui semblent modelés en cire et portent la tête d'une poupée sur le corps de l'Apollon du Belvédère, — don Juan parlerait du nez en disant : je l'aime, et mourrait de la jaunisse ou du spleen avant d'avoir fléchi les rigueurs d'une douairière.

N'étant pas séduisant quand il est beau, l'Anglais est odieux quand il est laid, ce qui forme compensation. Sa raideur devient alors grotesque; à chacun de ses mouvements se révèle un ridicule nouveau, si bien que, de nos jours, sur les boulevards, quand les enfants du peuple avisent une tournure bouffonne, surmontée d'un masque blafard ou d'une figure apoplectique, ils battent des mains, et crient dans leur naïveté impitoyable :

— C'est un milord!

Lord Fanshowe n'échappait point à ce privilège de sa nation. Son aspect inspirait l'aversion et la défiance. On devinait derrière son disgracieux sourire, le mensonge et la dissimulation, passées à l'état chronique. Pour s'habituer à l'expression cauteleuse de son regard, il fallait du temps à l'esprit le plus candide.

Bien pénétré pourtant de la maxime fondamentale, unique, éternelle de la politique anglaise, il faisait un passable diplomate et possédait la confiance de Buckingham, qui lui-même tenait l'oreille de Stuart.

C'est que, pour être bon diplomate, dans le sens anglais du mot, il n'est pas besoin de sauver les apparences. A quoi bon prendre un masque honnête, quand on est taré depuis des siècles? Envahir à tout prix, par tous moyens et quand même! Avec ce principe dans la tête, et de nombreux sacs de souverains d'or dans ses coffres, on se passe du reste.

Au moment où le beau cavalier de Padoue fut introduit, Fanshowe s'occupait à écrire une lettre. Il fit signe au nouveau venu de prendre patience et continua son travail.

Macarone répondit à ce geste par une inclination comme lui seul en savait faire, et se laissa tomber dans un fauteuil, avec toute l'aisance d'un élève de M. de Beaufort.

— Faites, milord, dit-il faites, pardieu! point de gêne entre nous. Je serais mortifié si vous faisiez des cérémonies avec moi.

Fanshowe leva sur lui son œil gris, demi-ouvert, et arrêta un instant sa plume. Son front se plissa légèrement. Une ride de dédain se creusa derrière sa moustache.

Macarone se prit à jouer avec les dentelles de sa manchette, et adressa à sa seigneurie un sourire plein de condescendance qui semblait dire

— Entre amis il n'est pas besoin de façons.

— Ce drôle est fort curieux, pensa Fanshowe. — Puis il se remit à écrire.

En écrivant, il oublia bientôt la présence du Padouan, et commença, comme c'est la coutume d'une foule de penseurs, à se dicter sa lettre à haute voix.

Macarone était tout oreilles, mais il ne put saisir que quelques bribes de phrases, dont le sens lui échappait entièrement. Il comprit seulement que milord s'applaudissait vivement de la tournure que prenaient les affaires, et comptait en arriver sous peu à ses fins.

Quand Fanshowe eut achevé sa lettre, il sonna et Baltazar parut.

— Porte cet écrit à sir William, mon secrétaire, dit-il. Quand il l'aura mis au net, tu le rapporteras. Que puis-je faire pour Votre Seigneurie? ajouta-t-il en s'adressant à Macarone.

— Vous pouvez faire beaucoup, milord, répondit le Padouan, qui poussa son siége et s'approcha de Fanshowe; — nous pouvons, vous et moi, faire beaucoup l'un pour l'autre.

Lord Richard tira sa montre.

— Je suis pressé, dit-il.

— C'est comme moi. Mais il ne s'agit pas ici de bagatelles; veuillez me prêter attention. Je me nomme...

— Je vous connais, passons.

— Ce m'est un inappréciable bonheur que de m'avoir attiré l'attention de Votre Grâce. J'ose croire que vous connaissez également dom Louis de Vasconcellos y Souza, comte de Castelmelhor?

Fanshowe s'inclina.

— C'est un noble seigneur, reprit Ascanio; il est puissant et pourrait le devenir davantage, car il a de grands projets.

— Que m'importe?

— Il vous importe de les déjouer, milord. Je sais par cœur, voyez-vous, votre politique et celle de mon illustre ami et patron. Vous avez tous les deux un ennemi commun : la reine; — mais votre but ne peut être le même. Il vous faut à vous, milord, sur le trône de Portugal un fantôme de roi, un mannequin : Alphonse VI, par exemple; à Louis de Souza, il faut...

— Que faut-il? demanda vivement Fanshowe.

— Pour le savoir, milord, il vous en coûtera mille guinées.

— C'est fort cher, seigneur, pour un secret de comédie.

— Vous le saviez?

— Avant vous... avant Castelmelhor peut-être.

Macarone jeta sur le lord un regard incrédule, puis son œil se tourna, plein de désespoir, vers le coffre-fort où Fanshowe avait puisé les guinées du moine.

— N'avez-vous point autre chose à me dire? demanda l'Anglais.

— Comme confident du noble comte, je suis réduit au silence, milord, dit tristement Ascanio; — mais comme capitaine des Fanfarons du roi.

Fanshowe lui imposa silence d'un geste. Il sonna de nouveau, et Baltazar montra son visage à la porte entrebâillée.

En même temps, l'Anglais fit jouer la serrure de son coffre, qui s'ouvrit et laissa voir, aux yeux éblouis d'Ascanio, un énorme monceau de pièces d'or de toutes tailles.

— Appelez don William, dit Fanshowe à Baltazar.

Baltazar sortit : le lord compta cent guinées sur un coin de la table. Ascanio, muet de surprise, le regardait faire. — Par un mouvement instinctif, sa main s'ouvrait et se refermait, comme pour palper cet or, dont la vue lui montait à la tête.

A ce moment le secrétaire parut sur le seuil d'une porte qui communiquait avec les appartements privés de milord.

Ascanio tourna les yeux de son côté, et demeura stupéfait à sa vue. Il allait pousser un cri de surprise, lorsque le secrétaire mit un doigt sur sa bouche.

— Milord m'a fait appeler? dit-il en s'avançant lentement vers Fanshowe.

— Asseyez-vous, sir William, et écrivez, au bas de ma missive, en forme de *post-scriptum*. « Ce soir, Isabelle de Savoie-Nemours disparaîtra, enlevée par les soldats de la patrouille du roi.

« Cette troupe est aux gages de l'Espagne. Aucun soupçon ne planera sur le gouvernement de Sa Majesté le roi Charles, que Dieu tienne en joie et santé. »

Sir William obéit.

— Seigneur capitaine, reprit le lord d'une voix grave, l'Angleterre est une nation généreuse parce qu'elle est puissante. Loin de profiter de la fâcheuse situation du royaume de Portugal pour y établir sa domination, elle fait tous ses efforts pour diminuer les embarras de ce malheureux pays. La reine était une pierre d'achoppement au milieu des factions soulevées; la reine retournera en France... à moins que, sur la route, quelque déplorable accident n'advienne... Nous aviserons ensuite aux moyens de parfaire notre œuvre en rendant le calme et le bonheur à ce pauvre pays, pour lequel l'Angleterre a une affection maternelle.

— Et qui enlèvera la reine? demanda Macarone.

— Ce sera vous, seigneur capitaine.

— Milord a l'air bien certain de cela?

Fanshowe ne répondit point sur-le-champ. Il relut attentivement la lettre et le *post-scriptum*, puis il signa le tout et appela Baltazar auquel il remit le paquet soigneusement scellé en disant :

— Monte à cheval et porte ceci en toute hâte au capitaine Smith dont le navire est en partance. Qu'il mette à la voile aussitôt, si le vent et la mer le permettent.

Cela dit, il se tourna vers Ascanio.

— Vous voyez, dit-il.

— Je vois que vous annoncez comme faite une chose qui reste à faire, milord.

Fanshowe caressa la barbe jaune et rigide qui décorait son menton.

— Vous m'avez demandé mille guinées, reprit-il d'un ton bref et impérieux; — en voilà cent... Ne les prenez pas encore... Je vous connais, capitaine, et n'ai point en votre bonne foi une confiance illimitée.

— Qu'est-ce à dire! voulut s'écrier Ascanio, qui frisa sa moustache d'un geste belliqueux.

— Silence! l'Angleterre est une nation généreuse, — mais qui n'aime pas à payer en vain... Comment se nomme votre lieutenant?

— Manuel Antunez.

Fanshowe prit la plume, la trempa dans l'écritoire et la tendit au Padouan.

— Ecrivez, dit-il.

— Mais... milord!

— Ecrivez!

Macarone se mit en posture. Fanshowe dicta : « Le seigneur Antunez choisira vingt hommes résolus qu'il conduira ce soir, à huit « heures, sur la place du palais de Xabregas. Un homme se présen- « tera, dont il recevra et exécutera les volontés comme si j'ordonnais « moi-même. Cet homme répondra au nom de sir William... »

— Quel est ce sir William... interrompit Macarone.

— C'est moi, dit le secrétaire.

— Vous!... s'écria involontairement le Padouan.

Un signe rapide et péremptoire du secrétaire lui coupa la parole.

— Sir William soit! grommela-t-il; — après?

« Il y aura une forte récompense, — dicta Fanshowe; — main- « tenant votre signature. »

— J'aurai les cent guinées?... demanda le Padouan avant de signer.

Fanshowe poussa la pile d'or jusqu'à lui.

Macarone prit et signa.

— Maintenant, dit Fanshowe, vous êtes notre hôte jusqu'à demain matin... Quant à vous, William, courez à l'hôtel des Chevaliers du Firmament.

— William, — murmura Macarone!... le diable plutôt!...

Le secrétaire s'enveloppa d'un long manteau qui cachait la moitié de son visage et disparut.

Sur le seuil de la porte extérieure, il rencontra Baltazar qui enfourchait son cheval.

Baltazar piqua des deux et partit au grand galop; mais, au lieu de descendre vers le port, il enfila les rues tortueuses de la ville haute et s'arrêta au seuil d'un sombre et vaste bâtiment, à la porte duquel il frappa.

Cet édifice était le couvent des Bénédictins de Lisbonne. Le frère portier vint tirer le guichet.

— Le moine! dit Baltazar.

La porte du couvent s'ouvrit aussitôt.

***

XIX.

LA CELLULE.

L'homme que jusqu'ici nous avons appelé le *moine*, et qui n'était point connu à Lisbonne sous un autre nom, se trouvait seul dans une pièce de moyenne grandeur et presque nue, qui dépendait de l'appartement de Ruy de Souza de Macedo, abbé majeur des bénédictins de Lisbonne.

Par la faveur spéciale du seigneur abbé, il ne menait point la vie des autres religieux. Il n'y avait point à la chapelle de confessional qui portât son nom écrit en lettres gothiques sur le chêne noirci de son étroit frontispice. Jamais on ne l'avait vu célébrer le saint sacrifice de la messe; et quand sonnaient vêpres ou matines, sa place au chœur restait vide bien souvent.

Il se promenait lentement et de long en large dans sa cellule. Sa bouche murmurait de temps à autre des mots inarticulés. Était-ce une prière à Dieu? était-ce le résultat d'une préoccupation mondaine?

Bien que le moine fût un bon chrétien et servît Dieu comme il faut, nous penchons pour la seconde hypothèse, et le lecteur sera de notre avis quand il saura que le révérend père, depuis sa visite à Fanshowe, avait rendu ses devoirs au roi, entretenu l'infant, et passé une heure en secrète conférence avec le comte de Castelmelhor.

Chez ces trois personnages, si haut placés, quoique diversement, il avait été accueilli avec un égal respect. Le pauvre Alfonse lui-même avait fait trève à ses imbéciles passe-temps pour lui demander sa bénédiction.

En quelque lieu que ce fût, en présence du roi lui-même, le moine gardait l'énorme capuchon qui couvrait entièrement son visage. Nul ne pouvait se vanter d'avoir jamais distingué ses traits. On apercevait seulement, au fond du sombre entonnoir formé par sa cagoule, l'éclair ardent et dominateur de son œil noir et les mèches ondées de sa barbe blanche.

Quand il passait dans les rues, les gentilshommes s'inclinaient, les bourgeois portaient la main à leur feutre, et le peuple baisait le bas de son froc : les gentilshommes le craignaient ; il intriguait les bourgeois ; sur un geste de sa main, le peuple eût mis le feu à Lisbonne.

Or, le peuple avait singulièrement crû en force et en audace pendant les sept années qui venaient de s'écouler.

Il était arrivé à Lisbonne ce qui arrive en toute cité aux jours de misère. La noblesse était restée debout ou s'était retirée dans ses domaines ; mais la bourgeoisie, décimée par la détresse, avait grandi la masse du peuple. Tel qui naguère faisait l'aumône, vivait à présent de bienfaits. La cour, dont les finances étaient au pillage, ne pouvait venir en aide au malheur public. Les innombrables couvents quêtaient beaucoup et donnaient peu. Les grandes familles avaient peine à soutenir leur rang, et d'ailleurs, la plupart d'entre elles, froissées par le favori et mal en cour qu'elles étaient, avaient intérêt à précipiter la crise.

Aussi c'était pitié de voir l'état de dénûment absolu où languissaient non-seulement les gens sans aveu, mais les petits marchands et les corps de métiers. Chacun, parmi ce qui restait de riches bourgeois, avait condamné la serrure de son coffre-fort. Les plus égoïstes, qui se proclamaient les plus prudents, avaient fermé la porte de leur boutique et congédié leurs ouvriers. De ce nombre était, entre autres, l'honnête Gaspard Orta Vaz, doyen de la corporation des tanneurs, apprêteurs, corroyeurs, peaussiers et mégissiers de Lisbonne. Ses ouvriers, réunis à ceux d'une foule de ses confrères, formaient d'innombrables troupes de vagabonds qui étaient de fait les maîtres de la ville. — Leur maître à eux, était le moine.

Le moine était le roi de tout ce peuple, parce que tout ce peuple vivait par lui, — par lui seul. Il l'avait acheté. Ses bienfaits de tous les jours remplaçaient la prospérité passée. Ses émissaires, qui étaient nombreux et infatigables, avaient des consolations pour toutes les infortunes, des soulagements pour toutes les misères.

Et quand ils avaient changé les larmes en joie, ils disaient :

— Cet or qui apaise votre faim, qui guérit vos blessures, qui sèche les pleurs de vos femmes, qui couvre la nudité de vos enfants, cet or appartient à notre seigneur, qui est le moine. Soyez reconnaissants et attendez l'heure où il aura besoin de vous.

Et cette populace, sans cesse espérée et sans cesse rendue à la vie, se prenait d'un fougueux amour pour la main, — toujours la même, — qui s'ouvrait, bienfaisante, entre elle et le précipice. Elle aimait d'autant plus ici qu'elle haïssait davantage ailleurs, et ne pouvait trouver, si loin que pussent porter ses regards, aucun objet à respecter ou à chérir.

Le roi était fou et cruel dans sa folie ; l'infant, retiré dans son palais, passait pour un noble jeune homme, mais n'avait point su s'entourer de ce prestige que toute d'ordinaire une infortune fièrement supportée. Il gardait un silence chagrin, opposait une froide apathie aux insultes continuelles du favori, et semblait absorbé dans son amour pour la jeune reine.

Cette malheureuse princesse elle-même, si charmante, si accomplie, était peu connue de la multitude. On maudissait Alfonse pour les indignes traitements qu'il lui faisait subir, mais, après lui, elle s'était pourvue en cour de Rome pour faire déclarer nul son mariage, et les respects de la noblesse avaient de quoi la consoler.

Enfin, Castelmelhor, le favori, était odieux au peuple comme l'est tout tyran subalterne. On avait oublié sa magnifique naissance ; on ne lui tenait point compte de ses brillantes qualités ; on ne voyait en lui que le favori, et c'est à peine si Vintimille lui-même, au temps de sa puissance, avait été aussi universellement détesté.

Aussi le peuple attendait, il attendait impatiemment que l'heure fût venue. Et alors, quel que pût être l'ordre émané de la bouche du moine, le peuple comptait l'exécuter.

Cet étrange et absolu pouvoir s'augmentait encore de tout le mystère qui entourait le moine. Nul n'avait vu son visage. Quand il répandait des bienfaits par lui-même, il entrait, consolait et disparaissait ; on connaissait seulement la forme de son froc ; on se souvenait des sons graves et pénétrants de sa voix ; on gravait ses paroles au fond du cœur et on resserrait le pacte mystérieux par un serment nouveau.

On comprendra que les divers partis qui divisaient le Portugal devaient redouter singulièrement un pareil homme. Cependant aucun de ces partis ne lui était, précisément hostile. Quelques-uns même servaient, sans s'en douter, son influence.

Nous avons vu Fanshowe lui ouvrir bénévolement ses coffres, et nous pouvons dire tout de suite que l'or de l'Angleterre formait la meilleure part de la somme presque incroyable qu'il fallait réaliser chaque mois pour nourrir ainsi tout un peuple. Fanshowe avait, comme nous pourrons le voir, une entière confiance dans le moine, qu'il croyait intéressé au succès de l'Angleterre. Castelmelhor, au contraire, quoi, reprochable en plusieurs points, avait du moins le mérite de vouloir, à tout prix, affranchir le Portugal de la domination anglaise, avait ses raisons pour penser que le moine haïssait, autant que lui, les Anglais. Cette aversion commune les rapprochait.

Quant à l'Espagne, le moine avait de nombreux émissaires parmi les Chevaliers du Firmament, et dom César de Odiz, marquis de Ronda, ambassadeur de la cour de Madrid, le tenait, disait-on, en suprême estime.

D'ailleurs on ne connaissait pas plus sa pensée que son visage. C'était un homme de paix, prêchant la concorde sans relâche, mais prévoyant la guerre et s'y préparant de longue main. Une fois la guerre allumée entre ces factions rivales, à qui porterait-il son secours ? chacun espérait pour soi ; mais, en définitive, nul ne le savait.

Un seul n'espérait point en lui : c'était Alfonse de Bragance, qui n'espérait en personne, parce qu'il n'avait garde de se croire menacé. Ce malheureux prince avait considérablement fléchi depuis quelques années. Sa folie avait pris un caractère de tristesse profonde. S'il se réveillait parfois, c'était pour accomplir quelque extravagance perfidement conseillée. Ses Chevaliers du Firmament étaient devenus une sorte de garde prétorienne qui joignait l'insolence à la trahison. Dans l'opinion de tous, il était notoire qu'Alfonse n'avait pas un seul sujet fidèle, disposé à le défendre au jour du péril.

L'opinion se trompait ; Alfonse avait un adhérent, un seul, mais celui-là en valait mille et des milliers : c'était le moine.

Ceux qui auraient été à même d'observer de près ce mystérieux personnage eussent vu que le lien qui l'attachait au roi ne partait point du cœur et avait toute l'inflexibilité d'un rigoureux devoir. Ils auraient découvert en même temps que ce devoir était sans cesse combattu dans son accomplissement par un sentiment difficile à vaincre, impossible peut-être. La vie du moine était en effet un long combat sans trêve ni relâche. Son cœur, d'accord avec sa raison, battait en brèche sa conscience. Il luttait franchement et de tout son pouvoir, mais désirait à peine remporter la victoire. C'était un dévouement imposé, fatal. On eût dit que, contre son gré, par excès d'honneur, il accomplissait la lettre insensée d'un serment qu'il ne pouvait point mettre en oubli.

Car servir le roi, ce n'était point, à cette triste époque, servir le Portugal. Alfonse avait encouru tous les genres de déchéance : il était fou, et le ciel ne lui avait même pas laissé ce banal privilége de revivre dans un héritier de sa chair. Incapable de régner par lui-même, incapable de donner un successeur au trône, nul et stérile pour l'avenir comme pour le présent, Alfonse était un trône mort, dont le poids inutile écrasait son peuple.

Le moine savait cela ; mais il demeurait ferme dans son silencieux et obstiné dévouement. Il espérait encore peut-être qu'Alfonse se redresserait quelque jour, et s'appuyant sur lui, chasserait de Lisbonne et du Portugal tous ces factieux qu'encourageait la flatterie royale. Alors il eût appelé le peuple, son peuple à lui, le peuple qu'il s'était inféodé par ses bienfaits. Il lui eût montré l'ennemi comme on montre au dogue le sanglier qu'il doit terrasser. Il lui eût dit :

— L'heure est venue, marchez !

Mais à une proposition semblable, Alfonse, le valétudinaire enfant, eût frémi de tous ses membres. Il était de courage que contre les femmes, et depuis cinq ans il n'avait parlé haut qu'à la reine.

Le moine savait encore cela ; il le savait mieux que toute autre chose ; car, lorsqu'il venait à songer aux outrages qu'Isabelle de Savoie-Nemours avait reçus, un éclair d'indignation scintillait sous son froc, et il maudissait en frémissant le frein qu'il le retenait.

Deux choses pouvaient sauver le Portugal : l'avénement au trône de l'infant ou la dictature reconnue de Castelmelhor. Le moine avait songé souvent à réaliser la première hypothèse. Il voyait alors la reine, débarrassée par la cour de Rome des liens qui l'unissaient à Alfonse, s'asseoir, reine par un nouveau choix, aux côtés de dom Pierre de Portugal.

Cette pensée remplissait son cœur de joie, mais aussi de tristesse, et si la joie l'emportait enfin, c'est qu'il se disait :

— Elle serait heureuse!..

C'étaient là ses réflexions de toutes les heures. Elles l'occupaient encore au moment où nous le retrouvons parcourant à grands pas sa cellule.

Seul, et ne craignant point les regards indiscrets, il avait jeté en arrière sa cagoule.

C'était un jeune homme. La barbe blanche qui couvrait sa lèvre supérieure et son menton contrastait étrangement avec la chevelure noire qui tombait en boucles larges et lustrées sur ses épaules. Il y avait à son front quelques rides, mais ce n'étaient point de celles que creuse l'âge, et le feu tout juvénile de son regard disait assez qu'elles n'avaient pour cause que les soucis ou le malheur.

— L'Espagne d'un côté, murmurait-il en précipitant sa promenade ; — l'Angleterre de l'autre... Au-dedans, la guerre civile imminente ; un roi qui dort ; la trahison qui veille... ! Et la reine! la noble Isabelle jetée hors du trône!...

Cette dernière pensée lui fit brusquement froncer le sourcil. Il ajouta néanmoins, comme pour écraser par un nouvel argument un adversaire imaginaire.

— Qui sait si la France ne voudra point venger un pareil outrage?...

Il allait conclure, lorsque plusieurs voix se firent entendre à la porte de sa cellule. On frappa.

Le moine rejeta vivement son capuchon sur son visage et ouvrit. Une douzaine d'hommes de costumes divers, parmi lesquels se trouvaient quelques uniformes et des livrées aux couleurs de plusieurs nobles maisons, entrèrent.

Tous, en passant le seuil, se découvrirent respectueusement et restèrent rangés près de la porte ; le moine les salua de la main.

Le premier arrivé s'avança vers lui et lui parla à voix basse. Il portait la livrée de Castelmelhor.

— Le seigneur comte, dit-il, a appris la présence à Lisbonne de son frère, dom Simon. Il paraît s'inquiéter beaucoup de ce retour.

— C'est bien, répondit le moine ; après?

— Voilà tout.

Le valet de Castelmelhor passa et fut remplacé par un Fanfaron du roi.

— Seigneur, dit-il, le capitaine Macarone veut se vendre, lui et la patrouille royale, à l'Angleterre.

— Que disent vos camarades?

— Ils demandent combien on les paiera.

— Rendez-vous de ce pas chez Castelmelhor, dit le moine, et dénoncez-lui ce complot.

— Que me veut Votre révérence? dit un autre, qui portait le costume des pays de l'Alentejo.

Le moine tira la bourse de Fanshowe et glissa deux guinées dans la main du rustre.

— Va au Limoeiro, lui dit-il ; j'ai demandé et obtenu pour toi la place de concierge.

— Mais, Votre Révérence...

— Tu seras un pays de connaissance. Le geôlier et tous les porte-clefs sont vassaux de Souza... Va.

Le paysan s'inclina et passa. Après lui vinrent, un à un, des valets, des soldats et des bourgeois. Les uns étaient des espions, chargés de savoir ce qui se passait à la cour et dans la ville ; les autres des émissaires, chargés de distribuer des secours au peuple.

Le moine eut plus d'une fois recours à la bourse de Fanshowe. Quand le dernier de ses agents se fut retiré, la bourse était presque vide.

— Il faudra se décider cet après-midi, pensa-t-il en pesant la bourse désenflée dans le creux de sa main. Mes propres ressources sont épuisées et l'Anglais peut tout découvrir d'un jour à l'autre... Accomplirai-je mon serment ou sauverai-je le Portugal.

On frappa de nouveau à la porte. Cette fois, ce fut Baltazar qui entra.

— Quelles nouvelles? demanda le moine, qui ne prit point la peine de se cacher la figure.

Pour toute réponse, Baltazar lui tendit la lettre, scellée aux armes de Fanshowe et adressée à Sa Grâce, lord Georges Villers, duc de Buckingham, à Londres,

Le moine saisit la lettre et fit sauter le cachet.

XXI.

LA LETTRE.

La lettre de Fanshowe était ainsi conçue :

« Mon cher lord,

« J'ai reçu avec une satisfaction que je renonce à vous décrire la missive qu'il vous a plu de m'expédier par le patron Smith. C'est œuvre charitable que de songer ainsi aux pauvres exilés. Je vous remercie.

« D'après ce que vous me dites, sa très-gracieuse Majesté le roi Charles est satisfaite de mes services en ce pays reculé. J'en suis content et chagrin à la fois. Content, parce que ma seule passion en ce monde est de mériter les bonnes grâces de notre aimé souverain ; chagrin, parce que cette disposition prolonge mon séjour ici, et que je soupire et me meurs de regrets, mon cher lord, loin de ce paradis qu'on appelle Londres, — ciel brillant dont Votre Grâce est la plus brillante étoile, et dont sa très-gracieuse Majesté le roi Charles est le soleil...

« Buckingham, ne vous est-il point venu parfois désir d'être le premier quelque part, après avoir été le second à Londres? En l'absence du roi des astres, l'étoile se fait soleil. Lisbonne aussi est une ville souveraine. Le trône va devenir vacant ; vous seriez bien sur un trône, Buckingham. Mais peut-être ne vous daigneriez pas. Que feriez-vous en effet, privé des chants de notre cher Wilmot et des enchantements de Nell, notre reine à tous?

« Moi, si vous me voulez pas quitter Londres, et si un plus digne ne se présentait point, je me dévouerais, mon cher lord. Je renoncerais en pleurant à l'espoir de revoir notre joyeuse Angleterre. Je m'enterrerais tout vif au palais d'Alcantara, au palais de Xabrégas, où dans toute autre mesure décorée d'un nom interminable, regrettant Saint-James, regrettant Windsor, et me contentant du titre de vice-roi.

— Cet homme est fou, murmura le moine en interrompant sa lecture.

Baltazar, qui se tenait devant lui, debout et découvert, ne se permit point de répondre.

Le moine reprit la lettre.

« ..... Voici ce qui se passe, continuait Fanshowe ; le roi dom Alfonse est assis sur son trône, en équilibre, pour ainsi dire, entre les partis qui l'entourent. Le premier qui soufflera dessus le renversera.

« Je n'ai pas besoin de vous dire, mon cher lord, que celui-là ne sera point mon frère, ni serviteur, Richard Fanshowe. Fi donc, à quoi bon? Sa seigneurie, le comte de Castelmelhor, bilieux portugais qui a le mauvais goût de haïr la noble Angleterre, se chargera de tirer les marrons du feu. Ce comte, parce qu'il a, dit-il, un atôme de sang royal dans les veines, se croit destiné au trône, à l'exclusion du frère d'Alfonse, un jeune troubadour qui se meurt d'amour pour *la Française*... »

— La reine, sans doute? dit le moine en regardant Baltazar.

Baltazar s'inclina.

« ... Ce petit dom Pedro, reprit le moine en continuant sa lecture, est un chevalier des anciens jours. Son frère le maltraite, mais il ne veut pas détrôner son frère. Je l'approuve ; — et vous, cher lord?

« Reste la Française. Celle-ci a pour elle la noblesse, et derrière elle la France, cette nation odieuse et sans cesse rivale. »

— Anglais! dit ici le moine du ton dont on prononce une injure. Il a déjà oublié que la France a fait l'aumône naguère à son très-gracieux souverain le roi Charles!

« ... Mais, continuait la lettre, la Française est femme et n'a point de conseillers ; nous trouverons moyen de la renvoyer à monsieur son frère.

« Suivez bien, milord : le comte jettera bas le roi. Tous les autres partis se rueront sur le comte, qui tombera ; c'est alors que votre humble ami et serviteur se mettra de la partie.

« J'ai, de par Lisbonne, un ténébreux auxiliaire qui me coûte fort cher à entretenir, mais qu'on ne saurait trop payer. Il n'a point de nom et se fait appeler le *Moine*. Je soupçonne que c'est quelque haut dignitaire de l'église, qui veut se venger du mépris où Alfonse laisse la religion. En tous cas, il est à moi, — à nous, milord, parce qu'il se croit sûr d'obtenir la suprématie ecclésiastique en Portugal, le jour où le Portugal sera Anglais. A l'aide de cet homme, je tiens le peuple. Un geste de ma main peut révolutionner Lisbonne. Une fois Alfonse terrassé, que la lutte s'engage, et j'anéantirai le vainqueur. Alors : *God save the king !* »

— J'en sais assez ! s'écria le moine en froissant le papier, — et je bénis Dieu de m'avoir inspiré la pensée de combattre cet homme avec ses propres armes ! Les Anglais maîtres du Portugal ! Oh ! non, tant qu'une goutte de sang restera dans mes veines !

Il prononça ces derniers mots avec énergie, mais bientôt sa tête s'affaissa sur sa poitrine.

— *God save the king !* murmura-t-il. Fatale devise, qui est aussi la mienne depuis sept années. Sauver le roi ! oui, quand un roi juste lutte vaillamment contre la trahison, c'est là un noble rôle ! Entre Stuart mourant et Cromwell vainqueur, j'aurais jeté avec joie mon cœur et mon épée. Mais avant le roi, n'y a-t-il pas la patrie ? Est-ce démence ou héroïsme que de laisser périr son pays pour soutenir un enfant maudit et déshérité du ciel !

Il pressa son front brûlant entre ses mains et tomba à genoux devant un crucifix pendu au mur de sa cellule.

— Mon Dieu ! dit-il avec passion, éclairez-moi ou donnez-moi la force d'assister, sans devenir parjure, à la ruine du Portugal !

Balthazar était resté immobile à la même place. Il contemplait le moine avec un respect mêlé de tristesse.

Le moine demeura longtemps prosterné devant le crucifix. Il se passait sans doute en lui une lutte cruelle et acharnée, car tout son corps frémissait parfois, tandis que sa joue pâle se colorait d'une subite et fugitive rougeur.

Quand il se releva, un long soupir de soulagement ou de regret souleva sa poitrine. Son visage avait repris son calme ordinaire. Il joignit les mains, leva les yeux au ciel, et dit d'une voix lente et grave :

— Dieu sauve le Portugal ! Moi, j'ai fait un serment, et ma vie est au roi.

Balthazar avait espéré un autre résultat, sans doute, car il laissa échapper un geste de désappointement.

— Seigneur, dit-il, vous n'avez pas tout lu.

Et, ramassant la lettre que le moine avait jetée à terre, il l'ouvrit et la tendit à ce dernier.

Le moine jeta un regard distrait sur le *post-scriptum*, mais à peine eut-il parcouru les premiers mots que ses sourcils se froncèrent violemment.

— Madame Isabelle ! s'écria-t-il, de par Dieu, cela ne sera pas !

Il se prit à parcourir la cellule à grands pas. Toute son incertitude semblait revenue. Mais cette fois, la lutte fut courte. Un autre sentiment venait en aide au patriotisme et lui donnait la victoire.

— Cela ne sera pas ! répéta-t-il avec agitation. La guerre va com-

mencer... seul contre tous, il me faut un drapeau... Bragance et Portugal ! Qu'importe un homme quand il s'agit d'une nation ?

Il s'arrêta devant Baltazar.

— Qui doit enlever la reine ? demanda-t-il.

— Les Fanfarons du roi.

— Je devine. J'ai cru reconnaître ce bouffon de Padoue dans l'antichambre de Fanshowe.

— Le Padouan est resté en otage chez milord... Un autre guidera la patrouille.

— Quel est cet autre ?

— Le secrétaire de milord.

Un sourire amer plissa la lèvre du moine.

— Sir William ? dit-il. Et tu es bien sûr que c'est un nom d'emprunt sous lequel se cache...

— J'en suis sûr.

Le moine s'assit, et prit une feuille de papier sur laquelle il écrivit :

« Je requiers les ministres de S. M. le roi d'Angleterre d'opérer le rappel de lord Richard Fanshowe, lequel s'est rendu coupable de trahison envers le roi notre maître, en donnant asile et cachant dans sa demeure un criminel, banni du royaume par sentence royale.

« Fait au palais d'Alcantara, etc.

« Le premier ministre de dom Pierre, roi. »

Le moine plia le papier et l'enferma dans l'enveloppe qui contenait naguère la missive de Fanshowe. Ensuite il examina l'adresse qu'il ne trouva pas opportun de changer, et scella l'enveloppe de son sceau. Pendant cette expédition, Baltazar était toujours impassible.

— Tu peux porter tout cela au capitaine Smith, lui dit le moine. Baltazar s'inclina et sortit avec l'obéissance muette et absolue d'un esclave du sérail.

Une fois seul, le moine relut la lettre et la serra ; puis il se dirigea vers la porte de sa cellule. Avant de sortir, il se ravisa, et, ouvrant de nouveau la lettre, il déchira le *post-scriptum*, qui avait rapport à Isabelle.

— Ceci est entre milord, sir William et moi, murmura-t-il en souriant sous son épaisse barbe blanche ; le comte de Castelmelhor n'a pas besoin de connaître nos secrets.

Il prit à son chevet un court poignard castillan, noir, aigu comme un dard d'abeille, et portant à ses trois faces trois profondes rainures. Il cacha cette arme sous son froc et sortit.

Louis de Souza, comte de Castelmelhor, était alors à l'apogée de sa puissance. Alfonse s'était littéralement fait son esclave et n'agissait que par sa volonté. Depuis sept ans, il en était ainsi, et Castelmelhor avait brusqué cette conquête royale. Dès le premier jour, pour ainsi dire, il lui avait imposé un sacrifice honteux et cruel : la ratification par lettres-patentes du bannissement de Conti-Vintimille, chassé de Lisbonne par le peuple. Cette épreuve pouvait le tuer, mais une fois

Les insurgés de Lisbonne.

faite, elle fondait d'un seul coup son pouvoir. Alfonse, qui n'aimait rien, signa, sans sourciller, la sentence d'exil de son ancien favori, tout en jurant que ce *bambin de comte* avait de bizarres fantaisies.

Ce point emporté, le comte se sentit fort et ne craignit point d'abuser de sa force : il régna.

Son hôtel, ou plutôt son palais, ancienne demeure royale qu'il avait fait restaurer à grands frais, s'élevait sur la place de Campo-Grande. L'intérieur dépassait de beaucoup en magnificence les palais d'Alfonse, et c'était la coutume à Lisbonne de dire que Castelmelhor avait voulu surpasser les splendeurs de Paris et donner à sa demeure une renommée qui fît oublier celle du fameux palais Cardinal.

Une foule de courtisans se pressait à toute heure dans ce somptueux édifice. Alfonse é-tait le premier et le plus assidu de ces courtisans. Il avait ses appartements à l'hôtel Castelmelhor, et une chambre, — la plus belle après celle du comte, — portait le nom de Chambre du roi.

Le même jour où se passaient les évé-nements que nous avons racontés, et à l'heure où le moine quittait son cou-vent, le roi donnait audience à l'hôtel Castelmelhor. La cour tout entière y était rassemblée.

On voyait là Ri-chard Fanshowe et don César de Odiz, marquis de Ronda, Espagnol ; les Alar-caon, Sébastien de Menesès et quelques gentilshommes qui s'étaient ralliés à Castelmelhor. Puis venaient des rotu-riers tenant char-ges nobles, car, en cela, le comte, mal-gré son orgueil, a-vait été obligé de suivre les traces de Conti.

Parmi tous ces seigneurs et gens en place, quelques-uns à peine osaient porter à leur toque, demi-cachée et réduite à une petitesse microscopique, l'étoile des Chevaliers du Firmament. Cet ordre n'avait point les bonnes grâces du comte ; ses beaux jours semblaient passés.

Alfonse, au contraire, demeurait héroïquement fidèle à cette ma-rotte. Il regrettait dolemment et à tout propos les belles chasses à courre qu'il menait nuitamment jadis dans sa bonne ville de Lis-bonne, et tourmentait continuellement son favori afin qu'il lui donnât ce plaisir.

Castelmelhor éludait cette prière sous différents prétextes. Il savait, d'une part, que la patrouille du roi lui gardait rancune, et il ne vou-lait point faire revivre son influence. D'autre part, il n'ignorait pas l'effervescence sourde et menaçante qui régnait parmi le peuple. Une étincelle pouvait mettre le feu à cet incendie qui couvait dans l'ombre. Qui sait si, dans l'état actuel des choses, les hurlements de la révolte, d'une révolte générale, invincible, n'eussent point répondu aux joyeux cris de la meute royale ?

Alfonse n'avait point gagné à prendre de l'âge. Loin de là, sa santé s'était affaiblie, en même temps que sa pauvre intelligence se voilait de plus en plus. Il pouvait à peine faire un pas, en boitant, hors de son carrosse, et c'était grande compassion que de voir cet être misé-

rable se présenter seul pour champion de la patrie, en face d'une multitude de factions égoïstes ou perfidement dévouées à l'étranger.

On rencontre parfois, dit-on, dans les gorges des Cévennes, de pauvres enfants, fils d'une caste courbée sous la main de Dieu. Ils sont chétifs, ils sont lépreux ; leur nom, jeté à la face d'un homme, devient une sanglante injure. Par un dernier coup de cette mysté-rieuse vengeance qui souffle le malheur sur leur berceau, et éloigne le voyageur de leur tombe solitaire, ils naissent souvent aveugles et, plus tard, le vent des montagnes leur ravit le sens de l'ouïe. Vous les voyez alors errer par les sentiers déserts ; la bise soulève les lam-beaux qui les couvrent et montre leur effrayante maigreur ; leurs pieds saignent, déchirés par les cailloux du chemin ; leur main tâtonne et saisit avidement les feuilles des ar-bres, pour satis-faire une faim qui n'a point de trêve. Ils n'ont ni toit ni famille. Leur père est mort ; ses ossements blanchissent au fond de quelque ra-vin. Leurs frères ne les connaissent plus. — Eh bien ! ces victimes de la création, portent en elles un baume con-solateur : l'insou-ciance. Elles ne re-grettent point le so-leil qu'elles n'ont jamais vu ; leur ouïe ne leur servait qu'à entendre le ru-gissement du vent dans la montagne ; elles aimaient mieux ne point en-tendre. On les voit descendre en chan-tant un refrain mo-notone la rampe ro-cheuse de quelque pic ; s'ils s'arrê-tent, c'est pour tour-ner sur eux-mêmes et danser une danse incroyable et sans nom. Ils tournent, ils tournent, jusqu'à ce que le souffle leur manque ou que leur pied, guidé par la clémence divine,

Voici une de mes armes.

trouve, au lieu du sol, le vide d'un précipice sans fond, où finit leur martyre...

Ainsi était Alfonse. Sa folie lui sauvait le malheur. Il chantait et dansait sur le bord du précipice.

Ce jour-là surtout, il était de fort joyeuse humeur. Ses souffrances physiques lui donnaient un peu de repos, et il tâchait d'utiliser de son mieux ce bien-être.

Castelmelhor, qui se montrait parfois bon prince, avait consenti à se prêter au caprice royal, qui était de faire grande réception à l'hôtel. Tout ce qui avait entrée à la cour avait donc été convoqué.

Alfonse était assis sur une manière de trône, ayant à ses pieds deux jeunes dogues, petits-fils de ce fameux Rodrigo, qui a joué un rôle dans la première partie de cette histoire. Auprès de lui, Castel-melhor était nonchalamment étendu dans un fauteuil.

Chacun vint à son tour faire sa cour au roi. L'Espagnol fut ac-cueilli par un gracieux sourire.

— Dom César, lui dit Alfonse, je donnerai l'Estramadure, voire les Algarves, pour votre domaine d'Andalousie. Quels taureaux, dom César, quels taureaux.

— Il m'en reste encore, répondit l'Espagnol, et tous, jusqu'au der-nier, sont au service de Votre Majesté.

— C'est bien, dit le roi; — en récompense, je vous ferai, moi, Chevalier du Firmament.

Dom César fit la grimace et se retira. Ce fut Fanshowe qui vint après lui.

— Je vous dispense du baise-main, milord, s'écria de loin Alfonse; — Maï de Deos! ajouta-t-il à demi-voix, ce dogue d'Anglais boite à faire frémir! Je me pendrais si je boitais ainsi!... Milord, comment se porte notre sœur Catherine?

— Sa majesté la reine d'Angleterre est en bonne santé, Sire.

— Et ce pendard de Charles, notre beau-frère?

— Sa majesté le roi, — si c'est lui que Votre Majesté désigne par ces paroles, — se porte comme il faut pour le bonheur de l'Angleterre.

— Oui-dà! dit Alfonse; eh bien! milord, cela m'est égal... Dites-moi, y a-t-il en Angleterre beaucoup de bossus aussi laids que vous?

La face de l'Anglais devint livide.

— Votre Majesté, dit-il en essayant de sourire, — me fait honneur en me traitant avec cette précieuse familiarité... J'ai peur de faire ici des jaloux.

Alfonse bâilla et fit un geste de fatigue.

Au moment où l'Anglais se retournait pour regagner son siége, il se trouva face à face avec le moine, qui venait d'entrer.

— Quelles nouvelles? dit Fanshowe à voix basse.

— Chut! fit le moine; je vous répondrai demain, milord ambassadeur... Et qui sait quel titre il faudra vous donner demain!...

Le front de Fanshowe se dérida; son sourire narquois et cauteleux éparut sous les poils durs de sa moustache.

———————

XXII.

ARME DE MOINE

Le moine s'avança lentement, la tête haute, mais le capuchon soigneusement rabattu sur son visage, et traversa le flot des courtisans, qui s'écartèrent avec un respect mêlé de crainte, pour lui livrer passage.

Arrivé devant le roi, il s'arrêta et croisa ses bras sur sa poitrine:

— Que Dieu bénisse Votre Majesté! dit-il.

— Seigneur moine, répondit Alfonse. Je vous rends votre souhait de bon cœur; que Dieu bénisse Votre Révérence!

Pour la centième fois peut-être, les courtisans s'interrogèrent du regard et se demandèrent.

— Quel est cet homme?

— Tous firent la question; aucun ne sut y répondre.

— Ami, dit Alfonse en se penchant vers Castelmelhor, — n'aimerais-tu pas à savoir quel visage se cache sous le capuchon du révérend père.

L'œil de Castelmelhor brilla de désir. Il se contint pourtant et répondit avec une apparente froideur:

— Les secrets du révérend père ne m'importent point. Mais pour peu que cela plaise à Votre Majesté, je lui ordonnerai de se découvrir.

— Ce palais est à vous, seigneur, répondit le moine; mais cette salle porte le nom du roi; je suis ici sous sa protection... Si vous ordonniez, je n'obéirais pas.

— Et si le roi lui-même vous ordonnait, commença fièrement le favori.

Le moine darda son regard sur Alfonse qui tressaillit et perdit contenance comme un enfant sous l'œil sévère d'un mentor.

— Sa Majesté n'ordonnera pas, dit-il d'une voix basse et pénétrante.

Castelmelhor se mordit la lèvre; le moine salua et alla s'asseoir sur un banc écarté, derrière le favori.

— Messieurs, s'écria le roi qui se sentait mal à l'aise sous le regard récent du moine, — on ne respire pas ici. Parcourons les jardins de l'hôtel... donne-moi ton bras, Mello, et partons!

Le roi descendit en boitant les degrés qui conduisaient à son fauteuil, et traversa la salle.

— Milord, dit-il en passant près de Fanshowe, — nous vous avons parlé tout à l'heure avec une légèreté blâmable... Ce qui nous console, c'est que nous n'avons rien dit de vos jambes. Vous nous tiendrez compte de notre retenue, j'espère, milord.

— Pardieu, milord! s'écria dom César de Odiz en caressant d'un regard moqueur les tibias de Fanshowe, — Sa Majesté vous en veut!

— Votre Excellence, répondit Fanshowe, entendit-elle parler jamais d'un malotru de l'antiquité qui se nommait Ésope?

— Non, milord.

— Votre Excellence ne me surprend pas, cet Ésope était un bossu de Thrace, qui vivait à la cour du roi Crésus, où il y avait de fort beaux garçons dont quelques-uns étaient ambassadeurs.

— Que m'importe cela? demanda dom César.

— C'est une histoire que je vous conte, seigneur... Ésope était très-laid. Les beaux garçons, dont quelques-uns étaient ambassadeurs, se moquaient de lui.

— En vérité?

— Oui, seigneur... Pour se venger, il leur faisait entendre, à l'aide de fables ingénieuses, qu'ils étaient des sots... Je parle des beaux garçons de la cour de Crésus, dont quelques-uns étaient ambassadeurs.

— Qu'est-ce à dire?... s'écria dom César qui devina la conclusion l'histoire.

En même temps, il toucha sa longue épée de Tolède; mais Fanshowe lui envoya, de loin, un sourire railleur et disparut.

Tout le monde était sorti de la salle sur les pas du roi. Castelmelhor seul n'avait point bougé. Il était resté assis à la même place, et, involontairement, sa tête s'était penchée sur sa poitrine.

Il demeura ainsi longtemps, absorbé dans une méditation profonde et chagrine.

Tout à coup, il releva le front; son œil était brillant de colère.

— Je ne vous obéirais pas, murmura-t-il en frappant violemment son pied contre terre; — qui donc ose me parler ainsi dans ma propre maison... en présence du roi... devant toute la cour assemblée?.. quel est cet homme?.. J'ai vu quelque part l'éclair qui jaillit de son œil... j'ai souvenir, — un souvenir confus, — d'avoir entendu sa voix autrefois.

A ces derniers mots, Castelmelhor tressaillit et se retourna.

Une main s'appuyait sur son épaule : c'était la main du moine.

— Vos souvenirs ne vous trompent pas, seigneur comte, dit-il. Vous m'avez vu, vous m'avez entendu autrefois.

— Qui êtes-vous? s'écria Castelmelhor.

— C'est mon secret, seigneur.

— Êtes-vous mon ami? êtes-vous mon ennemi?

— Ni l'un ni l'autre.

Le moine se tut. Castelmelhor, de son côté, garda le silence. Ils restèrent ainsi, face à face, immobiles, comme deux lutteurs qui se mesurent de l'œil avant de commencer le combat.

La jeunesse de Castelmelhor tenait tout ce qu'avait promis son adolescence. Il était beau, et le splendide costume qui recouvrait ses formes irréprochables, empruntait une magnificence nouvelle à la fière façon dont il était porté : son aspect imposait; son regard séduisait, son regard hautain ou caressant, inspirait la crainte ou la tendresse.

C'était un courtisan, l'idéal du courtisan; mais c'était plus encore : c'était un grand seigneur.

Pourtant, si on le regardait de près, on trouvait en lui quelque chose d'équivoque et d'indéfinissable qui faisait naître une mystérieuse répulsion. Son sourire était franc, son front ouvert; toute sa physionomie respirait la noblesse, mais il y avait derrière cette physionomie, pour ainsi dire, un second visage qui grimaçait et mentait. Sous sa franchise, on découvrait la fatigue d'un rôle appris et péniblement joué; sous sa naïve aisance perçait le calcul. Il y avait de l'astuce dans son sourire.

Enfant, nous nous sommes approché une fois d'une belle touffe de roses qui jetaient à la brise des soirs leurs délicieux parfums. C'était merveille de les voir se balancer sur leur tige mousseuse; elles oscillaient gracieusement, présentant tour à tour aux quatre points du ciel leurs corolles doucement veloutées. Nous restions devant elles, les narines gonflées, l'œil avide, mais nous n'osions point les cueillir. Enfin, nous avançons la main...

Mais, du sein de la touffe de roses, entre les deux plus belles, une tête verdâtre s'élança, dardant une langue aiguë et bifurquée.

— Il y avait un serpent sous les fleurs.

Il y avait, sous le masque brillant du favori, l'égoïsme odieux et glacial.

De loin ce n'étaient que charmes, grâces, parfums; de près, entre deux sourires, on voyait apparaître la pointe empoisonnée du dard.

Le visage du moine disparaissait entièrement sous son froc, mais on pouvait lire, dans son attitude, une fierté pour le moins égale à celle de Castelmelhor, et un calme de beaucoup supérieur.

Tous deux étaient de taille au-dessous de la moyenne, comme la plupart des Portugais, mais toute la personne de Castelmelhor eût pu servir de modèle à un peintre d'académie, et l'allure ferme du moine donnait à penser que son froc recouvrait agilité et vigueur.

De sorte que, si un combat corps à corps eût été chose possible entre un serviteur de l'Église et un gentilhomme, les chances n'auraient point semblé trop inégales.

Ce fut le moine qui rompit le premier le silence.

— Seigneur, dit-il, j'ai vu dans vos paroles au roi un défi, j'y ai répondu ; mais en entrant dans ce palais, mes intentions étaient pacifiques. Je venais réclamer de vous un instant d'audience ; — vous plaît-il de m'écouter ?

Le comte avait fait sur lui-même un subit effort, et recouvré son aisance accoutumée.

— Que Votre Révérence me pardonne, dit-il en souriant ; — j'ai agi comme un enfant boudeur, qui se fâche lorsqu'on lui refuse l'objet de son caprice. J'ai eu tort, je le confesse, et j'espère que Votre Révérence voudra bien m'excuser.

Le moine s'inclina.

— On dit, reprit Castelmelhor, dont la voix se fit douce et légèrement railleuse, que mon respectable oncle, Ruy de Souza de Macédo, abbé majeur des bénédictions de Lisbonne, vous donne asile à bon escient, — que vous soyez moine ou non, — et connaît le mystère de votre vie. Cela me suffit, et je ne veux voir en Votre Révérence qu'un homme, ami de son pays, et qui m'a donné parfois de précieux renseignements sur les traîtres qui complotent secrètement la ruine du Portugal.

Le moine s'inclina de nouveau.

— De quelle manière vous vous procurez ces renseignements, reprit encore le favori, je l'ignore, mais que m'importe ?.. Parlez, seigneur moine, je vous écoute.

Castelmelhor avança deux sièges, offrit l'un au moine, d'un geste plein d'élégance, et s'assit lui-même sur l'autre.

Le moine resta debout.

— Seigneur, dit-il, mes instants sont comptés, et je n'ai point le loisir de m'asseoir.

En même temps, il tira de son sein la lettre de l'Anglais et la tendit au favori.

Castelmelhor la prit et la déplia lentement, en affectant une parfaite indifférence.

— Votre Révérence désire que je lise cet écrit ? dit-il, — je suis à ses ordres.

Il jeta un nonchalant coup d'œil sur la missive. En dépit de tous ses efforts pour garder une contenance tranquille, son sourcil se fronça dès les premières lignes.

— Milord, murmura-t-il, se croit sûr de son coup !

Quand il arriva au passage qui le concernait, un éclair de fureur jaillit de son œil.

— Par le sang de Souza, misérable marchand de Londres, s'écria-t-il, je te prouverai sous peu que tu n'as point menti en disant que je hais la cupide nation... le premier acte de ma puissance sera de te chasser comme un lépreux !

— Vous comptez donc vous faire encore plus puissant que vous n'êtes, seigneur comte ? interrompit la voix grave du moine.

Castelmelhor se mordit la lèvre.

— J'aurais cru, poursuivit le moine, qu'à moins de vous heurter au trône vous ne pouviez plus monter désormais.

— Vous vous trompiez, seigneur moine, dit sèchement Castelmelhor. L'Anglais et tous ceux qui m'accusent de convoiter l'héritage de Bragance mentent par la gorge ! Je suis prêt à le prouver l'épée au poing...

— A quoi bon l'épée ? demanda le moine avec simplicité. — Pour prouver qu'on ne veut point monter, seigneur comte, il suffit de rester à sa place.

— Votre Révérence est de bon conseil, répliqua Castelmelhor dont l'embarras était visible, — souffrez que je poursuive ma lecture.

Le portrait de l'infant, celui de la reine, attirèrent un sourire sur la lèvre du favori ; mais ce sourire disparut, lorsque vint le passage relatif au moine.

Castelmelhor le lut attentivement et à plusieurs reprises.

— Je pense, dit-il enfin, que c'est de Votre Révérence que prétend parler lord Fanshowe.

— Vous ne vous trompez pas, seigneur.

— C'est étrange ! Et, puis-je savoir par quel hasard ce message est tombé entre vos mains.

— Ce n'est point par hasard. •

— Trêve de vaines discussions, seigneur moine ! prononça durement Castelmelhor. A mon tour, je vous dirai : Je n'ai pas de loisir. Vou-

lez-vous m'apprendre par quel moyen vous vous êtes emparé de cette lettre ?

— Non, répondit le moine.

— A votre aise. Je vous dois un avis en échange de celui que vous m'avez donné tout à l'heure. Le voici : nous vivons dans un temps où le froc est une pitoyable armure, seigneur moine.

— Je le sais.

— Le capuchon peut cacher un visage, mais pour protéger une vie menacée...

— Contre un homme, interrompit le moine, il faut un bras fort et une arme bien trempée ; j'ai l'un et l'autre. Contre un parti... Priez Dieu, seigneur comte, de n'avoir jamais à lutter contre moi !

Castelmelhor s'était levé. Involontairement dominé par le calme du moine, il voulut cacher son trouble sous une affectation de raillerie.

— Pardieu ! dit-il, je n'aurais garde d'attaquer Votre Révérence. La missive de milord me donne la mesure de votre mystérieux pouvoir. Révolutionner Lisbonne...

— Le temps marche, répliqua le moine, et j'ai aujourd'hui plus d'un devoir à remplir. Je vous ai averti, seigneur, parce que dans votre âme, dévastée par l'ambition, un sentiment est resté debout qui ressemble au patriotisme. — Vous êtes Souza ! vous mentiriez à votre sang si vous ne détestiez pas l'Angleterre. S'il s'était agi d'ailleurs du Portugal seulement, je n'aurais rien dit, sûr de n'être point écouté. Mais il s'agit aussi de vous, et, en vous défendant, vous défendrez le Portugal. J'ai compté sur votre égoïsme, non pas sur votre générosité. Que Dieu vous garde !..

Le moine, à ces mots, se dirigea vers la porte.

Castelmelhor était resté d'abord stupéfait de cette brusque sortie ; mais au moment où le moine touchait le seuil, il s'élança et le retint violemment par le bras.

— Que Votre Révérence me donne une minute encore, dit-il avec une fureur concentrée, — je puis recevoir les conseils, même quand je ne les ai point demandés ; mais l'insulte ! Vrai Dieu ! seigneur moine, vous vous introduisez dans ma maison avec une lettre de l'Anglais, une lettre où l'Anglais lui-même vous dénonce comme son complice et son affidé ; une lettre où vous êtes désigné comme un stipendié de l'Angleterre ; et loin de courber le front, vous parlez haut ; loin de vous disculper, vous outragez !... Avez-vous donc oublié que je suis le premier dignitaire du royaume, et qu'un geste de ma main suffirait pour vous écraser ?..

— Je n'ai rien oublié, répondit le moine avec une froideur méprisante. — Vous êtes le fils de Souza, qui était un vaillant cœur et un fidèle sujet ; mais Jean de Souza du haut du ciel vous renie, Castelmelhor ! car vous êtes parjure, — car vous êtes traître, — car vous serez peut-être assassin.

Le visage du comte était d'une effrayante pâleur ; l'écume blanchissait ses lèvres convulsivement serrées,

— Tu mens ! s'écria-t-il en tirant son épée.

Le moine s'appuya contre la porte, derrière laquelle on entendait les éclats de rire des courtisans épars dans la galerie.

— Défends-toi ! défends-toi ! reprit Castelmelhor en proie à un véritable délire ; — tu m'as parlé d'une arme, tu as une arme ! Défends-toi !

Les éclats de rire et les voix des courtisans retentissaient de plus en plus distincts dans la galerie.

— Vous voulez mon arme, seigneur comte ? demanda le moine d'un ton plein de raillerie ; j'en ai plusieurs.

— Dépêche-toi, ou, par le diable, je te cloue aux battants de cette porte !

Par un geste rapide comme l'éclair, le moine, se faisant un gant de la manche épaisse et flottante de son froc, saisit l'épée par la lame et la brisa. De l'autre main, il terrassa le comte.

— Voici une de mes armes, dit-il en appuyant sur la gorge de Castelmelhor le petit poignard castillan que nous l'avons vu prendre à son chevet ; c'est la plus mauvaise.

Au lieu de frapper, il se releva et ouvrit les deux battants de la porte. Castelmelhor, un genou en terre, se trouva ainsi tout à coup en face d'une vingtaine de gentilshommes, riant et devisant dans la galerie.

— Qu'est-ce cela ? s'écrièrent-ils en redoublant leurs éclats de rire ?

Le moine se retourna vers Castelmelhor, et figura par trois fois au-dessus de sa tête le signe de la croix.

— Voici mon autre arme, seigneur comte, murmura-t-il, — c'est la meilleure.

Puis il prononça d'une voix grave les paroles latines de la bénédiction.

Castelmelhor, frémissant de rage, restait prosterné et comme cloué au sol. Avant qu'il trouvât la force de dire un mot, de faire un geste, le moine sortit comme il était venu, lentement et la tête haute.

XXIII.

LA COUR DE FRANCE.

Isabelle de Savoie-Nemours était de la maison souveraine de Savoie et tenait aux Bourbons par ses deux oncles, MM. de Vendôme et de Beaufort.

Elle avait dix-huit ans à l'époque où sa main fut demandée pour le roi dom Alfonse de Portugal, par l'entremise du marquis de Sande.

C'était alors, en France, l'époque la plus brillante du grand règne de Louis XIV.

La cour de Versailles, modèle d'élégante et fastueuse grandeur, étalait aux yeux de l'Europe jalouse ses gloires sans rivales, ses femmes d'historique beauté, ses fabuleuses magnificences. Tout y était grand, pompeux, incomparable : les guerriers se nommaient Turenne ou Condé; les poëtes, Racine ou Molière; les peintres, Lesueur, Mignard, Lebrun, les magistrats, Harlay, d'Aguesseau; les femmes, Sévigné, La Vallière. C'était la voix de Bossuet qui faisait retentir en chaire les hautes voûtes de Notre-Dame; c'était la suave poésie de Quinault que Lulli mettait en musique; c'était la main de Lenôtre qui dessinait les féeriques parterres de Versailles. Et tout cela, guerriers, poëtes, femmes, artistes, magistrats, formait comme un lumineux et resplendissant faisceau autour d'un centre commun qui était le ROI. Le roi était l'âme; il rayonnait la vie et la lumière; toutes ces grandeurs dérivaient de sa grandeur; toutes ces gloires étaient des reflets de sa gloire.

Près de lui, l'admiration se changeait en culte. On le peignait en demi-dieu; il fallait des poëtes pour écrire son histoire.

Son amour brûlait comme celui de Jupiter. La femme qu'il avait aimée un jour se murait dans une cellule pour vivre des années avec son souvenir.

Son siècle tout entier murmurait à son oreille des chants adulateurs, et le monde tressaillit d'étonnement quand un prêtre lui envoya ces mots du haut de la tribune sacrée :

— Dieu seul est grand !

Et ce mot pourtant, tout écrasant qu'il parut, était encore un prodigieux hommage, puisqu'il impliquait une comparaison.

Il était si grand, ce roi, qu'après tant d'années écoulées sa mémoire a trouvé des calomniateurs. Il s'est rencontré quelqu'un de ces vulgaires spadassins qui plongent leur épée jusqu'à la garde dans la poussière des tombes, quelqu'un de ces chacals qui ont appétit de cadavres, et s'en vont fourrant leur museau flétrisseur tantôt sous les dalles de Saint-Denis, tantôt sous la pierre du Panthéon; il s'est rencontré enfin une voix pour apprendre à l'univers que Louis XIV était un pygmée. Quelle gloire que celle qui peut offusquer ainsi à un siècle et demi de distance!

La France était tranquille. La Fronde s'était évanouie un jour sous un regard de Louis, comme la brume épaisse des matinées s'envolait devant un rayon de soleil. Le souvenir de cette guerre civile héroïcomique ne vivait plus qu'au fond du cœur de quelques vieux mécontents qui ensevelissaient leurs chagrins bouderies derrière les murailles grises de leurs manoirs. A la cour, toute rancune s'était effacée, parce que le maître avait pardonné.

Ce n'était à Versailles que chants de fêtes et récits héroïques; puis, à la fin d'un bal, quand les violons du roi s'endormaient sur la finale du dernier menuet, une joyeuse nouvelle courait de salle en salle. Les gentilshommes se parlaient à l'oreille et se serraient la main. Les dames chuchotaient derrière leurs éventails aux miroitants reflets. Des sourires venaient à toutes les bouches, des éclairs à tous les regards.

Le murmure allait grandissant, et bientôt, autant que le permettaient le lieu et les personnages, il se faisait clameur.

— La guerre! disait-on de toutes parts.

C'est que la guerre alors, c'était la victoire. L'Angleterre, l'Espagne, la Hollande, l'Autriche fléchissaient tour à tour le genou.

Après la victoire, l'ovation; et comme la victoire avait été éclatante, on faisait le triomphe splendide; on élevait, à l'aide du butin

conquis, un arc monumental ou une gigantesque statue. L'histoire s'écrit aussi avec le granit et le bronze.

Isabelle avait passé sa première jeunesse au milieu de toutes ces grandeurs. Son père tenait état de prince du sang; sa mère, Diane de Chevreuse, de la maison de Lorraine, avait eu les bonnes grâces d'Anne d'Autriche. Belle au point de briller dans cette cour où la beauté n'était qu'un titre vulgaire, ayant la dot d'une reine, et pouvant par éventualité devenir héritière de la couronne de Savoie, Isabelle était entourée d'adorations et d'hommages.

De nombreux prétendants sollicitaient sa main; et quand le marquis de Sande arriva de Portugal, chargé de la demande d'Alfonse, il reçut dès l'abord une réponse tellement froide qu'il dut croire sa mission terminée. D'un autre côté, Louis XIV se prononça et dit que son bon plaisir était que mademoiselle de Savoie prît pour époux un des seigneurs suivant la cour.

Isabelle ne donna point son avis. Rieuse, légère, amante du plaisir et raffolant des pompes où se passait sa vie, elle confondait dans une égale indifférence les courtisans qu'elle connaissait et le roi Alfonse qu'elle ne connaissait point.

Elle avait bien le temps de songer à ces bagatelles, vraiment! Ne fallait-il pas qu'elle présidât aux travaux des cinq ou six femmes qui s'occupaient de sa toilette du soir? Ne fallait-il pas qu'elle apprît le menuet nouveau et la révérence en vogue? Ne fallait-il pas surtout qu'elle songeât un peu à ce bel étranger qui, un soir de danse, avait ramassé son gant de la plus galante façon du monde, et le lui avait rendu sans lever les yeux sur elle?

Il avait de beaux yeux pourtant, de beaux yeux noirs, qui semblaient ne point savoir sourire. Son noble visage n'avait d'autre expression qu'une tristesse profonde et morne. Il passait, au travers de toutes ces joies qui enivraient la foule dorée des appartements royaux, il passait indifférent et froid. Son front pâle ne se rougissait point au souffle brûlant de la fête. Beauté, parfums, harmonie s'épandaient autour de lui à flots, mais n'effleuraient ni ses sens ni son âme. Ses sens étaient morts et son âme était ailleurs.

C'est qu'une douleur imprévue, immense, l'avait frappé naguère au sein d'un bonheur sans mélange. Cet étranger était Portugais et se nommait dom Simon de Vasconcellos et Souza, sa femme, était morte.

Or, Simon avait mis en elle tous ses espoirs et tout son amour. Cette mort l'anéantit; il perdit force et courage, il perdit jusqu'au souvenir du serment fait à son père mourant, et partit pour la France, indifférent désormais sur le sort d'Alfonse et du Portugal.

Il erra quelque temps dans les provinces, puis il vint à Paris; il vit la cour; ce fut le terme de son voyage.

Certains se complaisent en leur douleur; ils aiment les souvenirs et trouvent de douces larmes en songeant à ceux qui ne sont plus. D'autres fuient les lieux témoins d'un bonheur passé; ils luttent violemment contre leurs regrets; ils mettent le bruit de la foule entre eux et leur conscience; ils repoussent avec effroi le souvenir, parce que le souvenir les navre et les tue. Ceux-là seuls sont à plaindre, car ils sont, les premiers sont de lunatiques rêveurs pour qui le désespoir a ses joies et son mélancolie a des extases; s'ils s'asseient sur une tombe, c'est pour rimer d'interminables strophes comme Young ou comme Hervey.

La douleur qu'on fuit et qui se cramponne à votre âme comme le noir souci d'Horace, voilà la seule et vraie douleur.

Celle de Simon était ainsi. Le malheureux se sentait faible contre son martyre et voulait y faire trêve. Il voulait, pour employer un mot banal, se distraire sinon oublier. Au premier coup d'œil jeté sur la cour de France, il sentit d'instinct que là était le remède, si le remède existait. Il se fit présenter; il fut de toutes les fêtes et se jeta à corps perdu dans le tourbillon.

Mais il avait trop présumé, le remède fut inefficace. Il n'y avait point de fracas qui pût dominer la voix de ses regrets, point de tourbillon qui pût étourdir sa douleur. Elle restait là comme un poids écrasant qu'on ne peut soulever ni secouer.

Isabelle, l'insoucieuse enfant, n'avait jusqu'alors jeté les yeux sur un homme que pour constater la couleur des rubans ou le prix de ses dentelles. Elle ne pouvait d'ailleurs : les regards languides de ses soupirants clouaient au sol ses regards; elle aimait mieux suivre les capricieuses arabesques des tapis ou les lignes tremblantes des mosaïques, que d'affronter l'artillerie d'œillades qui croisaient au passage chacun de ses coups d'œil.

Simon, au contraire, le bel étranger, avait ramassé son gant sans la regarder. Les rôles changèrent; voyant qu'il baissait les yeux, elle leva les siens.

Simon était beau, malgré sa tristesse ; peut-être que sa tristesse était un charme de plus. Isabelle ne vit point ses dentelles ; la couleur de ses rubans lui échappa complétement ; mais, le lendemain, à son réveil, elle eût pu faire un minutieux portrait de l'étranger.

Et le revoyant, elle se sentit rougir : puis, un matin, sans qu'elle sût pourquoi, des larmes vinrent à ses yeux, qui n'avaient jamais pleuré que de dépit, de compassion ou de joie. Elle examina sa conscience et ne put découvrir autour d'elle aucun sujet de chagrin ; néanmoins, elle cessa de s'interroger tout à coup, et devint rêveuse. Depuis lors, elle ne regarda plus le bel étranger qu'à la dérobée.

L'aspect des fêtes de la cour se changea pour elle. Dans ces immenses salons où s'agitait une foule éblouissante d'or, de soie et de velours, elle ne voyait plus qu'un homme. Bien qu'elle fit tous ses efforts pour ne le point regarder, elle sentait son approche ; elle le devinait à travers sa paupière baissée. Quand il passait près d'elle, un tressaillement magnétique faisait trembler tous ses membres ; quand il n'était plus là, une sorte d'affaissement s'emparait d'elle et la plongeait dans une somnolente apathie.

A la longue, son caractère se transforma sous l'effort d'une passion qui grandissait sans cesse. Elle ne riait plus guère, la pauvre enfant, elle ne donnait qu'un soin distrait à sa parure, et le reste du temps, elle rêvait ; elle pensait à lui.

Lui ne pensait point à elle. Sa douleur n'avait pas fléchi. Étranger à ces joies, au milieu desquelles se passait sa vie, il ne voyait rien. Il n'avait pas même vu le visage d'Isabelle, qui l'aimait. Il ne se souvenait plus d'avoir ramassé son gant. Il ne savait pas qu'elle existât.

Cependant l'amour prenait sur le cœur d'Isabelle un irrésistible empire. Inexpériente et ne sachant point l'art de dissimuler, elle ne put cacher longtemps sa préoccupation. Tant de regards intéressés étaient fixés sur elle !

Un soir, Simon parcourait lentement les salons et luttait, comme d'habitude, contre de cruelles pensées. Isabelle causait avec un jeune gentilhomme, M. de Carnavalet. Dès qu'elle aperçut Simon, son cœur vola vers lui ; elle ne parla plus ; elle n'écouta plus. Son œil cherchait Simon dans les groupes, et se voilait d'une vague inquiétude quand il perdait momentanément sa trace.

M. de Carnavalet aimait Isabelle depuis longtemps ; il se croyait des droits. Surpris de son trouble soudain, il suivit son regard et trouva au bout dom Simon de Vasconcellos.

Quelques minutes après, celui-ci se sentit heurter rudement. Il ne prit pas garde et poursuivit son chemin. C'était Carnavalet qui remplissait son rôle de jaloux. Voyant que sa première tentative était restée sans résultat, il recommença et n'eut point un meilleur succès. Simon, distrait, et ne supposant point qu'on voulût l'insulter, passa encore sans lever les yeux. Alors, Carnavalet, en désespoir de cause, mit son talon rouge sur l'orteil de Simon, et appuya de son mieux.

— Maladroit ! s'écria Vasconcellos avec impatience.

— Chut ! fit Carnavalet en touchant sa rapière.

C'est là un langage généralement compris par tous pays. Vasconcellos ne répliqua point et suivit Carnavalet, qui traversa rapidement la foule, descendit le perron, et ne s'arrêta qu'en dehors de la grille du parc.

— Dégainons, dit-il.

Vasconcellos dégaîna.

— Pardieu, monsieur ! dit Carnavalet en le voyant de si bonne composition, — je suis fâché d'être obligé de tuer un galant homme comme vous paraissez l'être. Auparavant, je veux vous dire au moins pourquoi... J'aime mademoiselle de Savoie-Nemours.

— Cela m'est égal, répondit Simon ; — il fait froid ici, dépêchons !

— Comment ! s'écria Carnavalet, cela vous est égal !.. mais vous l'aimez, vous aussi, monsieur !

— Je ne la connais pas, dit froidement Simon.

— Vous ne connaissez pas mademoiselle de Savoie !.. Voilà qui est étrange !

Vasconcellos rengaîna et se dirigea vers le palais. Carnavalet courut après lui.

— Monsieur, dit-il, je suis incapable, il faut que vous le sachiez, de vous avoir ainsi dérangé pour rien... D'ailleurs, si vous ne l'aimez pas ! elle vous aime... Je m'y connais... et c'est tout un ! En garde, s'il vous plaît...

Vasconcellos prit posture. A la troisième passe, il mit sa rapière dans la poitrine de M. de Carnavalet.

Il ne fallait rien moins que cela pour le faire lever les yeux sur une femme, mais on aime à savoir pour qui l'on s'est battu, et le lendemain il chercha Isabelle. Leurs regards se croisèrent. Celui de la

jeune fille se baissa aussitôt pour ne plus se relever, mais une vive rougeur couvrit sa joue. Simon se sentit venir une angoisse au cœur. Ses yeux le brûlèrent, comme il arrive aux enfants qui souffrent et ne veulent point pleurer.

— Inès ! murmura-t-il, en portant la main à sa poitrine.

Et il s'enfuit, loin, bien loin, jusqu'à ce que le grand air et le froid de la nuit eussent glacé la sueur de son front.

— Inès ! répétait-il de temps en temps, avec de convulsifs sanglots ; — Inès !

Soit qu'il existât entre ces deux femmes une ressemblance réelle, soit que son œil retrouvât partout l'image qui tyrannisait son âme, Isabelle lui était apparue comme l'ombre d'Inès de Cadaval !

Il l'avait reconnue, non point telle que l'avait faite la suprême souffrance, mais brillante et jeune, comme elle était aux premiers jours de leur union. Il avait reconnu les molles ondulations de ses cheveux noirs, son front de reine, et l'azur foncé de ses grands yeux. Le regard d'Isabelle lui demeurait comme un poids sur le cœur. Il y avait de l'amour dans ce regard ; c'était un regard d'Inès.

De telle sorte que, par une mystérieuse substitution, entre lui et Inès mourante, se dressait une autre Inès, belle, forte, passionnée. Et, cette femme, qui était Isabelle de Savoie, lui dérobait ses souvenirs. Inès fuyait dans le lointain ; son pâle visage, demi-voilé par sa chevelure dénouée, apparaissait vaguement ; sa bouche s'ouvrait comme pour murmurer un dernier adieu. Isabelle, au contraire, était là, tout près ; elle semblait jouir de sa victoire, et mettait son charmant profil devant le regard de Vasconcellos, qui cherchait Inès.

Vasconcellos se débattait de toute sa fureur contre ce délire, mais sa fièvre redoublait ; son front ruisselait de sueur ; l'obscurité des nuits s'illuminait bizarrement autour de lui ; le vent glacial lui semblait être l'atmosphère ardente de la fête, et l'harmonie du bal renaissait pour lui dans le bruissement de la bise à travers les branches dépouillées.

Il s'assit sur le gazon tout blanc de givre, et cessa de lutter contre le songe qui l'obsédait.

Alors, ce fut un enivrement plein de lassitude et de remords. Sa bouche rencontra la bouche d'Isabelle. — L'ombre d'Inès se voila.

Au milieu de la nuit, Vasconcellos revint à son hôtel. Le rêve avait pris fin ; la fièvre s'était éteinte, mais l'impression restait. Son valet, Baltazar, reçut l'ordre de tout préparer pour le départ.

Avant le jour, Vasconcellos reprenait la route de Portugal. Il était venu en France afin de chercher le repos, et emportait un surcroît de tortures.

Après son départ, tout prit autour d'Isabelle un aspect morne et désolé. La cour étalait vainement, à ses yeux, ses magnificences. Elle ne voyait plus. Le sourire avait déserté sa lèvre, et si parfois encore son œil brillait d'un fugitif éclat, c'était lorsqu'on prononçait par hasard, devant elle, le mot de Portugal.

Sur ces entrefaites, le marquis de Sande, repoussé une fois déjà, risqua une seconde tentative, et fut de nouveau évincé ; mais mademoiselle de Savoie appela de cette décision à la clémence du roi. Elle se jeta à ses genoux.

— Vous voulez donc être reine ? lui demanda en souriant Louis XIV.

— Sire, répondit Isabelle, je veux aller en Portugal.

XXIV.

LA COUR DE PORTUGAL.

Mademoiselle de Savoie partit donc pour le Portugal, où le marquis de Sande la ramena en triomphe.

Lorsqu'elle débarqua à Lisbonne, il y avait sur la jetée, pour la recevoir, un nombreux et brillant cortége.

Ce fut le prince infant dom Pierre qui lui donna la main. L'infant était alors à peine sorti de l'adolescence. En voyant la jeune reine si belle, il envia le sort de son frère. Sa bouche brûlait lorsqu'il baisa la main d'Isabelle, au seuil du palais royal.

Mademoiselle de Savoie ne s'apercevait point de ce trouble. Son regard perçait avidement la foule des courtisans ; elle semblait guetter un visage connu sur cette terre étrangère ; mais si loin que pussent voir ses yeux, elle ne découvrait point ce qu'elle cherchait.

Il y eut à Lisbonne de grandes fêtes pour l'entrée de la reine, mais la reine était bien triste. En venant à Lisbonne, elle avait suivi un de ces impérieux caprices qui traversent les jeunes amours. Elle ne s'était point rendu compte de son but ; un vague espoir de revoir Vasconcellos l'avait entraînée. Maintenant, elle se voyait seule. De tous côtés, autour d'elle, des visages inconnus, à ses oreilles un murmure de voix étrangères. Plus d'amies pour la consoler, et, quand elle se sentait trembler au milieu de cette vie nouvelle, plus de protection, plus de serviteurs aux livrées paternelles, — plus de patrie !

C'est à peine si au départ elle avait songé aux motifs sérieux de son voyage. Un romanesque espoir l'avait électrisée ; elle saurait se mettre entre elle et son royal fiancé. Mais à présent cette folle idée avait fui. Isabelle était venue chercher un époux, un maître ; ce maître, quand elle le vit, lui fit horreur et dégoût. Il était trop tard.

La pompe nuptiale était préparée ; les tapisseries pendaient aux murailles de la cathédrale, des guirlandes de fleurs émaillaient la voûte, et les cierges étaient allumés sur l'autel.

Un instant elle voulut se révolter contre une nécessité odieuse. Elle se vit seule et courba la tête.

Oh ! comme elle regretta dès lors tous ces vaillants gentilshommes qui se pressaient naguère autour d'elle, mendiant un regard de ses yeux, et ne demandant pas mieux qu'à donner leur vie pour l'amour d'elle. Plus tard, elle devait les regretter davantage.

Alfonse parut enchanté d'abord. A la vue de mademoiselle de Savoie, il fit éclater des transports de joie tels, qu'on eût dit qu'il s'agissait pour le moins d'une douzaine de taureaux d'Espagne ou d'un dogue de race. Il oublia sa chasse royale pendant trois jours, et menaça Castelmelhor de le faire pendre, parce que ce dernier avait parlé à Isabelle sans mettre un genou en terre.

Castelmelhor se prosterna, mais il jura dans son cœur une haine mortelle à la jeune reine.

Le troisième jour, eut lieu la cérémonie du mariage. Isabelle, pâle, presque mourante, traversa d'un pas chancelant la grande nef de la cathédrale. Elle s'appuyait sur le bras de l'infant dom Pierre, qui, pâle aussi, semblait également courbé sous le poids d'une cruelle souffrance morale.

Arrivée au milieu de la cathédrale, Isabelle poussa un cri étouffé et sentit ses genoux fléchir. Elle venait d'apercevoir, dans l'ombre d'un pilier, le morne et sombre visage de Vasconcellos. Elle mit la main sur son cœur pour retenir sa force défaillante, et son regard s'élança de nouveau, perçant et plein d'un indicible espoir. — Vasconcellos avait disparu.

Alors, le cœur d'Isabelle se brisa. Son bras s'appuya, inerte et lourd, sur le bras de l'infant. Quand elle arriva devant l'autel, ses genoux plièrent machinalement ; elle tomba, accoudée sur la tablette du prie-Dieu.

Le reste de la cérémonie fut pour elle comme un songe pénible et plein d'angoisse. Elle désirait le réveil ; — elle se réveilla reine et femme d'un être inculpable, qui tenait le sceptre d'une main capable à peine de jouer avec un hochet d'enfant.

L'infant s'était mis à l'écart, et dévorait des yeux Isabelle. C'était un noble jeune homme auquel les conseils ambitieux et perfides n'avaient point fait faute, mais qui avait toujours rejeté loin de lui toute idée de rébellion. En cet instant, pour la première fois, il désira une couronne, car, se dit-il, si j'étais roi, je serais agenouillé près d'Isabelle ; ce serait ma main qui toucherait sa main ; ce serait à moi qu'elle donnerait sa vie et son amour.

Près de l'infant un homme enveloppé dans un vaste manteau, et cachant soigneusement son visage, contemplait lui aussi la jeune reine.

C'était Vasconcellos qui avait voulu, une fois encore, voir celle dont l'aspect avait naguère contrebalancé le souvenir d'Inès. Il avait aimé Inès d'un ardent et profond amour ; c'était encore elle qu'il avait un instant adorée dans la personne de mademoiselle de Savoie.

Maintenant il craignait celle-ci doublement, car elle était la reine, et nous savons quel chevaleresque dévouement il professait pour le roi ; il la craignait parce qu'il avait deviné son amour, et que, remplir ce cœur qui appartenait à son souverain, lui semblait félonie ; il la craignait encore parce qu'il se sentait faible contre elle, et que son âme, loyale outre mesure, se révoltait à l'idée de trahir la mémoire d'Inès.

Mais l'amour est adroit à combattre les scrupules, il se transforme et vient, sous un autre nom, prendre d'assaut la place qui lui fut vertueusement refusée.

Tout en rejetant loin de lui toute pensée de tendresse, Vasconcellos se prit de pitié pour cette pauvre femme qu'il voyait affaissée par la douleur. Il se souvint de l'avoir vue si brillante ! Il la retrouvait si malheureuse ! Mieux que personne, il prévoyait le sort qui attendait la reine, au milieu de cette cour inféodée au favori, lequel était l'ennemi naturel de tous ceux qui avaient à l'affection du roi des droits naturels et légitimes. Il savait de quels outrages avait été abreuvé l'infant, auquel on refusait tous les avantages inhérents à sa royale naissance ; il devinait les humiliations et les mépris qui menaçaient Isabelle, et qui devaient l'accabler, dès que serait passé l'éphémère caprice d'Alfonse. Protéger n'est point aimer ; dom Simon pensa qu'il avait le droit de protéger, puis il raisonna mieux et se dit que cette protection était un rigoureux devoir.

Pour concilier ce devoir avec ses scrupules, il résolut d'éviter la présence de la reine et de veiller sur elle de loin. Ce rôle de mystérieux protecteur n'avait point de dangers ; la reine ne le voyant plus, l'oublierait, et si quelqu'un avait à souffrir, ce serait lui tout seul.

Le mariage accompli, la reine sortit, tête baissée de l'église. Son regard ne cherchait plus Vasconcellos. A quoi bon ? C'en était fait, il n'y avait plus d'espoir.

Elle monta dans le carrosse royal au milieu des acclamations de la multitude, qui la trouvait belle et qui l'applaudissait ; là, elle se trouva en tête-à-tête avec son époux.

— Madame Isabelle, lui dit le roi avec tendresse, lequel préférez-vous, je vous prie, d'une danse d'ours ou d'un combat de taureaux sauvages de Lenox.

Isabelle ne répondit point, parce qu'elle n'avait pas entendu.

— Vous aimez bien les deux, n'est-ce pas, madame ma reine ? reprit le pauvre Alfonse ; — par la sainte croix ! vous allez être ici une heureuse femme ! Nous avons des bouffons d'Italie qui avalent des sabres empoisonnés et dansent un menuet sur un fil de laiton, à quinze toises du sol... Je vous donne ma foi royale qu'il en est ainsi que je vous le dis, madame.

Isabelle mit sa tête entre ses mains.

— Ne vous cachez point ainsi, ma souveraine, reprit encore Alfonse ; vos souhaits seront ma joie.... Maï de Deos ! nous avons bien d'autres choses, allez ! Des baladins de France qui marchent sur leurs mains et se courbent en arrière de façon qu'ils baisent leurs talons... Je ne vous mens point, Isabelle ! — Des histrions qui chantent comme ces poissons de la fable, qu'on nommait, je pense.... qu'importe leur nom ? Ils avaient, je m'en souviens, des visages de femme... Entendîtes-vous parler de cela, Isabelle ?

— Mon Dieu ! mon Dieu ! murmura la pauvre femme.

— Je conçois cela, ma reine ! s'écria Alfonse ; vous avez grande hâte de voir toutes mes merveilles. Patience, nous ne vous refuserons point ce plaisir. D'ailleurs, vos volontés seront notre loi, madame... Mais je ne vous ai pas tout dit encore : nous avons un singe africain qui gambade comme jamais créature de Dieu n'a su le faire ; et dont chaque grimace vaut dix mille réaux... C'est ce bambin de comte qui a fait l'estimation... Comment trouvez-vous le comte ?

Isabelle pensait à la cour de France, à sa mère, à Vasconcellos ; elle se sentait mourir.

— Maï de Deos ! s'écria Alfonse en éclatant de rire, nous avons des gladiateurs gallois qui vous feront rire aux larmes. Ils se battent avec leurs têtes, comme des béliers, madame, et quand leurs têtes se rencontrent, l'une d'elles, — parfois toutes les deux, — éclatent comme deux pots de terre... C'est très-plaisant !... mais vous souriez en tapinois, ma souveraine, et ne voulez point me montrer vos beaux yeux, voyons ? regardez-moi ; on dit que je ressemble à monsieur mon cousin Louis de France...

Ce disant, il usa d'une douce violence pour écarter les mains de la reine, et découvrit ses yeux en pleurs.

— Qu'est cela ? demanda-t-il, des pleurs ? les pleurs m'ennuient. Et il s'étendit en bâillant au fond du carrosse.

Ce fut le premier et le dernier tête-à-tête d'Alfonse avec la reine. Il la rejeta comme un jouet brisé, ou, pour employer son expression favorite en pareille circonstance, comme un taureau malade.

Le soir même, la jeune reine eut un appartement séparé.

Castelmelhor ne comptait pas sur tant de bonheur ; il vit qu'il n'aurait même pas besoin d'user de son influence acquise pour anéantir celle de la jeune femme : il était vaincu sans avoir combattu. Néanmoins, il garda sa haine contre Isabelle, cause innocente de l'outrage public qu'il avait reçu, et ne perdit jamais aucune occasion de lui nuire et de l'humilier.

Le roi avait repris son premier train de vie. Le peuple de Lisbonne n'était point alors poussé à bout et les *chasses royales* avaient lieu de nuit fort souvent. Le jour, c'étaient des luttes, des assauts d'armes, des tours de baladins, et des combats d'animaux.

Nous ne pouvons nous empêcher de remarquer en passant que ce malheureux Alfonse avait tous les goûts de notre populace parisienne, ce qui donnerait à penser que ladite populace ferait un assez triste souverain, si jamais l'âge d'or, rêvé par les prédicateurs humanitaires, se réalisait par hasard. Encore, peut-on dire à la décharge d'Alfonse, qu'il était fou à peu de chose près, tandis que nos badauds parisiens jouissent du plein exercice de leurs facultés intellectuelles, et composent une notable partie du peuple le plus spirituel de l'univers.

Outre ces passe-temps que nous venons d'énumérer, Alfonse en avait d'autres qu'il nous convient de passer sous silence. Plongé jusqu'au cou dans cette vie brutale et souillée, il se souvenait rarement qu'il avait une compagne. Quand il s'en souvenait, c'était une terrible épreuve pour la pauvre Isabelle. Alfonse, comme tous les esprits viciés, était impitoyable. Il forçait Isabelle à trôner près de lui au cirque; il la traînait aux théâtres de pugilat; plus d'une fois même, il la contraignit à présider ses orgies.

Et, comme les courtisans se modèlent sur le maître, et qu'il y avait deux maîtres à la cour de Lisbonne, Alfonse et Castelmelhor, dont l'un traitait la reine en esclave et l'autre la haïssait profondément, toute cette tourbe plébéienne, en habits nobles, qui entourait le roi, se croyait obligée de mépriser Isabelle et de le lui laisser voir. Elle n'avait à la cour d'autre rôle que celui de servir de plastron aux grossiers sarcasmes des compagnons d'Alfonse.

Elle dépérissait lentement. Autour de ses grands yeux, un cercle azuré gardait la trace de ses larmes. Ses joues s'étaient amaigries, et les nombreux rivaux qui se disputaient autrefois ses bonnes grâces, n'eussent certes point reconnu la reine de beauté des salons de Versailles.

Mais ce n'était point dans ces mépris grossiers, dans ces humiliations de chaque jour qu'on eût trouvé la cause de la douleur qui empoisonnait sa vie.

Isabelle aimait, et le temps n'avait point miné sa passion. Deux ans s'étaient écoulés depuis le jour de son mariage, et pendant ces deux ans, elle n'avait pas vu une seule fois Vasconcellos. Qu'était-il devenu? Elle ne savait. Vasconcellos était sa pensée unique, incessante; elle ne vivait qu'en lui. Sa vue seule eût été un baume souverain pour sa détresse.

Il y avait bien à la cour un homme dont la tendresse respectueuse et dévouée s'efforçait d'apporter à Isabelle consolations et repos. L'infant la protégeait de tout son pouvoir, mais son pouvoir était si faible! Castelmelhor prolongeait au delà de toutes bornes la prétendue adolescence de dom Pierre, qui restait soumis à une sorte de tutelle. La reine, d'ailleurs, habitait le palais d'Alfonse, et il n'était permis à l'infant de s'y introduire qu'en de rares occasions. Pourtant le dévouement du jeune prince était pour Isabelle un précieux soulagement. Elle se prit à l'aimer comme un frère; lui, l'aimait d'une autre manière, mais, timide et retenu par le lien qui l'unissait à la femme présumée de son frère, il n'avait point osé lui avouer son amour.

Sur ces entrefaites, une catastrophe advint qui changea subitement la position d'Isabelle.

Un jour de Noël, il prit fantaisie à Alfonse de faire une grande débauche dans l'intérieur de son palais. Pour que la fête fût complète, il ordonna à la reine de revêtir ses plus beaux habits et de présider au banquet. — La reine obéit. — Vers le milieu du repas, au moment où les têtes éclatent au feu de l'ivresse, Castelmelhor se leva:

— Il manque quelque chose au festin! dit-il.

Une clameur universelle accueillit cette hérésie.

— Il manque quelque chose, vous dis-je! répéta Castelmelhor d'une voix de tonnerre.

— Comte, tu es ivre, dit le roi.

— Je ne fais en cela, repartit Castelmelhor, que mon devoir de sujet fidèle: j'imite le bon exemple que nous donne Votre Majesté... Mais il manque ici quelque chose!

— Encore! s'écria le roi, dont la colère s'allumait; — que manque-t-il?

— Il manque au vin d'être versé par une main de femme.

— Bien dit! hurla l'assemblée en chœur; — le comte a raison.

— A cela ne tienne! reprit Alfonse. Comte, tu vas être satisfait... Madame, poursuivit-il en s'adressant à la reine, qui semblait une blanche statue de marbre de Paros au milieu de tous ces visages enluminés par l'orgie; — Madame, il vous faut prendre ce flacon et verser à boire à ces bons seigneurs qui ont soif.

Isabelle prit le flacon sans mot dire et commença le tour de la table.

Si, par hasard, il se fût trouvé à la table du roi, ce jour-là, un homme qui eût conservé une étincelle d'honneur au fond de l'âme, il

se fût, certes, pris d'une respectueuse commisération pour cette femme au cœur de reine, fière encore, et digne, et admirable sous l'humiliation que lui infligeait son époux. Mais le hasard, si puissant qu'il soit, ne peut créer l'impossible. Chaque fois qu'Isabelle remplissait une coupe, un éclat de rire s'élevait.

Castelmelhor tendit son gobelet le dernier. Au moment où la reine approchait le flacon, il se leva subitement et mit ses lèvres sur sa joue.

Alfonse poussa un rugissement de joie.

La reine devint si pâle, que ses veines parurent, comme un réseau bleuâtre sur son front. Elle était douce, faible même, mais il y avait en elle un peu de ce fougueux sang de frondeur, qui mit Mazarin si près du précipice.

Elle fit un pas en arrière, et redressant son front tout à coup:

— Seigneur, dit-elle, vous êtes un lâche. Si Dieu m'eût donné un homme pour époux, je ne lui demanderais point votre vie, mais, — afin que vous fussiez traité suivant vos mérites, le bourreau vous fouetterait par les rues de Lisbonne!

A ces mots, elle se retira lentement.

— Comte, dit le roi, tu es touché!

— Et Votre Majesté est publiquement outragée! répondit Castelmelhor, qui cachait sous un air enjoué l'ardeur de son ressentiment.

— Toi... fouetté... par le bourreau!.. c'est très-plaisant!

— Si Dieu lui eût donné un homme pour époux!.. murmura Castelmelhor.

— Maï de Deos! c'est vrai! elle a dit cela! s'écria le roi; — je suis un homme!.. Par le sang! par la mort! je suis un homme, et... malheur à elle!.. Qu'on me l'amène!

_____

XXV.

MADEMOISELLE DE SAVOIE-NEMOURS.

Et comme tout le monde restait immobile, le roi répéta avec un redoublement de fureur:

— Qu'on me l'amène! vous dis-je; qu'on la traîne ici à l'instant!

— Pourquoi faire? demanda froidement Castelmelhor.

— Pour que je lui prouve que je suis un homme! s'écria le roi, dont la prunelle nageait dans le sang.

En même temps, il tira son poignard en grinçant des dents et le ficha si rudement dans la table que l'épaisse planche de chêne fut percée de part en part.

Mais cet effort le brisa et il tomba épuisé sur son fauteuil.

— Castelmelhor, dit-il, va dans sa chambre et l'amène.

— Seigneurs, dit Castelmelhor au lieu d'obéir, veuillez nous laisser seuls; Sa Majesté a désir de m'entretenir en particulier.

L'assemblée jeta un regard de regret sur les coupes à moitié vides, mais ce n'était pas le roi qui avait parlé, c'était Castelmelhor, il fallait obéir.

— Sire, reprit le comte, dès que la foule se fut écoulée, Votre Majesté va trop loin, s'il m'est permis de le dire... Le marquis de Sande est à Lisbonne, et avec lui est venu un Français, qui sans doute est chargé des pouvoirs de son souverain. Le Portugal n'est point de taille à se mesurer avec la France.

— Il y avait longtemps que tu ne m'avais ennuyé! s'écria le roi en bâillant.

— Sire, mon devoir...

— Petit comte, va chercher les serviteurs de mes bassets royaux, et ne reviens pas: tu n'es pas en veine aujourd'hui.

— Encore un mot, Sire...

— Peuh! fit le roi avec ennui.

— Me donnez-vous carte blanche?

— Sans doute; à quel sujet?

— La reine...

— La reine! interrompit le roi qui avait déjà oublié la scène du dîner; que me parles-tu de la reine?

— Elle a insulté Votre Majesté.

— Vraiment! Au fait... c'est possible. Eh bien! prends-la, fais-en ce que tu voudras, — et va-t'en.

Castelmelhor sortit aussitôt.

Depuis qu'il était maître de l'oreille du roi, il avait déjà considérablement affaibli la puissance des Chevaliers du Firmament, qu'il avait même éloignés du palais et casernés dans un hôtel; mais il se croyait néanmoins sûr de leurs services à cause d'Ascanio Macarone, qu'il avait fait capitaine des Fanfarons ou cavaliers, et qui affectait pour sa seigneurie un dévouement sans bornes.

Ce fut près du beau Padouan qu'il se rendit en quittant le roi.

Macarone reçut ordre de choisir dix Fanfarons parmi les moins scrupuleux, ce qui était énormément dire. Ces dix hommes devaient se poster à une heure après minuit dans la rue de la Conception, qui longe le couvent de ce nom, où la reine avait coutume d'accomplir ses devoirs religieux.

C'était, comme nous l'avons dit, la veille de Noël; la reine devait, suivant toute apparence, se rendre à la messe de minuit. Castelmelhor qui avait un puissant intérêt à éloigner cette princesse de la cour, saisissait avec ardeur cette occasion de commencer l'exécution du plan qui devait l'élever au but de ses désirs.

Macarone était un homme d'ordre; il se fit répéter par deux fois ses instructions et se pénétra bien de son rôle. — Son rôle consistait à enlever la reine et à la transporter au château-fort de Soure, dans la province de Tra-os-Montes.

La reine, sans défiance, et ayant besoin ce jour-là plus que jamais des consolations de la religion, sortit du palais à minuit, et gagna en carrosse le

couvent de la Conception. Vers une heure la messe finit; la reine remonta en carrosse.

Au bruit des roues, une dizaine d'hommes qui occupaient le milieu de la rue, se jetèrent dans l'ombre des maisons. Le carrosse avançait toujours.

— Tayaut, mes bellots! dit Macarone à demi-voix.

Les dix Fanfarons du Roi s'élancèrent à la tête des chevaux. Macarone avança la tête et regarda à l'intérieur.

— Très-illustre dame, dit-il en faisant une exquise salutation, — je suis chargé de vous conduire à votre maison des champs. Vous

plaît-il de partir seule, ou désirez-vous conserver la compagnie de ces deux charmantes demoiselles qui sont là devant vous, et dont je me déclare le soumis serviteur?

La reine voulut demander à ses femmes ce que signifiait cet étrange discours, mais elle n'en eut pas le temps.

Quelqu'un veillait sur elle, et ce quelqu'un avait sans doute des intelligences à l'hôtel des Chevaliers du Firmament. Au moment où Macarone terminait sa harangue par un second salut, aussi suave que le premier, des pas de chevaux se firent entendre à l'autre bout de la rue.

— En route! cria le beau cavalier de Padoue en changeant subitement de ton.

— Qui êtes-vous? où me conduisez-vous? dit la reine.

Les chevaux s'étaient rapidement approchés. Il n'y avait que deux cavaliers, ce qui rassura Macarone; mais l'un de ces deux cavaliers, monté sur un puissant andaloux, ressemblait au géant Goliath sur sa colossale monture, — ce qui fit réfléchir le même Macarone.

— Qu'est-ce à dire? demanda d'une voix brève et hautaine le plus petit des deux cavaliers, dont le riche costume brillait à la lueur des torches des valets de la reine. — Pourquoi arrêtez-vous ce carrosse, drôles?

Le plus grand des deux cavaliers, qui portait une livrée de couleur sombre, ne dit rien, mais il dégaîna une rapière qui avait bien quatre coudées de longueur.

A la voix du premier cavalier, la reine avait vivement tressailli. Elle mit la tête à la portière, joignit les mains et demeura comme en extase.

La foule s'arrêta étonnée.

= Passez votre chemin, seigneur, répondit le Padouan — et ne vous mêlez point des affaires d'autrui.

Le cavalier ne répondit pas, mais il porta la main à son flanc, son épée glissa hors du fourreau et une gerbe de fugitifs éclairs passa devant les yeux du Padouan. En même temps le nouveau venu poussa son cheval, passa sur le ventre d'Ascanio et attaqua le gros de l'embuscade. Le géant qui l'accompagnait ne resta pas en arrière. Il leva cinq ou six fois sa lourde épée, après quoi il la remit au fourreau, parce qu'il n'y avait plus d'ennemis à combattre.

Le Padouan seul restait et faisait le mort, pour tâcher de savoir qui il avait affaire; mais le géant ayant fait mine de vouloir le fouler aux pieds de son massif cheval, notre pauvre ami, au risque de faire rougir dans leurs tombeaux ses glorieux ascendants, prit la fuite à toutes jambes. Les deux cavaliers étant ainsi restés seuls sur le champ de bataille, le valet se tint à l'écart et le maître s'approcha de la portière.

— Madame, dit-il, vous ne pouvez retourner au palais du roi. Peut-être ne vous fierez-vous point à un inconnu...

— Je vous connais, seigneur, interrompit la reine dont la voix tremblait d'émotion.

Puis elle ajouta d'un ton si bas qu'il fallait le silence d'une nuit solitaire pour que ses paroles fussent entendues,

— Et je me fie à vous plus qu'à tout autre en ce monde, dom Simon de Vasconcellos.

Le cavalier s'inclina en signe de reconnaissance.

— Alors, madame, dit-il, que Votre Majesté daigne me suivre. Je vous donnerai pour cette nuit l'hospitalité que peut offrir un pauvre gentilhomme, et demain vous aurez une retraite au-dessus de laquelle planera une puissante et terrible protection.

Le carrosse se remit en marche escorté par Vasconcellos et Baltazar.

XXVI.

LE SALON DE SOUZA.

Bientôt, la reine put mettre pied à terre dans la cour d'honneur de l'hôtel de Souza.

— Il y a bien longtemps, dit Vasconcellos avec tristesse, que cet hôtel, qui porte le nom de mes pères, n'a été habité. Mon frère demeure dans un palais; moi, je me cache dans une humble demeure.

— Entrez, madame; j'ai le droit de dire que cette maison est un asile de loyauté, car elle a vu quinze générations de Souza, et Castelmelhor n'y a point mis les pieds depuis qu'on l'a flétri du nom de favori.

Isabelle descendit de son carrosse, et traversa, appuyée sur le bras de Vasconcellos, la cour, dont les larges pavés se cachaient sous l'herbe. Elle tremblait; sa respiration était pénible et oppressée. Vasconcellos marchait d'un pas ferme et grave. Arrivé sur la dernière marche du perron, il s'arrêta:

— Madame, dit-il, si Votre Majesté daigne le permettre, je lui ferai les honneurs de l'hôtel; sinon je resterai au seuil, afin de veiller jusqu'au jour.

— Venez! murmura la reine.

Ils passèrent le seuil et traversèrent une longue enfilade de pièces avant d'arriver au salon, où jadis nous avons vu la famille de Souza rassemblée. Rien n'avait changé; tout était comme autrefois : les portraits d'ancêtres, le fauteuil armorié où s'asseyait feu la comtesse, et la chaise à long dossier d'ébène où s'appuyait la blanche épaule d'Inès de Cadaval.

Vasconcellos passa la main sur son front, comme pour chasser d'accablants souvenirs.

Il poussa le bouton d'une porte, et montra une chambre aux meubles antiques et d'une richesse extrême, où se trouvait un lit carré, à baldaquin, dont les rideaux de velours rouge portaient, brodée en or, la croix de Bragance.

— Au temps où l'écusson de Souza était pur de toute tache, dit-il, des rois ont dormi dans cette retraite. Ce sera, pour cette nuit, la chambre de Votre Majesté... Dormez, madame : je veillerai sur votre sommeil.

Il s'inclina, et fit un pas vers la porte pour quitter le salon,

— Restez! dit la reine.

Vasconcellos devint pâle; mais il s'arrêta aussitôt.

— Senoras, reprit la reine en s'adressant à ses femmes, qui l'avaient suivie, laissez-nous.

Les deux Portugaises se retirèrent. La reine et Vasconcellos demeurèrent seuls.

Epargnez-le, Seigneur, dit la reine.

Il n'y avait qu'une seule lampe allumée dans le salon. Sa faible lumière rendait à peine les ténèbres visibles, et laissait dans l'obscurité les portraits pendus aux lambris et les sombres sculptures des lointains panneaux. On voyait seulement çà et là briller dans l'ombre un miroir à compartiments, les cristaux biseautés d'une girandolle, ou l'or pâli d'un écusson.

La reine était debout auprès de la porte de la chambre à coucher; Vasconcellos, profondément incliné et les yeux à terre, restait au milieu du salon.

La reine demeura un instant indécise et combattue; son sein se

soulevait par bonds précipités ; sa joue, tour à tour blanche ou empourprée, changeait rapidement de couleur. — Mais elle se remit tout à coup, redressa son front et regarda en face Vasconcellos.

— Seigneur, dit-elle, veuillez m'avancer un siége... Approchez-vous, écoutez-moi... Vous souvient-il de votre séjour à la cour du roi Louis de France?

— Il m'en souvient, répondit Vasconcellos.

— Vous étiez malheureux, seigneur ; moi... oh! j'étais bien heureuse! ... Je vous vis ; ma première souffrance vint de vous, car je vous aimai... Ne m'interrompez pas, seigneur... Ce fut pour vous revoir que je vins en Portugal. Que m'importait un trône? Je croyais — j'étais folle! — je croyais avoir lu votre amour dans un seul de vos regards ; j'espérais!.. Seigneur, c'est moi qui ai brisé ma vie, mais je l'ai brisée pour vous!

Vasconcellos s'agenouilla et se couvrit le visage de ses mains.

La reine avait parlé d'une voix ferme, mais basse et comme suffoquée. Son visage exprimait le calme du désespoir.

— Je suis venue, reprit-elle ; — au lieu des hommages promis, j'ai trouvé l'insulte et le dédain ; moi dont la vie n'avait été qu'une longue fête, je me suis habituée aux larmes ; j'ai désiré la solitude, afin de pouvoir prier Dieu, mais on m'a traînée, moi, femme et reine, au milieu des repoussantes orgies qu'un fou mène avec ses valets ; — et personne pour me consoler ! personne pour me défendre !

— Madame, s'écria Vasconcellos, ayez pitié de moi !

— Pitié de vous, seigneur! répéta Isabelle avec l'œil, grand ouvert, renvoyant, terne et rougeâtre, la lointaine lueur de la lampe. — Parfois, en effet, j'ai eu pitié de vous, car vous m'aimez : il y a longtemps que je le sais.

— Madame... voulut interrompre Vasconcellos.

— Oh! je puis vous parler ainsi, dit Isabelle avec un triste sourire; vous m'aimez, je le sais, mais je sais aussi qu'un insurmontable obstacle est devant vous ; un obstacle mystérieux pour moi, mais invincible, puisque vous ne pouvez pas, que vous ne voulez pas franchir peut-être... Vasconcellos, vous croyiez être bien caché, n'est-ce pas, quand vous veilliez sur moi, de loin, dans l'ombre, — quand vous preniez pour remplir un devoir les mêmes précautions qu'on prend pour commettre un crime? Mais je vous voyais, moi, je vous devinais, et si je ne suis pas morte au milieu de cette cour honteuse, c'est que je vous sentais près de moi ; c'est que je voulais vivre pour vous remercier un jour, et pour vous dire, — avant de quitter pour jamais le monde : — Je vous ai aimé, dom Simon, je vous aime, et, après vous, je n'aimerai que Dieu !

Vasconcellos mit sa main sur son cœur, et poussa un sourd gémissement.

Isabelle ne s'était point trompée, il l'aimait de toute la violence d'une passion sans cesse combattue : c'était un amour sans but, une adoration sans espoir, — un culte.

En ce moment, il eût donné sa vie en ce monde et dans l'éternité pour la faire heureuse ; mais ces paroles lui brûlaient le cœur ; il souffrait ; il aurait voulu fuir.

— Madame, murmura-t-il en joignant les mains : — Merci !... merci, mais pitié ! Vous ne savez pas la chaîne qui me lie. Je suis un roi, madame, corps et âme... et vous êtes la reine.

Isabelle se leva.

— Je ne suis pas la femme du roi, dit-elle avec simplicité.

Elle ne rougit point en prononçant ces mots; elle ne baissa point les yeux. Mais il y avait dans son geste et dans sa voix cette dignité calme et noble, qui vaut bien la disgracieuse grimace, hiéroglyphe bizarre, à l'aide duquel peintres et poëtes ont pris la coutume de représenter la pudeur.

Vasconcellos, à son tour, se leva, et ne prit point souci de cacher son profond étonnement.

— Je suis, continua Isabelle, ici comme à Versailles, aujourd'hui comme jadis, mademoiselle de Savoie-Nemours.

— Est-il possible ! s'écria Vasconcellos.

Isabelle lui tendit la main, qu'il baisa avec transport.

— Et maintenant, reprit-elle encore, éloignez-vous, dom Simon : ma main est à moi, mon cœur est à vous, — mais ma vie est à Dieu... c'est dans le silence d'un cloître que je veux prier pour vous qui avez été mon bon ange et mon mauvais génie.

Elle retrouva son maintien de reine et montra la porte d'un geste.

Vasconcellos, éperdu, demeura un instant immobile à sa place d'obéir. Il tendit les bras et fléchit à demi le genou, comme s'il allait se prosterner.

Mais à ce moment, la lampe, près de s'éteindre, jeta une dernière et rouge lueur. Le regard de Vasconcellos tomba sur la chaise à long dossier d'ébène où, tant de fois, il avait vu Inès attentive et rougissant à sa voix.

Il se redressa et sortit, tête baissée, sans prononcer une parole.

La reine le suivit du regard jusqu'au seuil.

— Mon Dieu! murmura-t-elle, donnez-moi la force de ne plus l'aimer.

XXVII.

L'ORATOIRE.

Le lendemain, la promesse de Vasconcellos s'accomplit. Isabelle de Savoie eut une terrible et puissante protection.

Dès le matin, le carrosse du marquis de Sande stationna à la porte de l'hôtel de Souza. Un homme en descendit qui portait le cordon des ordres du roi de France. C'était M. le vicomte de Fosseuse, chargé des dépêches du roi Louis XIV pour la cour de Portugal, et nanti de pouvoirs afin de représenter le roi à Lisbonne. Le vicomte eut une courte conférence avec la reine et se rendit aussitôt auprès d'Alfonse VI.

L'injure faite à la reine était flagrante ; on n'essaya point de la nier. Les demandes du Français furent justes et sa façon de les poser péremptoires : on ne tenta point de les repousser.

A midi, la reine quitta l'hôtel de Souza et se rendit, escortée du marquis de Sande et de M. de Fosseuse, au palais de Xabrégas, qu'on avait disposé pour la recevoir. Au dessus de la principale porte du palais, un drapeau blanc, au centre duquel tranchait l'écusson d'azur aux trois fleurs de lis d'or, livrait ses plis flottants à la brise.

— Voici désormais votre égide, madame, dit M. de Fosseuse ; vous êtes sous la protection de la France.

Isabelle eut un mouvement d'orgueil et de joie en voyant ce blanc étendard que suivait partout la victoire. Elle se sentit à l'abri derrière le grand nom de sa patrie.

Mais ses pensées reprirent bientôt leur cours. Depuis le matin elle cherchait Vasconcellos, qui ne se montrait point. La veille, elle avait voulu l'entretenir, pour lui dire un dernier adieu ; maintenant, elle eût voulu le voir encore afin de lui rendre grâce, car elle devinait que ce soulagement inespéré était son ouvrage.

Vasconcellos n'avait garde de paraître. Dans un moment d'entraînement, il s'était réjoui de voir la reine libre et exempte de tous liens ; il s'était réjoui de retrouver en elle mademoiselle de Savoie, pensant, dans son enthousiasme irréfléchi, qu'entre eux désormais le principal obstacle avait disparu. Mais la réflexion l'avait détrompé. Il avait reconnu qu'en définitive sa position n'était point changée. Pour tout autre, Isabelle pouvait être libre ; pour lui, elle était toujours la femme qui avait pris place sur le trône d'Alfonse.

Vasconcellos était au roi, il n'avait pas oublié un seul instant le serment fait au lit de mort de son père ; et il l'exécutait sa promesse avec d'autant plus de rigueur que son frère l'avait méconnue. Aimer la reine, c'eût voulu unir son sort au sien, car l'idée ne lui pouvait venir d'en faire sa maîtresse. Or, épouser la reine, n'était-ce pas reconnaître implicitement les torts du roi ; son incapacité, sa misère ! n'était-ce pas se proclamer hautement son ennemi?

Isabelle l'aimait, elle le lui avait dit. Maintenant que tout danger était passé pour elle, cette idée de finir ses jours dans un cloître devait tomber de soi-même. Vasconcellos était homme. La scène de la veille avait épuisé ses forces. Il ne se sentait point capable de résister à un pareil danger. Redoutant sa faiblesse, il préféra fuir et résolut de ne plus voir la reine.

Pendant la nuit, il alla prévenir M. de Fosseuse et le marquis de Sande, qu'il savait particulièrement dévoué à Isabelle ; ensuite il ne reparut point à l'hôtel.

M. de Fosseuse installa la reine au palais de Xabrégas. A la suite d'une entrevue où furent appelés le marquis de Sande, quelques grands de Portugal, ennemis de la reine, et plusieurs prélats, un exprès partit, chargé de dépêches pour S. S. le pape Clément IX.

Ce messager devait être suivi de près par le P. Vieira da Silva, confesseur de la reine, Louis de Souza, député de l'Inquisition, et Emmanuel de Magalhaens de Méneses archidiacre de l'église métropolitaine de Porto, chargés des pleins pouvoirs d'Isabelle de Savoie, à cette fin de requérir la déclaration apostolique de la nullité du mariage de cette princesse avec le roi Alfonse VI.

Dès lors, la position d'Isabelle s'améliora sensiblement. Elle eut un parti dans l'État. La haute noblesse mécontente et le clergé se firent un drapeau de son nom ; mais elle ne voulut point se mêler d'intrigues politiques, et resta confinée dans son palais, heureuse de n'avoir plus à subir les honteuses fantaisies d'Alfonse.

En quittant Lisbonne, M. de Fosseuse lui promit de lui envoyer deux demoiselles d'honneur françaises. Bientôt, en effet, elle vit arriver deux charmantes sœurs, Marie et Gabrielle de Saulnes, filles d'un vieux gentilhomme de l'Orléanais. Ces deux jeunes filles lui tinrent fidèle compagnie. Elles l'aimèrent parce qu'elle était malheureuse et bonne. Leur naïf entretien lui fit souvent passer de douces heures de repos.

L'infant dom Pierre lui faisait maintenant de fréquentes visites. C'était un beau et loyal jeune homme, dont le caractère doux et trop malléable peut-être gardait les traces de la longue tutelle qu'il avait subie. Il était timide auprès d'une femme et intrépide en face du danger. Les mauvais traitements de toute sorte qu'il subissait à la cour n'avaient pu altérer son affection pour son frère, mais il haïssait profondément Castelmelhor, qui, une fois, avait osé tirer l'épée contre lui. Comme tous les esprits réservés, il était enclin à la jalousie, ombrageux et capable d'une longue rancune ; mais tous ces défauts, rachetés par de nombreuses qualités, échappaient à la reine, qui le traitait en frère et le faisait son confident.

Isabelle ne pouvait ignorer l'amour de l'infant, dont l'aveu s'échappait pour ainsi dire par tous ses pores ; mais, ne pouvant y répondre elle feignait de ne le point apercevoir. C'était un amour naïf et respectueux, amour de page pour sa suzeraine, soumis, délicat et pur. Une boucle de cheveux eût mis dom Pierre en extase. Aux temps de la chevalerie, il se fût contenté de la licence de porter les couleurs de sa dame.

Mais c'était un amour jaloux outre mesure. La jalousie est perspicace et va droit au but. Dom Pierre avait reconnu dès longtemps que le cœur d'Isabelle n'était point libre, et ses soupçons s'étaient dirigés de prime abord en bon lieu. Le nom de Vasconcellos le faisait tressaillir ; il détestait presque autant Vasconcellos que Castelmelhor.

Simon ne faisait rien pourtant pour justifier cette jalousie. Pendant un an qu'Isabelle resta au palais de Xabrégas, il ne le vit que deux fois, en présence de ses femmes. Encore fallait-il d'importantes et solennelles occasions pour l'amener à la résidence de la reine. La première fois, il vint, afin de la prévenir qu'un misérable, qui était son serviteur, avait proposé de l'empoisonner, ce que le favori avait refusé, par un reste d'honneur ; la seconde fois, il lui apporta des nouvelles de la cour de Rome où son affaire était en instance ; il lui remit en même temps une dispense provisoire, expédiée par Louis, cardinal de Vendôme (oncle d'Isabelle), légat *a latere* du saint-père. Il semblait que Vasconcellos eût des moyens d'être instruit avant tous les autres de ce qui concernait Isabelle.

Cependant, il n'habitait point Lisbonne ; du moins, nul ne l'y rencontrait jamais, et son valet, Baltazar, s'était mis au service de lord Richard Fanshowe.

L'infant se dépitait de cette complète et profonde connaissance que Vasconcellos semblait avoir des affaires de la reine ; il se désespérait surtout en voyant l'impression produite sur Isabelle par les rares visites de cet homme. Elle en parlait sans cesse, tantôt avec des réticences étranges et une sorte de mystérieuse frayeur, tantôt avec un enthousiasme imprudent, tantôt avec une mélancolique tendresse.

Aussi dom Pierre voyait en lui un rival ; s'il déguisait sa haine, c'est qu'il craignait de déplaire à Isabelle.

Pendant que nous jetions ce coup d'œil rétrospectif et nécessaire sur des événements passés, notre histoire n'a point marché ; le temps s'est arrêté pour nous laisser du loisir, et, si nous n'avons point littéralement renouvelé le tour de force de Josué, c'est que le soleil était couché à l'heure où le moine sortit en vainqueur du palais de Castelmelhor.

Il était sept heures du soir environ. La reine était assise sur une haute bergère, dans une chambre du palais de Xabrégas dont elle avait fait son oratoire. Près d'elle, agenouillées sur des coussins de soie, Marie et Gabrielle de Saulnes passaient négligemment leurs aiguilles dans de délicates broderies. L'infant dom Pierre, assis sur un tabouret à quelque distance, tirait d'une grande guitare portugaise d'assez chétifs sons, dont il accompagnait un refrain de France qu'il avait appris sans doute pour plaire à Isabelle. En l'écoutant, elle avait appuyé sa tête sur sa main, elle rêvait.

— Ne connais-tu point cet air ? dit tout bas Gabrielle de Saulnes à sa sœur Marie.

Marie avait des larmes dans les yeux.

— Qu'est-ce ? demanda la reine.

— C'est un souvenir, répondit la rieuse Gabrielle, — s'il plaît à Votre Majesté. Le refrain que chante si bien S. A. le prince infant est familier aux oreilles de Marie.

Marie devint rose comme une cerise.

— Oui-dà ! dit la reine en souriant ; — d'où connaît-elle cet air, ma mignonne ?

— De notre cousin Roger de Luces, madame, qui est cornette des chevau-légers du roi, s'il plaît à Votre Majesté.

— Cela me plaît, ma fille, dit la reine en soupirant ; — ne pleure pas, Marie, nous te rendrons la France et ton cousin. quelque jour... D'autres, ma mie, n'ont point ce doux espoir de revoir les gens qu'ils aiment... Cessez de chanter, je vous prie, monsieur mon frère.

C'était ainsi que la reine appelait l'infant. Il déposa aussitôt sa guitare et se rapprocha de la reine.

— Auriez-vous reçu de mauvaises nouvelles de Rome, madame ? demanda-t-il ; vous semblez plus triste encore que de coutume.

Isabelle ne répondit point.

— Elle songe à lui, pensa le prince ; toujours, toujours à lui.

— Vous ne dites rien, monsieur mon frère ! s'écria tout à coup la reine avec un enjouement affecté ; — ne savez-vous donc point quelque belle histoire qui puisse récréer un peu trois pauvres recluses ?

Les deux demoiselles de Saulnes approchèrent instinctivement leurs coussins pour écouter mieux. Le prince, de son côté, fit un appel désespéré à sa mémoire, mais il ne trouva rien. C'est toujours en ces moments où il faudrait savoir ou se rappeler que le souvenir des gens timides se montre rebelle.

— Prêtez attention, mes chères belles, reprit la reine ; monsieur mon frère va nous faire un récit.

Cette recommandation était parfaitement inutile. Les deux sœurs attachaient déjà sur le visage du prince des regards impatients et curieux.

— Hélas ! madame, dit l'infant, dont les traits exprimaient une véritable détresse, — je ne sais rien, car j'ignore l'art de composer des histoires.

En disant, il baissa la tête et se prit à rouler son feutre entre ses doigts, ni plus ni moins qu'un galant de village à bout d'éloquence. La douce Marie le regarda et eut pitié de lui, mais Gabrielle ne put retenir un sourire. — La reine était retombée dans sa rêverie.

— Et pourtant, reprit l'infant, en se redressant sous le sourire railleur de Gabrielle comme un coursier de race sous l'éperon, — il se passe au milieu de nous des choses qui, racontées, auraient l'air de fables inventées à plaisir... Entendîtes-vous jamais parler du moine, madame ?

— Le moine ? répéta Isabelle d'un air distrait.

— Le moine ! dirent les deux sœurs en frissonnant.

— Le moine, reprit l'infant ; — l'homme qu'on désigne et qu'on reconnaît sous le seul nom du *moine*, dans une cité où il y a cinquante monastères ; l'homme dont nul n'a vu le visage ; l'homme dont l'aspect arrête la folie de S. M. mon frère, dont la voix fait tressaillir le traître Castelmelhor, et dont la main répand assez de bienfaits pour retenir la colère du ciel, suspendue sur le royaume de Portugal.

— C'est la première fois que vous nous parlez de cet homme, monsieur mon frère.

— C'est la première fois, en effet, madame. Pourquoi cela ? je ne saurais le dire, car il a droit à mon affection et à mon respect.

— Quoi ! s'écria étourdiment Gabrielle de Saulnes, vous le connaissez donc !.. vous lui avez parlé !

— Pourquoi cette question, ma fille ? dit la reine étonnée.

— C'est que le moine est un homme mystérieux, si redoutable ! J'ai entendu parfois les officiers de Votre Majesté s'entretenir de lui. Ils tremblaient en prononçant son nom.

Il se fit un silence. L'infant semblait rêver à son tour.

— Une fois, reprit la jeune fille... mais je ne sais si je dois dire cela à Votre Majesté.

— Dis toujours, mignonne ; je suis femme et curieuse.

— Une fois, — c'était au couvent de l'Espérance, où Votre Majesté, malade, m'avait envoyé entendre la messe, tandis que ma sœur veillait près de sa personne royale. Au milieu du saint sacrifice, je me sentis toucher le bras, et je faillis mourir de frayeur en voyant près de moi un religieux dont les traits disparaissaient sous un capuchon de taille démesurée. Je me rappelai les discours de vos officiers, et je reconnus le moine...

— Il t'avait touché le bras par mégarde ?

— Il m'avait touché le bras pour attirer mon attention : — Enfant, me dit-il, le ciel t'a donné une noble tâche. Veiller sur *elle*, la consoler, l'aimer!.. Tu seras bénie là-haut comme ici-bas, enfant, si tu accomplis ce saint devoir...

— Il t'a dit cela, murmura la reine.

— Puis, j'entendis un profond soupir.

— Quand je me retournai, il n'y avait plus personne auprès de moi.

— Voilà qui est étrange, dirent en même temps Isabelle et l'infant.

— Étrange en effet! s'écria Marie de Saulnes. — Le lendemain, ma sœur Gabrielle resta près de Votre Majesté; ce fut moi qui me rendis, afin d'entendre la messe, au couvent de l'Espérance...

— Eh bien! fit la reine.

— Ma sœur s'est chargée de conter mon histoire : pareille aventure m'arriva.

— Mais je ne connais point cet homme, dit la reine; — d'où vient cette singulière sollicitude?

— Vous êtes bien sûre de ne le point connaître, madame? demanda l'infant d'un ton grave.

— Sur ma parole, monsieur mon frère, je ne l'ai jamais vu!

— C'est que, à moi aussi, le moine a parlé de Votre Majesté. Il m'a dit de veiller sur vous, de vous... il m'a dit de vous aimer, madame, pour tous les outrages dont vous avait abreuvée le roi mon frère...

La reine cacha son trouble sous un sourire.

— Oui, reprit l'infant d'une voix lente et ponctuée, comme s'il se fût parlé à lui-même; — ses conseils furent toujours ceux d'un esprit grave et d'un cœur loyal. Après chaque insulte que j'ai reçue de mon frère, il est venu me consoler et fortifier mon âme contre les tentations de la vengeance... quel qu'il soit, je l'ai dit, je lui dois reconnaissance... mais le mystère qui l'entoure m'oppresse... je ne puis aimer cet homme. Je crois en lui; je le respecte, mais une voix secrète me dit de ne le point chérir.

L'infant se tut.

Peu à peu, sous l'impression de cet entretien mystérieux, la physionomie des quatre personnes qui étaient réunies dans l'oratoire de la reine avait pris une teinte solennelle, uniforme. La nuit était sombre : au dehors on entendait les sanglots du vent dans les arbres dépouillés des jardins; au dedans, les antiques et hautes croisées gémissaient sous l'effort de la bise; les deux jeunes filles, serrées l'une contre l'autre, avaient peine à dissimuler leur vague effroi.

A ce moment, la porte s'ouvrit, et chacun s'attendit presque à voir paraître le ténébreux personnage dont on avait évoqué le nom. Mais l'huissier mit un terme à cette crainte, en annonçant à haute voix :

— Le seigneur dom Simon de Vasconcellos et Souza!..

XXVIII.

HUIT HEURES.

Ce nom de Vasconcellos fit sur nos quatre personnages une impression fort différente.

La reine éprouva une émotion profonde, qu'elle ne prit point la peine de cacher, et qui éclata aussitôt sur son visage. L'infant devint pâle. Il ressentit ce frisson de malaise qui glace le cœur à l'approche d'un ennemi. Quant aux demoiselles de Saulnes, ce nom les rassura tout à coup, et leur rendit leur charmant sourire.

Les cinq années qui avaient passé sur la tête de Vasconcellos n'avaient fait que remplacer par la mâle beauté de l'homme les grâces de l'adolescence. Il ressemblait du reste trait pour trait à son frère Castelmelhor.

C'était, chez les deux jumeaux, la même taille, parfaite dans son médiocre développement, la même délicatesse de formes, la même hauteur de regard. Seulement, la noble figure de Vasconcellos n'avait point cette arrière-expression, douteuse, indéfinissable, qui déparait la figure de son frère. Sa franchise, à lui, était de bon aloi; son œil où la passion semblait s'être éteinte dans la douleur, son front calme et résigné disaient assez que ce n'étaient point d'ambitieuses et coupables aspirations qui avaient amené la pâleur à sa joue.

Il était vêtu d'un brillant costume de courtisan, et portait, suivant la mode portugaise, les couleurs de sa maison. Ce costume augmentait tellement la ressemblance naturelle qui existait entre lui et son frère, que la reine ne put s'empêcher de rougir en songeant aux indignes outrages de ce dernier.

Quant à l'infant, il recula de plusieurs pas, afin de se tenir à l'écart.

— Ils se ressemblent, pensa-t-il, — de cœur comme de visage, sans doute... je le désire... cela doit être! Je ne sais lequel des deux je déteste le plus!

Vasconcellos traversa la chambre à pas lents et arriva jusqu'à la reine, devant laquelle il s'inclina profondément. L'infant, qui ne la perdait pas de vue, remarqua avec un mouvement de colère que ce fut la reine qui présenta sa main d'elle-même. Vasconcellos l'effleura de ses lèvres et se releva aussitôt.

— Quel heureux hasard vous amène, seigneur? dit la reine. Vous ne nous avez point habituée à jouir souvent du plaisir de votre présence.

— Madame, répondit Vasconcellos, qui laissa errer sur sa bouche un mélancolique sourire, — ma présence vous apporterait bien peu de joie. Ce ne sont point ceux qui souffrent qui peuvent consoler les affligés. Ma tâche est autre d'ailleurs : je veille au salut de Votre Majesté. Quand un danger la menace, je déserte un instant mon poste pour la prévenir ou la défendre. — Mon aspect est de sinistre augure, car il annonce le péril.

— Que voulez-vous dire? s'écria l'infant en s'approchant; — madame la reine serait-elle menacée!

— Oh! je suis en sûreté! dit Isabelle. N'êtes-vous pas là, près de moi, Vasconcellos, vous qui fûtes mon constant protecteur?

— J'ai fait jusqu'ici de mon mieux, madame, répondit Vasconcellos.

Puis, saluant l'infant avec respect, il ajouta :

— Son Altesse Royale pourra d'ailleurs vous prêter l'appui de son épée, car le danger qui vous menace ne vient point d'Alfonse de Portugal.

— Il y a donc réellement un danger, s'écria le prince, — parlez, seigneur, de quoi s'agit-il?

L'horloge du palais sonna ce coup unique et précurseur qui, dans presque toutes les anciennes sonneries, annonçait, deux ou trois minutes à l'avance, que l'heure allait se faire entendre.

— Il était temps!.. murmura Vasconcellos. — Seigneur, poursuivit-il en répondant à l'infant, il s'agit de sauver la reine contre laquelle un infâme a tramé un complot qui va s'exécuter ce soir.

— Quel complot?

— L'heure presse, seigneur, répondit Simon, et le temps n'est point propice pour une explication. Rassurez-vous, madame, mes mesures sont prises : je réponds de Votre Majesté.

— Mais, dit l'infant, peut-être il vaudrait mieux fuir?

— Il est trop tard.

On frappa un coup violent à la porte extérieure du palais.

Au même instant l'horloge sonna huit heures.

— Vous êtes ponctuellement obéi, milord, pensa Vasconcellos, — et c'est plaisir de faire la partie d'un joueur de votre force...

— Qu'est-ce là? murmura la reine, dont les craintes s'étaient enfin éveillées.

— Ce sont vingt misérables qui viennent pour enlever Votre Majesté, répondit Vasconcellos.

— Vingt! dites-vous, s'écria l'infant; ils sont vingt!.. mais vous êtes donc un insensé ou un traître!..

— Silence, monsieur mon frère! dit impérieusement la reine.

Puis elle ajouta en regardant Vasconcellos en face :

— Seigneur, je mets en vous ma confiance. Quoi qu'il arrive, je vous proclame incapable de me trahir.

L'infant retint une exclamation de colère, et se prit à parcourir la chambre à grands pas.

— Merci, madame, dit Vasconcellos.

On entendit un bruit de pas dans l'escalier et la voix des valets qui refusaient le passage.

Les deux jeunes Françaises, accablées d'épouvante, s'étaient levées et se tenaient immobiles et pâles comme des statues de marbre. Le regard de la reine tomba sur elles.

— Retirez-vous, mes filles, dit-elle. Allez dans la chapelle du palais; là, du moins, vous serez à l'abri.

Les deux sœurs se prirent par la main, et, au lieu d'obéir, elles vinrent se mettre à genoux aux pieds de la reine.

— A Dieu ne plaise, dit Marie de Saulnes, — que nous abandonnions Votre Majesté à l'heure du péril!

— Nous sommes filles de gentilhomme! ajouta Gabrielle en fronçant ses délicats sourcils; — nous avons le droit de mourir avec vous, madame.

La reine leur mit à toutes deux un baiser au front.

Les pas approchaient rapidement; on les entendait déjà dans la salle voisine. Vasconcellos fit signe à la reine de rester à sa place, et s'avança vers la porte. L'infant voulut le suivre.

— Restez, seigneur, dit Vasconcellos, le temps approche où Votre Altesse Royale sera le seul espoir des Portugais. Ne compromettez pas inutilement une vie précieuse...

Avant qu'il eût achevé, la porte s'ouvrit. Vasconcellos écarta d'un geste respectueux, mais ferme, l'infant qui, l'épée nue, voulait défendre le passage de vive force, et se mit au-devant de lui. Il laissa son épée au fourreau.

Les Chevaliers du Firmament, jetant de côté le dernier valet qui barrait encore l'entrée, se précipitèrent dans la chambre en tumulte, suivis de sir William, le secrétaire de lord Richard Fanshowe.

Vasconcellos, les bras croisés sur sa poitrine, était placé entre eux et la lumière, ils ne l'aperçurent point d'abord, mais Manuel Antunez, le lieutenant d'Ascanio, ayant voulu passer outre et s'avancer vers la reine, le cadet de Souza le saisit rudement par l'épaule, et le rejeta, meurtri, au milieu de ses compagnons.

— Que venez-vous faire en cette demeure, misérables! dit-il d'une voix éclatante.

Les Fanfarons du roi s'étaient arrêtés stupéfaits. Les derniers arrivés, qui ne pouvaient voir ce qui se passait, avaient tiré leurs épées, mais les autres hésitaient et n'osaient avancer. Sir William lui-même se tenait à l'écart et couvrait du mieux qu'il pouvait sa figure à l'aide de son vaste manteau.

Enfin, un nom, prononcé à voix basse, circula de rang en rang.

— Le comte de Castelmelhor! répétaient l'un après l'autre les Fanfarons du roi.

Et telle était la terreur inspirée par le favori, que les plus rapprochés de la porte commencèrent à effectuer prudemment leur retraite. — Nul ne savait, en effet, que Vasconcellos était à Lisbonne. Cet homme, portant les couleurs de Souza, ne pouvait être que Castelmelhor.

Vasconcellos n'avait point compté sur cette méprise. Averti du danger qui menaçait la reine, par des moyens que le lecteur ne pourra manquer de connaître plus tard, il avait pris ses mesures en conséquence, et c'était le coup sûr qu'il avait dit à la reine : « Je réponds de Votre Majesté. » Mais ce mouvement rétrograde des Chevaliers du Firmament lui donna à réfléchir; le nom de Castelmelhor vint jusqu'à ses oreilles, et il devina la cause de cette panique soudaine.

Son intérêt était d'en profiter, car sa tâche de ce jour n'était point achevée, et la violence eût amené peut-être, autour du palais, des témoins dont il n'avait que faire.

Il dégaîna et fit un pas vers la patrouille du roi qui recula aussitôt.

— Qui vous a conduits ici? demanda-t-il.

— C'est moi, seigneur comte, répondit piteusement Antunez, mais je croyais agir d'après les instructions de Votre Excellence, et n'ai fait que suivre les ordres de mon supérieur, le capitaine Ascanio Macarone.

— Vous serez punis, reprit Vasconcellos de cette voix sèche et brève qu'affectait ordinairement Castelmelhor ; — votre capitaine sera cassé, pour qu'on sache à l'avenir qu'il n'est point prudent de profaner l'asile de madame la reine et de braver le drapeau de France qui flotte au seuil de ce palais... Retirez-vous !

Tous se hâtèrent d'obéir.

— Arrêtez, reprit Vasconcellos en se ravisant; — quel est cet homme qui ne porte point l'uniforme des Fanfarons du roi?

Il désignait sir William.

— C'est un Anglais, répondit Antunez.

— Qui l'amène?

Antunez hésita un instant.

— C'est, balbutia-t-il enfin, le secrétaire de milord ambassadeur.

— Altesse, dit Vasconcellos, en se tournant vers l'infant, j'avais raison de vous dire que cette attaque infâme ne venait point du roi votre frère... Sortez! ajouta-t-il, en s'adressant à Antunez... Vous, seigneur anglais, restez!

Malgré cet ordre, sir William voulut faire retraite ; mais les Fanfarons du roi, sur un signe du prétendu Castelmelhor, le saisirent et l'amenèrent de force au milieu de la chambre, après quoi ils se retirèrent.

La reine et l'infant étaient restés spectateurs muets de cette scène. La reine admirait Vasconcellos et ne cherchait point à se rendre compte du motif de sa poignante conduite. Elle lui rendait grâces au fond du cœur.

L'infant au contraire, humilié du rôle passif qu'il venait de jouer, irrité par la supériorité de son rival, roulait dans sa tête des pensées hostiles. Il se demandait quel lien unissait Vasconcellos aux Fanfarons du roi; il se demandait comment cet homme avait pu prévoir l'attaque et la repousser, par la seule force de sa volonté pour ainsi dire, lui qui n'était rien dans l'État, lui qui depuis cinq ans n'avait paru à Lisbonne qu'en fugitif et en proscrit.

Tandis qu'il réfléchissait ainsi, une autre scène se préparait, qui devait porter au comble son étonnement.

Vasconcellos, au lieu de-revenir vers la reine, était resté au milieu de la salle en face de sir William, qui se tenait debout et enveloppé dans son manteau. Le cadet de Souza fut quelques secondes avant de reprendre la parole ; enfin, lorsqu'on eut entendu les lourds battants du portail extérieur se refermer sur les Fanfarons du roi, il leva lentement le bras, et, saisissant le manteau de l'Anglais, il l'arracha violemment de son visage.

— Altesse, dit-il à l'infant, qu'ordonnez-vous de ce traître, chassé du royaume par sentence royale et qui a rompu son ban?

— Je ne connais point cet homme... dit l'infant.

Mais Vasconcellos ayant traîné William sous la haute lampe suspendue au-dessus du foyer, le prince ajouta en tressaillant :

— Antoine Conti de Vintimille !

La reine leva sur l'ancien favori, dont elle avait entendu raconter souvent la puissance et les hardis méfaits, un regard curieux et surpris. Les deux demoiselles de Saulnes, qui s'étaient réfugiées derrière leur maîtresse, avancèrent avidement leurs têtes blondes et gracieuses des deux côtés du visage de la reine.

— Antoine Conti de Vintimille, répéta Vasconcellos avec une amertume profonde, l'homme qui a engagé le Portugal dans cette voie funeste qui mène à un abîme; le démon qui s'est assis autrefois au chevet de son maître, notre seigneur; l'impur empoisonneur qui a flétri l'esprit et le cœur de son roi; l'assassin moral de Sa Majesté le roi Alfonse, — votre frère, seigneur !

— Est-ce bien à toi de parler ainsi, demanda Conti en relevant la tête, — Castelmelhor, toi qui m'as succédé?

— Regardez mieux, seigneur Conti, répondit le cadet de Souza; je ne suis point Castelmelhor !..

— Est-il possible? interrompit Vintimille, en jetant autour de la chambre ses cauteleux regards, comme s'il cherchait ses acolytes absents.

— Je suis, poursuivit Vasconcellos, celui qui, au temps de votre puissance, vous frappa un jour au visage au milieu de vos infâmes gardes du corps; — je suis celui qui ameuta le peuple pour vous chasser de Lisbonne...

— Vasconcellos ! murmura Conti en courbant le front.

— Vasconcellos qui vous avait dit : Nous nous reverrons, seigneur Conti !

L'ancien favori fit un pas en arrière, et alla tomber, éperdu, aux pieds de l'infant. L'infant se recula avec dégoût. Alors Conti, affolé par la terreur, se traîna jusqu'aux genoux d'Isabelle :

— Grâce! madame, grâce! murmura-t-il.

— Épargnez-le, seigneur, dit la reine.

Le deux sœurs joignaient leurs mains et imploraient Vasconcellos du regard.

— Relève-toi! dit ce dernier, je t'avais oublié. — Pour que je me souvinsse de toi, il ne fallait rien moins que le salut de la reine... Ne regrette pas trop amèrement de m'avoir pris pour Castelmelhor. Sans cette erreur, tu aurais payé cher ton audacieuse trahison....... regarde!

Il avait poussé Conti vers une fenêtre. Celui-ci put voir briller, aux rayons de la lune, derrière un mur en ruines qui longeait une aile du palais, les mousquets d'une trentaine de gens de guerre.

L'infant, à son tour, s'approcha de la fenêtre; il aperçut les soldats; son étonnement et son dépit redoublèrent.

— Va-t'en! seigneur d'Anglais, reprit Vasconcellos; retourne vers ton maître. Dis-lui de continuer dans l'ombre ses ténébreuses machinations, jusqu'à ce que soit venue l'heure du châtiment... Mais qu'il ne touche pas à la reine!... quelqu'un de plus fort que lui veille sur elle !

Vasconcellos montra la porte. Conti traversa la chambre d'un pas rapide et disparut.

— Merci, seigneur, dit la reine d'une voix émue. C'est Dieu, dans sa clémence, qui vous a placé près de moi.

— Recevez aussi mes remercîments, seigneur, dit à son tour l'infant d'une voix où l'amertume et le dépit se disputaient à une cérémonieuse courtoisie; — mais, voici en un moment bien des merveilles ! Je comprends qu'on ait cru voir en vous Louis de Souza, votre frère... je m'y suis souvent trompé moi-même autrefois.... mais d'où vous vient, je vous prie, cette mystérieuse connaissance des intrigues de l'Angleterre? depuis quand avez-vous le droit d'entretenir des gens de guerre à votre service? que veut dire?..

— Que Votre Altesse daigne me pardonner, interrompit Vasconcellos; — l'explication serait longue peut-être : je la juge inutile.....

— Moi, je l'exige, seigneur.

Vasconcellos s'inclina avec respect.

— Auparavant, dit-il, je voudrais parler à la reine.

— Seigneur, reprit l'infant, mes soupçons s'augmentent de votre répugnance, et je veux...

— Veuillez nous laisser, monsieur mon frère, dit la reine avec fermeté.

Mais l'infant avait franchi les bornes de sa timidité ordinaire.

— Madame, s'écria-t-il, je souffre à ne vous point obéir, mais cet homme a des soldats ici près. Il vient de vous sauver, vous le croyez, je veux le croire; mais quand il s'agit d'une personne précieuse.....

— Enfant ombrageux et obstiné, murmura Vasconcellos avec tristesse; — est-ce bien là le roi qu'il faut au Portugal?

— Répondez, seigneur, reprit le prince; deux mots suffisent...

Vasconcellos prit dans ses tablettes un papier qu'il remit à l'infant.

— Je connaissais Votre Altesse Royale, dit-il, — et j'avais prévu cela; veuillez lire ce billet.

Le billet contenait ces mots :

« Votre bonheur dépend de Vasconcellos; fiez-vous à lui.

« LE MOINE. »

XXIX.

MINUIT.

L'infant lut et relut le billet à plusieurs reprises. Ensuite il leva sur Vasconcellos un regard scrutateur, que celui-ci soutint avec calme et dignité.

— C'est bien l'écriture du moine, murmura-t-il en hésitant; mais en quoi mon bonheur peut-il dépendre..?

— Ceci est un secret entre le moine et moi, répliqua froidement Vasconcellos.

— Je me retire, dit le prince, après avoir réfléchi quelques secondes encore. — je ne puis dire que j'aie foi en vous, seigneur, malgré la recommandation de cet homme, que j'honore, qui m'a prouvé son dévouement... mais dont un secret instinct m'éloigne. Je me retire, non pas pour obéir à ses ordres mystérieux, mais pour ne point braver plus longtemps le bon plaisir de Sa Majesté.

La reine répondit avec distraction au salut profond qui suivit ces paroles. Elle avait peine à dissimuler son impatience.

— Allez, mes chères belles! dit-elle aux deux jeunes filles, lorsque dom Pierre fut sorti; — Vous reviendrez quand je vous appellerai.

— Dites à Son Altesse Royale le prince infant, ajouta Vasconcellos, que Sa Majesté le prie de ne point sortir du palais. Elle aura, sous peu d'instants, besoin de l'entretenir.

Vasconcellos et la reine restèrent seuls.

C'était la première fois qu'il en était ainsi depuis la scène nocturne de l'hôtel de Souza. Isabelle se sentait émue, oppressée. Comme Vasconcellos tardait à prendre la parole, et que ce long silence redoublait son embarras, elle le rompit la première.

— Qu'avez-vous à me dire, dom Simon? dit-elle d'une voix dont la douce et tremblante inflexion laissait percer sa secrète espérance.

— Madame, répondit Vasconcellos, je viens plaider près de vous une grande cause... Et d'abord, qu'il me soit permis d'adresser une question à Votre Majesté : vous avez perdu, j'espère, depuis qu'une brutale tyrannie ne pèse plus sur vous, l'idée d'ensevelir votre jeunesse dans un cloître?

— Je ne sais... j'hésite encore... Le monde me crut l'épouse d'un roi. Que peut-on être après cela, — quand la voix du cœur n'a point le droit d'être écoutée, — sinon l'humble et solitaire épouse de Dieu?

— On peut changer, non pas descendre, madame : on a vu des reines garder leur place au trône après la déchéance de leur époux.

— Je ne vous comprends pas, dom Simon.

— A mon tour, j'hésite, madame, reprit Vasconcellos avec effort; j'hésite, car en ce moment je déserte une route longtemps et fidèlement suivie... et il me semble qu'en changeant de chemin je trahis

un devoir comme je mets en oubli un serment; — et puis encore... écoutez-moi... madame... oh! et fortifiez-moi!.. je vous aime.

Ce mot sortit rauque et contenu de la bouche de Vasconcellos. Il se tut aussitôt après l'avoir prononcé. Il eût voulu le retenir au prix de sa vie.

— Vous m'aimez! répéta Isabelle, dont l'œil jeta un éclair de joie.

Mais cet élan fut subitement glacé par le regard froid et sévère que Vasconcellos laissa tomber sur elle.

— Il est des instants, dit-il, où la passion devient démence, et alors toute ma vie de courage, de dévouement, d'abnégation se ternit et se déshonore par un seul mot.

Vasconcellos fit une pause et reprit à voix basse :

— Ce mot, je l'ai prononcé, madame. Je vous ai laissé voir ce qu'il fallait vous cacher sous peine de me mépriser moi-même et d'être un lâche à mes propres yeux.

— Quoi! s'écria Isabelle, est-ce donc un crime?..

— Ayez pitié, madame! interrompit le cadet de Souza.— Pour vous j'aurais rompu avec le souvenir des seuls jours de bonheur qu'ait connus ma jeunesse!.. Pour vous j'aurais trahi la mémoire de mon premier, de mon unique amour, — car un amour plus puissant avait envahi mon cœur. Mais l'honneur! je suis seul, madame, seul pour soutenir ce lourd fardeau que lègue à ses descendants une longue suite d'ancêtres dont la loyauté fut sans tache. Mon frère est une branche morte au noble tronc... En moi, en moi seul repose désormais la gloire de Souza! Quoique je fasse aujourd'hui, je serai fatalement parjure... Que je ne sois pas, du moins, criminel!

Isabelle écoutait Vasconcellos sans comprendre. Elle devinait seulement qu'entre elle et lui allait surgir un obstacle plus insurmontable que tous ceux qu'elle avait redoutés.

« Un jour, reprit Simon, qui suivait involontairement la pente de ses idées, — un jour, on vint me dire : ton père se meurt... c'était un noble vieillard que mon père, pur, saint et fort... Je courus. Il était assis... je le vois encore! — sur le fauteuil antique où nous nous couchons pour mourir, nous autres fils de Souza. Il était calme; son front avait cette pâleur sereine qui n'appartient point à ce monde, et que Dieu fait descendre au visage du juste expirant. Nous nous agenouillâmes. — car je n'étais pas seul. Castelmelhor était près de moi.

« Il étendit sur nos têtes sa grande main blanche et décharnée; son œil mourant scruta notre âme. Je pleurais; dom Louis, mon frère, pleurait aussi : depuis ce temps je ne crois plus aux larmes.

« Il nous dit : — Enfants, aimez le roi; souffrez pour lui; mourez pour lui!

« Et il nous fit faire un serment.

« Dom Louis jura le premier; moi, je mis la main sur mon cœur, qui battait bien fort, et je dis : Puisse Dieu me mettre à même de remplir bientôt mon serment!

« J'étais sincère, madame. Oh! croyez-moi : j'ai aimé le roi, j'ai souffert pour le roi, j'aurais voulu mourir pour le roi! — Mais n'y a-t-il pas un devoir plus sacré que le serment fait au lit de mort de son père? »

Dom Simon prononça cette question qu'il semblait s'adresser à lui-même, d'un air de doute pénible et douloureux. La reine écoutait toujours et se sentait venir à l'âme un frisson. En même temps elle avait pitié, car il y avait un accablement profond dans la voix de Vasconcellos.

— Il ne faut point que le Portugal périsse, reprit encore ce dernier; — il faut que le Portugal ait un roi! . un roi sain de cœur et de corps, dont l'intelligence puisse aider le bras, et dont le bras soit de force à soutenir le poids d'un sceptre... Moi, je serai parjure... Mais dom Juan, mon père, me pardonnera, et le Portugal sera sauvé!

Il leva les yeux sur Isabelle, qui l'interrogeait d'un regard inquiet.

— J'ai longtemps hésité continua-t-il; longtemps, dans le silence de mes nuits sans sommeil, j'ai demandé conseil à Dieu... Dieu m'a conseillé, madame, et me voici venu vers vous, afin que vous me prêtiez votre aide.

— Disposez de moi, dit vivement la reine; — je serai fière, seigneur, de contribuer à l'accomplissement de vos nobles desseins... Que faut-il faire?

— Devenir la femme de dom Pedro de Bragance, infant de Portugal!

Isabelle demeura la bouche demi-ouverte, l'œil fixe, et ne put trouver la force de répondre.

— La haute noblesse vous aime, poursuivit Simon; elle se ralliera à votre époux, et quand le moment sera venu, — il approche, madame! — les traîtres qui minent le trône d'Alfonse trouveront derrière ses débris un autre trône qui sera encore un trône légitime.

Isabelle gardait toujours le silence; Vasconcellos mit un genou en terre.

La reine alors parut se réveiller tout à coup; son œil s'alluma, son sein battit avec force; un sourire amer plissa ses lèvres.

— Relevez-vous! dit-elle avec violence, — et pas un mot de plus, seigneur... Ah! je suis donc tombée bien bas pour qu'on veuille faire de moi un instrument passif ou le prix d'un marché politique!.. Seigneur, seigneur! en France, ma patrie, insulter à la faiblesse d'une femme est un acte indigne et déshonore aussi l'écusson d'un gentilhomme... Fi! gardien de la gloire de Souza, vous avez forfait à votre tâche, vous avez profité de ma folie, et parce qu'un jour ma bouche a prononcé des paroles... que je désavoue, seigneur, entendez-vous!..vous vous croyez le droit de disposer de moi!.. Suis-je donc votre vassale?.. Êtes-vous devenu mon seigneur et maître pour m'avoir octroyé une protection que je n'avais point réclamée! — Fi! encore une fois; honte sur vous et sur votre maison, où la lâcheté semble un héritage!.. Je vous défends de paraître jamais devant mes yeux!

Elle se leva et voulut se retirer, mais ses forces l'abandonnèrent; elle retomba demi-pâmée sur son siége : la violence de son émotion l'avait brisée.

Vasconcellos, plus pâle qu'elle, restait immobile, les bras croisés, la tête penchée sur sa poitrine. Une angoisse indicible lui torturait le cœur.

Cette femme, si admirablement belle dans sa douleur, et dont le courroux prouvait tant d'amour, cette femme qui avait essayé de l'outrager, mais dont chaque insulte était un aveu nouveau, un reproche tout plein de tendresse passionnée, cette femme, il lui fallait la jeter aux bras d'un autre, malgré elle et malgré lui! et il n'avait point le loisir de se plaindre ou de se reposer un instant dans sa souffrance. Son devoir, — suprême agonie! — était de dresser le bûcher où devaient se consumer ensemble leurs communs espoirs; sa tâche était de hâter le sacrifice.

Il était homme : sa volonté fléchit en même temps que la force de son corps. Il se laissa choir sur les coussins où s'asseyaient naguère les demoiselles de Saulnes, et se prit à contempler Isabelle avec désespoir. Elle était sans mouvement; ses yeux s'étaient fermés.

— Mon Dieu! mon Dieu! murmura Vasconcellos en pressant à deux mains sa poitrine que soulevaient de convulsifs sanglots; — elle m'aimait!.. elle m'aimait presque autant que je l'aime!

Ce mot sembla galvaniser Isabelle, qui redressa lentement sa taille affaissée et mit ses deux mains sur les épaules de Vasconcellos; ses grands yeux noirs, éteints et voilés, souriaient et pleuraient.

— Ne pourrai-je point mourir ainsi! dit-elle en laissant aller sa tête sur le sein de dom Simon.

Je vous aime souviens!.. Nous sommes bien malheureux!

Deux larmes jaillirent des yeux de Simon et tombèrent, brûlantes, sur la main d'Isabelle.

— Ne pleure pas... ne pleure pas! murmura-t-elle, affolée. — Tu m'aimes! ainsi je suis à toi... Dis-moi : je veux... j'obéirai.

Alors ce fut une scène déchirante et qu'il faut renoncer à décrire. La reine, soutenue par son exaltation, attendait son arrêt. Vasconcellos réunissait ses forces; il fermait l'oreille aux cris de son âme navrée.

Longtemps il combattit en vain. Sa bouche se refusait à briser d'un mot l'avenir de bonheur que lui montrait son imagination délirante. Mais enfin une rougeur soudaine empourpra sa joue, et il dit avec effort :

— Je le veux!

La reine lui rendit sa main, qu'elle tenait dans les siennes.

— Seigneur, dit-elle, votre volonté sera faite...

Vers minuit, la chapelle du Couvent-Majeur des Bénédictins de Lisbonne était brillamment éclairée. Vis-à-vis de l'autel, un double prie-Dieu avait été disposé. C'était un mariage qui allait être célébré.

Ruy de Souza de Macedo attendait les époux en personne, et s'était revêtu de tous les insignes de sa haute dignité ecclésiastique.

Bientôt deux carrosses sans armoiries s'arrêtèrent à la porte du couvent. La reine descendit du premier, escortée de ses deux demoiselles d'honneur; le prince infant sortit du second : il était seul.

Au seuil de la chapelle, le mystérieux personnage que nous connaissons sous le nom du moine, se présenta pour assister l'infant. Celui-ci avait peine à contenir sa joie et ne pouvait croire à tant de bonheur. Vasconcellos, qu'il regardait comme son rival, avait mis la main d'Isabelle dans la sienne; il allait être l'époux de la femme qu'il aimait, lui qui jamais n'avait osé avouer son amour!..

La cérémonie fut courte et sans pompe. Il n'y avait de spectateurs que les deux demoiselles de Saulnes et le moine. Isabelle produisit par-devant Ruy de Souza la dispense du cardinal de Vendôme, et l'on passa outre sur-le-champ à la célébration du mariage.

La reine chercha des yeux Vasconcellos, afin de puiser du courage dans son regard; mais la nef était solitaire.

— Isabelle de Savoie-Nemours, demanda l'abbé majeur, consentez-vous à prendre pour époux très-haut et très-puissant prince dom Pierre de Bragance, infant de Portugal?

La réponse tarda; Isabelle sentait son courage défaillir.

Mais à ce moment, il lui sembla entendre la voix de Vasconcellos qui murmurait à son oreille :

— Je le veux!

— Oui, dit-elle d'une voix faible.

Et elle se retourna pour voir Vasconcellos. — Il n'y avait là que le moine immobile et agenouillé sur la pierre de la chapelle.

Le prince, à ce mot, tressaillit d'orgueil et de joie. C'en était fait : Isabelle était à lui. Lorsqu'il remonta dans son carrosse, il ne remarqua point la mortelle tristesse de l'infante : le bonheur est égoïste et n'a de pensée que pour soi-même.

Le moine les avait suivis jusqu'au seuil du couvent.

— Soyez heureux! dit-il d'une voix étouffée.

Puis il regagna sa cellule. La nuit était fort avancée, et pourtant la journée du moine n'était point finie.

Il se promena quelque temps dans sa cellule, réfléchissant et semblant combiner un plan ardu et compliqué.

— Il le faut, murmura-t-il enfin. Chaque jour augmente la détresse du Portugal; attendre serait un crime.

Il agita une sonnette et un valet parut.

— Rends-toi au palais Castelmelhor, dit-il... non.

Et il ajouta à part soi :

— Tentons du moins d'épargner ce crime à la main d'un Souza!.. Rends-toi à l'hôtel de Sa Seigneurie lord Richard Fanshowe, demande son secrétaire sir William et dis-lui qu'il fasse part à son maître sur-le-champ d'une grande nouvelle : l'infant vient d'épouser la reine... Va!

XXX.

MISS ARABELLA.

Le message du moine fut ponctuellement exécuté. Cette nuit-là même, sir William, secrétaire de Sa Seigneurie le lord ambassadeur, eut connaissance du mariage clandestin. Le premier mouvement de sir William ou plutôt d'Antoine Conti, qui se cachait sous ce pseudonyme, fut d'éveiller son maître et de le prévenir; mais il se ravisa, et alla se mettre au lit, afin de méditer plus à l'aise un plan de fortune que son esprit fertile venait d'ébaucher.

Conti avait une foi fort mince en l'habileté de Fanshowe. Ignorant et d'esprit grossier, mais fin par nature, l'ancien favori s'était instruit à l'école du malheur. Depuis son exil, il n'avait passé que fort peu de temps à Terceira, d'où il s'était bientôt échappé. Il avait vu le monde et avait appris à ses dépens la science des hommes.

Fanshowe lui semblait être un de ces grotesques trompeurs de comédie, comme il en avait vu à foison sur les théâtres de France. Il ne partageait donc point, en faveur de milord, la prédilection de Buckingham, et pensait qu'un diplomate, — fût-il Anglais, — devait, avant tout, avoir les dehors d'un honnête homme.

Son principal désir était de quitter le service de l'Angleterre, dont la lourde et brutale astuce n'allait point à ses habitudes de ruse plus déliée. Trop dépourvu de préjugés pour ne point subordonner toutes rancunes au désir de relever sa fortune, il brûlait de se rallier à Castelmelhor. Ce qui lui manquait, c'était un motif : or, le mariage clandestin, et la présence de Vasconcellos chez la reine, étaient d'excellents motifs.

Dès le matin, Antoine Conti changea son accoutrement britannique contre un costume portugais, et s'en alla frapper à la porte du palais de Castelmelhor.

Malheureusement, l'algarade du moine avait mis le comte en fort méchante humeur. Il avait défendu de laisser entrer personne au palais, et le seigneur de Vintimille, après une demi-douzaine de rebuffades, dut revenir tristement à l'hôtel de Fanshowe.

La première personne qu'il rencontra, dans l'antichambre, fut le beau cavalier de Padoue, auquel on avait rendu sa liberté, depuis le mauvais succès de l'entreprise contre la reine, mais qui ne songeait pas à en profiter, retenu qu'il était par un sentimental aimant aux lieux où respirait la charmante Arabella.

Ascanio attendait dans l'antichambre Baltazar, son gigantesque et complaisant mercure, mais Baltazar ne venait point.

Conti passa, distrait, près de lui et omit de le saluer. Le Padouan n'était pas homme à laisser impuni un pareil solécisme de courtoisie.

Il renfonça gaillardement son feutre sur l'oreille gauche, et fit sonner sa rapière contre les carreaux de l'antichambre.

— Corps de Bacchus ! voici un malotru de l'espèce la plus rare ! s'écria-t-il... Hé ! mais c'est le seigneur William-Conti de Vintimille, auquel je baise les mains avec un contentement tout particulier.

Conti regarda autour de lui avec inquiétude.

— Silence ! murmura-t-il ; ne prononcez point mon nom, seigneur... Ici, je suis sir William.

— Sir William soit, dit Ascanio en s'élevant sur la pointe du pied, pour retomber ensuite bruyamment sur les talons ; mais en changeant de nom, vous eussiez dû, archange tombé, changer aussi de manières... Telle est mon opinion... Qu'en dites-vous ?

Conti ne répondit point ; tandis que le Padouan parlait, une idée subite avait paru le frapper.

— Ainsi va le monde ! reprit Ascanio qui se rengorgea et tendit le jarret en maître d'armes ; — Votre Seigneurie s'est laissée choir au-dessous de rien... c'est un tort !.. Moi, j'ai fini par percer. On a reconnu mon mérite. Grâce à Dieu, mes glorieux ascendants n'ont point à rougir de leur arrière-petit-fils !

— Autant qu'il m'en souvienne, dit tout à coup Conti, tu es un drôle adroit.

— Platt-il ! interrompit Ascanio en fronçant le sourcil.

Conti répéta étourdiment sa phrase.

Ascanio dégaina aussitôt, se mit en garde au milieu de la chambre, battit trois appels, et fit le salut le mieux dessiné qu'ait

jamais fouetté maître en fait d'armes, y compris Saint-Georges et mademoiselle d'Eon.

— Allons !... Preste ! lesto ! dit-il de sa voix aiguë et flûtée : — Une, deux !

Il se fendit en relevant l'épée.

— Que signifie cette comédie ! s'écria Conti.

— Ah ! vous croyez que je plaisante, abject héritier d'un marchand de bétail !.. En garde, vous dis-je, ou, par le sang de Tancredi dell'Acquamonda, mon trisaïeul, je vais vous percer à jour comme un crible !

Ce disant, il faisait voltiger son épée autour du visage de Conti avec une rapidité prestigieuse.

Conti, le lecteur s'en souvient, avait fait la conquête d'Alfonse enfant par sa remarquable habileté à tous les exercices du corps. Impatienté de l'obstination du Padouan, il tira enfin sa rapière.

Ascanio remit la sienne au fourreau avec un merveilleux sang-froid.

— Cela vous apprendra, dit-il, mon petit seigneur, à vous conduire comme il faut avec un personnage de ma sorte. Vous aviez besoin d'une leçon, je vous l'ai donnée. Place au capitaine des Fanfarons du roi !

A ce mot, Conti le regarda mieux, et vit en effet qu'il avait considérablement monté en grade. Cette découverte parut augmenter son désir d'entamer avec lui des négociations pacifiques.

— Seigneur Ascanio, dit-il, je vous prie d'agréer mes excuses. Je n'avais point vu les insignes de vos nouvelles dignités... Je vous offre la paix.

Il tendit la main au Padouan qui croisa les siennes derrière son dos.

— J'accepte la paix, répliqua-t-il avec une souveraine impertinence, — attendu que mon naturel généreux répugne à répandre le sang... Quant à la main... n'oubliez pas, s'il vous plaît, la distance qui nous sépare... Appelez-moi seigneur dell'Acquamonda ; je vous dirai, moi : très-cher, ou mon ami, ce qui indiquera suffisamment la différence de nos positions sociales... Jusqu'au revoir, mon brave !

— Seigneur dell'Acquamonda, jusqu'au revoir !

Sur le seuil, Ascanio se retourna et fit un salut plein de gracieuse condescendance.

— Votre Seigneurie, si je puis me permettre une question, reprit Conti, a-t-elle ses entrées au palais Castelmelhor ?

— Sans doute... savoir : en ma qualité d'officier des Chevaliers du Firmament, le matin et le soir ; en ma qualité d'intime ami de Son Excellence, à toute heure de la journée et de la nuit.

— C'est un beau privilège !... Eh bien ! seigneur, si bas que je sois tombé, j'ai dans certaine bourse cent louis de France qui sont fort à votre service.

En deux bonds, Ascanio fut auprès de Conti.

— Cela vous convient-il ? continua ce dernier. Il s'agirait de m'introduire avec vous auprès du comte.

CASTELLI   BISSON-COLFARD

Macarone et miss Fanshowe.

— Hé! hé! fit Ascanio, cela n'est pas absolument impossible... Je me sens disposé à faire quelque chose pour vous, et...

— Trève de momeries, mon maître! interrompit sévèrement Conti ;
— je paie et n'aime point qu'on plaisante trop longtemps avec moi. Pouvez-vous me conduire à l'heure même?...

La porte du cabinet s'entr'ouvrit et laissa voir la tête blanchâtre de milord.

— Sir William! dit Fanshowe, je vous attends depuis une heure.

Et il referma la porte.

— Au diable le contre-temps! s'écria Conti avec humeur. Seigneur Ascanio, il faut remettre l'affaire à ce soir, six heures...

— Impossible !.. à six heures je ferai ma toilette pour un galant rendez-vous.

— A sept heures, donc !

— Impraticable!... à sept heures, ivre d'amour, je serai près de celle qui m'est chère...

— Détestable fou! grommela Conti ; à quelle heure, donc?

— Mai-ais, fit Ascanio, très-cher seigneur, — puisque vous paraissez tenir à ce qu'on vous donne de la seigneurie pour votre argent, — je pense qu'à huit heures.... attendez donc!... Oui, je pense qu'à huit heures... A moins de circonstances fortuites, je pourrai, suivant toute apparence.

La sonnette de milord se fit entendre.

— Dépêchons, dit Conti; il me faut une certitude.

— Eh bien! je vous la donne.

— Où nous trouverons-nous? dites vite, reprit Conti impatienté.

— Dans le jardin de cet hôtel.

— Qui vous ouvrira la grille?

— C'est mon secret, très-cher seigneur, dit Ascanio en souriant avec fatuité. — Que diable! ces choses-là ne se divulguent point... hé! hé! hé!

La sonnette de milord tinta un long et impatient appel ; nos deux dignes partners se séparèrent. En attendant qu'ils se réunissent de nouveau, nous accomplirons un devoir trop longtemps différé, en présentant au lecteur miss Arabella Fanshowe, l'unique héritière de milord. C'est le cas, sans nul doute, de dire : mieux vaut tard que jamais, quand il s'agit de faire une agréable connaissance.

Miss Arabella Fanshowe était une britannique non moins curieuse à voir que le lord, son honoré père. C'était une grande personne blanche, blonde, mince, longue et fade. Au temps de sa première jeunesse, elle avait dû faire une très-passable miss ; elle avait alors trente-cinq ans, au dire des plus indulgents appréciateurs. La particularité la plus frappante de son visage était la saillie exagérée de sa mâchoire supérieure, qui montrait avec orgueil de larges dents d'une blancheur éclatante dont l'aspect causait une sensation de frayeur aux petits enfants.

Cette beauté est fort commune en Angleterre. Elle se rencontre plus rarement dans les autres contrées, si ce n'est en Afrique parmi les singes appelés *babouins*.

A part ce trait caractéristique et national, miss Arabella était fort *régulière*, comme disent les dames de province. Elle avait de très-grands yeux d'un bleu déteint et vitreux, au-dessus desquels jouait une paupière ornée de cils incolores; son nez était mince, droit et cartilagineux; son cou, long, musculeux et de carnation blafarde, se plantait entre deux épaules effacées outre mesure. Sa taille était fine, mais plate, et jouissait de toute la raideur désirable. Nous n'avons, du reste, aucun détail sur ses mains, et la mesure authentique de ses pieds n'est point venue jusqu'à nous.

Au moral, miss Arabella était une de ces nuageuses et romanesques jeunes filles, qui croissent sans culture en plein champ, sur le sol fertile de la *joyeuse* Angleterre. Elle était digne en tout de la patrie du bas-bleu et de la femme chartiste, et, de nos jours, elle eût été un membre éminemment distingué du club que préside miss Mary Anna Walker.

Au dix-huitième siècle, l'émancipation de la femme n'avait encore point fait de fort grands progrès, et les miss précoces, qui s'adonnaient au passe-temps de rêver à la gloire, avaient de très-rares et faibles débouchés. Elles ne savaient guère manier la plume, et l'épée est lourde pour une main féminine: elles se bornaient donc, en général, à faire usage des armes de leur sexe, — mais elles les dirigeaient vers des buts grandioses.

L'infant.

Judith, au lieu de tuer Holopherne, aurait pu l'épouser et le mettre au pas. C'eût été moins épique et plus spirituel. Miss Fanshowe, dévorée d'un zèle ardent pour les intérêts de sa patrie, avait résolu de jouer le rôle de Judith, rectifié dans le sens que nous venons d'indiquer.

Elle avait fait dessein d'atteler à son char, l'ambitieuse coquette, tous les Portugais de marque, et de les livrer pieds et poings liés, à l'Angleterre; elle s'était promis en quittant Londres, de conquérir le Portugal de compte à demi avec son père : projets louables et qui aboutiront à donner un époux d'illustre origine, comme nous pourrons le voir plus tard.

Ce jour-là, par l'entremise de Baltazar, elle avait donné rendez-vous au bel officier des Chevaliers du Firmament. L'aurore la trouva à sa toilette, bien que l'entrevue ne dût avoir lieu qu'à la nuit. Sa camériste épuisa tous les secrets de son art pour la faire séduisante : on doit dire qu'elle y réussit complétement, avec des soins et de la peine : vers cinq heures, miss Arabella eût pu être prise à distance pour une miss de cire très-bien habillée, et à laquelle il ne manquait pour faire illusion, que la flexibilité des miss en chair et en os.

— Comment me trouves-tu, Patience? dit-elle à sa camériste, presbytérienne de nom et de langage

— Plus belle et plus brillante qu'il ne convient de l'être à une fille d'Adam, mademoiselle, répondit Patience avec un soupir. — Ah! si le révérend Jédédiah Drake, qui est mon époux en la chair et mon père suivant l'esprit, savait que la plus choisie entre ses ouailles, s'occupe ainsi de choses mondaines!... Mais le livre dit : « Parce que tu as péché, tu serviras les Philistins ; tu seras pendant longtemps leur esclave ! »

— Ainsi, tu me trouves belle! s'écria miss Fanshowe, sans remarquer aucunement ce qu'avait de blessant la citation de sa camériste : — j'espère qu'il en sera de même de cet insolent et présomptueux soldat qui ose élever jusqu'à moi son regard. Castelmelhor m'aime; ses yeux me l'ont dit... le beau, le puissant Castelmelhor!... mais il est jeune et timide ; il a peur sans doute d'essuyer un refus. Je veux l'encourager par l'entremise de ce soldat italien, dont la lettre n'est vraiment pas mal tournée !

— Vanité des vanités! murmura Patience.

— Peux-tu parler ainsi? Ne sais-tu pas quelle noble ambition m'anime!... Ah! s'il m'était donné de faire ce superbe favori vassal de mes yeux et de l'Angleterre.. Patience, mon nom vivrait dans les siècles futurs.

— La gloire du monde passe! prononça sentencieusement Patience, et le livre dit : « Vous ne mettrez point votre espoir dans les choses de la terre. »

Arabella jeta sur sa suivante un dédaigneux regard, puis elle se fit servir une gigantesque tranche de bœuf et un flacon de bière forte, afin de renouveler le principe éthéré de sa frêle existence. Quand elle eut dévoré ce qui aurait suffi largement au repas de quatre Françaises, elle s'étendit sur un sofa et donna son âme à une suave rêverie, en attendant l'heure du rendez-vous.

Cette heure tant désirée sonna enfin. Alors Arabella essaya de rougir, se souvenant à propos que les héroïnes de roman agissent ainsi en semblables circonstances, mais elle eut beau retenir sa respiration, son sang lymphatique et épais refusa de monter à son visage. Ce que voyant, elle renonça de bonne grâce à ce puéril avantage et descendit tremblante au jardin.

Le jardin était solitaire. Arabella, pour tromper son impatience, se mit à regarder la lune, qui voguait silencieusement entre les nuages, comme une nef d'argent, environnée d'écume. Elle récita deux ou trois odes à cette blanche reine des nuits, dont le teint a quelque chose d'anglais et qui est la source habituelle des élégies britanniques. Mais Phœbé, peu flattée de cet hommage peut-être, se glissa sous une nuée et tourna le dos à l'unique héritière de milord ambassadeur.

Arabella en fut réduite à poursuivre à tâtons sa promenade ennuyée. La brise des nuits, en passant sur elle, se chargeait d'un épais parfum de tubéreuse et de jasmin. Le zéphyr voltigeait dans ses cheveux, attiré qu'il était par l'odeur de son épouse mythologique, la rose, dont miss Fanshowe employait l'essence à profusion. Mais le vent des nuits était humide et le zéphyr glacial. Arabella ne leur savait point gré de leurs caresses.

Elle allait, serrée dans sa robe de soie comme dans un étau, recevant en plein le vent froid sur ses épaules nues, et mouillant dans l'herbe humide ses délicats souliers. Cela dura une demi-heure.

Enfin, au moment où, de guerre lasse, elle allait regagner son appartement, une clé tourna bruyamment dans la serrure rouillée de la grille, qui s'ouvrit et se referma avec fracas.

— Imprudent! murmura Arabella.

Des pas se firent entendre sur le sable de l'allée principale, et un homme, tout brillant d'or et de velours, vint tomber comme une bombe aux pieds d'Arabella.

— Qui êtes-vous? soupira-t-elle.

La lune, qui sortit à point nommé de son nuage, se chargea de répondre à cette question en montrant le splendide cavalier de Padoue dans tout le lustre de sa toilette des grands jours.

XXXI.

DEUX RENDEZ-VOUS.

Ascanio avait eu le soin de jeter un mouchoir sous son genou, afin de ne point gâter le haut-de-chausses blanc qui dessinait les contours de sa fine jambe. A part cette précaution, qui dénotait un certain sang-froid, sa conduite fut celle de l'amant le mieux enflammé.

— Divine Arabelle! murmura-t-il d'une voix pleine d'attraits, — suis-je encore sur cette terre, demeure abjecte des infortunés mortels, ou ai-je franchi les degrés de l'empyrée?.. Quand je fais un retour sur moi-même, je crois être sur terre, car je ne suis qu'un homme; quand je vous regarde, je pense être au ciel, car vous êtes une divinité!

En terminant ce madrigal, Ascanio voulut saisir la main d'Arabelle pour y déposer un ardent baiser ; mais cette jolie personne s'enfuit, — semblable à une biche effarouchée par un hardi chasseur, — et ne s'arrêta qu'à quelques pas.

Le beau cavalier de Padoue ramassa son mouchoir, traversa sur la pointe des pieds la distance qui le séparait d'Arabelle, et se remit à genoux.

— Beauté sauvage, dit-il, est-ce ainsi que vous avez pitié de mon martyre?

— Ce soldat est un très-joli homme, pensa miss Fanshowe.

— Ne m'abandonnerez-vous point cette main pour laquelle je donnerais tous les trésors de l'univers ?... et aux doigts de laquelle je vois briller, ajouta-t-il à part lui, des diamants qui valent bien un millier de pistoles.

— Seigneur, répondit enfin Arabelle, avec une pudeur qui l'honorait infiniment, — je... peut-être... l'heure avancée...

— O charmes ineffables des accents d'une voix adorée? soupira le Padouan.

— Je dois vous dire... reprit miss Fanhowe.

— Dites, étoile de ma destinée! Parlez, parlez longtemps... encore.. toujours!

— Je dois vous avouer...

— Je vais donc entendre enfin ces paroles qu'on paie au prix de sa vie!...

— Il parle comme je n'entendis jamais parler! se dit Arabelle en poussant un soupir de regret. — C'est égal, j'ai ma mission ici-bas, songeons à l'accomplir.

— Eh bien! ange idolâtré!... dit Ascanio.

— Vous vous méprenez étrangement, seigneur, poursuivit Arabelle, ce n'est pas pour vous que je vous ai fait venir.

Le Padouan mit incontinent son mouchoir dans sa poche et se releva.

— Et pour qui donc, idol mio? demanda-t-il avec ironie.

— On m'avait dit... Vous offenserai-je en vous offrant ce brillant, seigneur ?

— Eh! charmante miss, s'écria Macarone, — vous faites là une question à laquelle répondrait un jeune enfant, non encore sevré du lait maternel!... Corps de Bacchus! m'offenser, moi!... Pourquoi cela? Je garderai cette bague jusqu'à la mort, et par delà, divine Arabelle!

Il pesa la bague et fit chatoyer le brillant.

— J'en trouverai cent pistoles, grommela-t-il... Mais où diable veut-il en venir?

Arabelle était visiblement embarrassée. L'impertinente familiarité du Padouan lui semblait aisance de grand seigneur. A la clarté douteuse de la lune, les ravages du temps disparaissaient sur son visage. Il était beau.

Miss Fanshowe se demanda s'il ne valait pas mieux le laisser agir pour lui-même que d'employer seulement son entremise, mais le souvenir de sa mission la décida : il fallait qu'elle fît, pour l'Angleterre, une importante conquête; sa gloire était à ce prix.

— Veuillez m'écouter, seigneur, dit-elle, — j'ai cru m'apercevoir...

— Je vous écoute, vous qui seriez digne de vous asseoir sur un trône! interrompit Ascanio.

— J'ai cru m'apercevoir, reprit Arabelle, qu'un des premiers gentilshommes de la cour...

— Un de mes bons amis sans doute... Vous le nommez?

— Louis de Souza.

— Le cher comte! le bambin de comte! comme dit Sa Majesté quand je la mets en belle humeur... Poursuivez, ravissante princesse.

— J'ai cru m'apercevoir qu'un jour... je ne l'ai vu qu'une seule fois... son regard s'arrêta sur moi d'une façon...

— Hé! hé! hé!.. dit Ascanio — nous connaissons cela, nous autres bourreaux des cœurs... d'une façon... hé! hé! hé!.. poursuivez, colombe aimable.

— Le comte est jeune; il n'aura point sans doute osé me déclarer ses sentiments...

— Ce n'est pas absolument impossible... povera!

Ascanio retint un éclat de rire, et prit un air de sérieuse componction.

— Charmante Arabelle, dit-il, je comprends le reste. Vous aimez... hélas! Malgré tout l'amour que me font éprouver vos beaux yeux, j'irai vers Castelmelhor, si vous l'exigez, car je suis votre esclave... et pourtant... charmante dame, ce rôle ne convient guère à ma glorieuse naissance, non plus qu'à la haute position que j'occupe à la cour !

— Me serais-je trompée ? pensa miss Fanshowe ; — serait-ce un véritable courtisan ?... Il en a l'air... et je l'aimerais mieux que Castelmelhor...

— Et puis, reprit Ascanio en s'échauffant, — ce petit personnage est-il bien digne de l'affection que vous semblez lui porter ? Basse noblesse, ma toute divine !... influence, *cara mia !*

— Comment ! s'écria miss Fanshowe ; — il passe pour l'homme le plus puissant de la cour et pour le meilleur gentilhomme qui soit en Portugal.

Le Padouan éclata de rire avec beaucoup de naturel.

— Comme on vous fait des réputations ! s'écria-t-il. Corps de Bacchus ! est-il le plus puissant et le meilleur gentilhomme, pour qui me compte-t-on, moi, ma tout adorable ?

— Vous, seigneur ! dit Arabelle étonnée.

— Moi-même, je pauvre Ascanio Macarone dell'Acquamonda, qui dispose des milices royales, qui possède trente et quelques châteaux dans l'antique Latium, et qui compte un souverain pontife parmi mes glorieux ascendants !

Le beau cavalier de Padoue débita cette tirade avec un aplomb surprenant. Miss Fanshowe le regarda incontinent avec un respect mêlé d'admiration.

— Mais on m'avait dit, reprit-elle pourtant, — que vous étiez un soldat de fortune.

Cette fois, Ascanio se saisit les flancs à deux mains, et se tordit dans un accès de convulsive hilarité.

— Bonne histoire ! s'écria-t-il, très-bonne histoire ! excellente histoire ! Ah ça ! ma toute céleste, qui diable vous a conté cet invraisemblable mensonge ?.. Un soldat de fortune ! moi ! Par les quarante-huit quartiers de mon écusson, c'est phénoménal !

— Seigneur, dit Arabelle avec une timidité croissante, je vous prie d'excuser... Malheureuse que je suis ! ajouta-t-elle *in petto*, je l'ai mécontenté ! j'ai manqué mon bonheur, ma gloire ! Malheureuse que je suis !

— Hé ! douce âme, que voulez-vous que j'excuse ? répondit Ascanio. — Tout ne vous est-il pas permis ?.. Seulement je voudrais savoir quel est le hardi coquin...

— Baltazar, seigneur, un valet de mon père.

— Baltazar !.. ce nom ne m'est pas inconnu... mais il y a tant de Baltazar ! c'est égal, le conte est bon, et je donnerai dix doublons à ce maraud pour le mérite de l'invention. — Mais revenons à cet heureux fripouceau de Castelmelhor. Puisque vous y tenez, cher astre, je lui dirai...

— Ne lui dites rien, seigneur ! s'écria précipitamment Arabelle.

Le Padouan se campa sur la hanche.

— Nous avons changé d'avis ? demanda-t-il avec une fatuité inimitable.

— Oui, seigneur.

— Hé ! hé ! hé !... j'en étais sûr... je n'en fais jamais d'autre... Et puis la beauté est comme l'Océan, changeante et capricieuse... Eh bien ! ma tout adorable, m'est-il permis de reprendre notre entretien au point où nous l'avons laissé lorsque le nom de ce petit Castelmelhor est venu mettre un terme à nos épanchements ?

Arabelle ne répondit pas ; mais, si faible que fût la clarté de la lune, Ascanio put y surprendre un sourire épanouir la mâchoire de son astre, qui montra une rangée de dents blanches capables de le dévorer tout vif en un seul repas.

A cette vue, qui sans doute le transporta d'amour et d'allégresse, il tira de sa poche le fameux mouchoir, qu'il étendit à terre, et se remit à genoux.

Tandis que notre beau Chevalier du Firmament s'acquittait de ce soin, qui indiquait un grand fonds d'économie dans le caractère de cet homme aimable, la grille du jardin roula doucement sur ses gonds, et une ombre noire se glissa sans bruit le long des bosquets.

— Oh ! oh ! fit l'ombre en apercevant Ascanio aux genoux d'Arabelle ; — qui avons-nous là ?

L'ombre prit son temps et reconnut miss Fanshowe. L'ombre était le seigneur Conti, de Vintimille.

— Le drôle n'aura pas mes guinées, pensa-t-il. Je me mets de moitié dans son jeu, et je gagne juste cent louis de France.

Il s'établit derrière un massif de feuillage d'où il pouvait tout observer sans être vu, et se tint coi.

— Donc, cruelle idole, disait Ascanio, je reprends le fil de mon discours, — j'en étais, autant qu'il m'en souvienne, à vous baiser la main, que vous me refusiez, sous prétexte qu'il y avait méprise.

Conti entendit le bruit d'un baiser. Il était, paraîtrait-il, de l'avis de Baltazar, car il murmura :

— Le couple est, ma foi, bien assorti !

Ce m'est une félicité sans seconde, reprit le Padouan avec emphase, que d'effleurer de ma lèvre cette main plus douce que le velours le plus doux, et, — beauté sans rivale, — ce m'est un motif d'espérer que vous ne serez point davantage rebelle aux vœux d'un amour aussi délicat que tendre, aussi tendre que dévoué, aussi dévoué que sincère !

— Seigneur !.. balbutia la tremblante Arabelle.

Ascanio tira du fin fond de sa poitrine un prodigieux soupir.

— Que cette voix est musicale ! râla-t-il ; que son expression est puissante ! que son timbre est harmonieux !.. Silence, mon cœur ! tu vas briser ma poitrine ! C'est à mon cœur je parle. miss... Dites-moi, *idol mio*, dites-moi que vous n'êtes point insensible à la flamme qui me consume !...

— Seigneur !.. balbutia l'éloquente Arabelle.

Ascanio était fatigué sur ses genoux. Il se releva et dit :

— Trop charmante étoile de mon cœur, je sollicite formellement votre main.

— Seigneur !

— Qu'en dites-vous ? demanda brusquement Ascanio.

— Mais...

— Bah ! un mariage clandestin ; tout ce qu'il y a de plus ravissant au monde et de plus à la mode !

— C'est vrai, pensa Conti dans son coin.

— Y songez-vous, seigneur ?

— Positivement, ma toute adorée ; sans cela, je ne vous en parlerais point. Eh bien ! voilà une affaire arrangée ; demain...

— Mais, seigneur...

— Point de mais, ou je croirais que vous pensez encore à ce petit Castelmelhor...

— Oh ! seigneur...

— A la bonne heure ! Demain soir... quelques habits... quelques bijoux... la moindre chose ! Je viendrai vous prendre à la grille du jardin, et puis... tu seras à moi, fille céleste ! tu t'appelleras la signora Macarone dell'Acquamonda ; et s'il le faut un titre, l'empereur d'Allemagne, pour qui j'ai eu dans le temps des bontés, me donnera celui de prince du Saint-Empire romain... et s'il plus tard il te faut un trône, nous verrons à arranger cela, mon astre ; mes glorieux ascendants m'ont laissé des droits sur Constantinople, qui est actuellement aux mains des impurs sectateurs de Mahomet.

— Un trône... Constantinople ! murmura miss Fanshowe dont la folle tête éclatait.

— Oui, ma toute divine ; c'est convenu... à demain... Pour le moment rentrez, afin de ne point donner de soupçons à milord.

Il la fit monter lestement les marches du perron, et la poussa sans cérémonie dans la maison dont il ferma la porte sur elle.

— Ouf ! dit-il ensuite en s'essuyant le front ; — voici la plus rude corvée que j'aie jamais fournie de ma vie... belle, sotte et orgueilleuse... Oui, mais milord a des domaines de prince dans le Northumberland ; elle est unique héritière, et j'éprouve le besoin de m'établir.

Quant à miss Fanshowe, elle monta quatre à quatre les escaliers de l'hôtel, et vint tomber entre les bras de Patience, l'épouse en la chair de révérend Jédédiah Drake.

— Un trône ! Constantinople ! dit-elle ; mes vœux sont accomplis ! la postérité saura mon nom.

— Vanité des vanités ! répondit à cela l'austère Patience.

Comme Ascanio descendait, joyeux et vainqueur, le perron de l'hôtel, il vit venir à lui l'ombre noire, qui s'arrêta au bas des degrés.

— Seigneur dell'Acquamonda, dit Conti, je n'ai point voulu troubler votre amoureuse entrevue..

— Vous écoutiez ? interrompit Ascanio, évidemment satisfait qu'on l'eût surpris en bonne fortune.

— A peu près.. Mais dépêchons maintenant, s'il vous plaît.

— Je suis à vos ordres, très-cher... Avez-vous apporté les cent louis que vous savez ?

— Sans doute, répondit Conti ; — mais je les garde.

— Alors, vous irez tout seul au palais.

— Oui-dà ? alors demain, au lieu de miss Fanshowe, vous verrez venir au rendez-vous trois ou quatre valets de milords qui rompront les os de Votre Seigneurie.

Ascanio réfléchit un instant.

— Seigneur Conti, dit-il tout à coup, vous êtes un pauvre malheureux et vous avez connu des jours meilleurs ; il serait cruel de vous ravir votre petit pécule. Allons ! le bonheur rend généreux, vous le savez : je consens à vous rendre gratuitement le service que vous réclamez de moi, et à vous aider de mon influence.

— C'est fort beau de votre part ! répondit ironiquement Conti. — Partons !

Il est probable que si l'ancien favori n'avait pas eu, lui aussi, son plan de fortune, qui l'absorbait et l'exaltait à la fois, il n'eût point gardé à si bon marché le secret du Padouan ; mais il comptait sur son entrevue avec Castelmelhor : nous verrons bientôt s'il avait fait un faux calcul.

Ils franchirent tous deux la grille du jardin et se dirigèrent à grands pas vers le palais du comte. Leur promenade nocturne fut silencieuse et rapide. Chacun d'eux réfléchissait à ses propres affaires. Conti se préparait, pesait ses termes d'avance et posait ses conditions. Le beau cavalier de Padoue rêvait moissons jaunissantes, hautes futaies, parcs, manoirs féodaux et gentilles vassales. Il ne se sentait pas de joie ; et s'il eût été seul, il aurait très-positivement dansé un menuet au milieu de la rue en signe de réjouissance.

Ils arrivèrent enfin au seuil du palais. Ascanio était en uniforme ; il passa et fit passer Antoine Conti.

Puis un huissier vint les reconnaître, et, ouvrant le cabinet de Son Excellence, prononça le nom du capitaine des Chevaliers du Firmament. Macarone passa le premier, et, d'un geste protecteur, il invita Conti à le suivre.

XXXII.

TROIS COUPLES DE KING'S-CHARLES.

En entrant dans le cabinet de Castelmelhor, le beau cavalier de Padoue ne mit point bas cet air vainqueur, qui était un de ses principaux charmes. Encore sous l'impression de son récent triomphe, il traversa la pièce d'un pas bruyant, porta négligemment la main à son feutre et fit un salut tel quel au comte, qui ne levait point les yeux sur lui.

— Seigneur, dit-il, je viens présenter à Votre Excellence un pauvre garçon de mes camarades, qui a vu des jours plus heureux, et qui...

— Qu'il s'adresse à mon majordome, dit le comte avec distraction.

— Seigneur... voulut ajouter Ascanio.

Mais le comte, sortant de sa rêverie, porta les yeux sur lui. Le Padouan se découvrit aussitôt, tourna ses pieds en dehors, et ramenant ses bras entre ses jambes, fit la plus humble de toutes les révérences.

— Ah !.. c'est toi, dit le comte. — Va-t'en.

Et Castelmelhor tourna le dos.

— Son Excellence a la bonté de me traiter avec une familiarité excessive, murmura le Padouan à l'oreille de Conti.

— Comte de Castelmelhor, dit ce dernier en s'avançant tout à coup et avec une sorte de dignité, — cet homme vous induit en erreur. Je ne suis point son camarade, et il fut un temps où vous teniez à honneur d'être le mien. Je ne m'adresserai pas à votre majordome, parce que c'est à vous que j'ai désir de parler. Regardez-moi, seigneur. Ce que vous êtes, je l'ai été. — Antoine Conti avait le droit d'espérer un accueil plus courtois de son confrère et successeur.

— Antoine Conti, répéta Castelmelhor avec indifférence ; — c'est le nom d'un... Que venez-vous faire à Lisbonne ?

— Chercher fortune, seigneur.

— La fortune ne se trouve pas deux fois, mon maître... Je n'ai point le loisir de vous écouter.

— Tant pis pour moi, seigneur !.. tant pis pour vous !.. car c'était de Votre Excellence que j'attendais la fortune, — et le moine m'avait donné de quoi la payer comme il faut.

— Le moine ! s'écria Castelmelhor en tressaillant.

— Le moine ! répéta Macarone à part lui ; — je m'étais promis de découvrir le secret de ce révérend personnage, mais l'amour !..

— Je l'avais ordonné de sortir ! dit le comte en lui montrant impérieusement la porte. — Va-t'en !

Le beau Padouan appela sur ses lèvres le plus gracieux sourire pour accompagner le salut qu'il envoya à Son Excellence. Puis il se hâta d'obéir. Conti fit mine de le suivre.

— Restez, seigneur de Vintimille, dit Castelmelhor.

Conti revint et demeura debout devant le comte.

— Que savez-vous du moine ? demanda ce dernier après un instant de silence.

— Je sais qu'il est l'agent de lord Richard Fanshowe.

— Vous vous trompez. — Est-ce tout ?

— Ce n'est rien... Je sais que ses émissaires emplissent Lisbonne, et que les trois quarts de la ville sont à lui.

— C'est douteux, et mes valets le disent... Sont-ce là vos secrets ?

— Non... Je sais une chose qui mettra fin à vos hésitations, seigneur, et portera malgré vous votre main jusqu'à cette couronne que vous convoitez depuis si longtemps.

— Qu'est-ce à dire ! s'écria Castelmelhor en se levant ; — m'accuse-t-on ?..

— J'ai été secrétaire de milord l'ambassadeur d'Angleterre, interrompit Conti. Sa Grâce prétendait connaître les intimes projets de Votre Excellence par le moine...

— Encore cet homme ! murmura Castelmelhor.

— Vous dirai-je mon secret, seigneur ? Il vient du moine, et j'étais chargé de l'apprendre à milord ; mais je suis bon Portugais, et j'ai pensé qu'il valait mieux...

— Parlez ! dit Castelmelhor.

— Et puis, poursuivit Conti, j'ai pensé aussi que Votre Excellence me paierait un prix meilleur.

— Que demandez-vous ?

— Rien, — tant que vous serez comte de Castelmelhor ; — vos places, vos titres, votre héritage, en un mot, quand vous serez roi de Portugal.

L'aîné de Souza réfléchit un instant.

— Vous aurez tout cela, dit-il enfin. Parlez.

— La nuit dernière, reprit Conti, dans la chapelle du Couvent-Majeur des Bénédictins, le prince infant a épousé mademoiselle de Savoie-Nemours, — la reine, si ce titre vous plaît mieux... et je vous garantis qu'elle espère bien ne le point quitter.

— Mais c'est crime de lèse-majesté !· murmura Castelmelhor ; ils sont à moi ! tout obstacle disparaît !.. je suis...

— Que Dieu garde Votre Majesté très-sacrée ! interrompit Conti en s'inclinant jusqu'à terre.

Un subit éclair de fierté illumina l'œil de Castelmelhor, qui repoussa violemment son siége et fit quelques pas dans la chambre.

— Roi ! pensa-t-il, roi !.. Qu'importe un serment violé déjà, quand il s'agit d'une couronne !.. J'ai trop longtemps hésité !.. A l'œuvre ! Ce mariage, célébré au Couvent-Majeur, — qui est la retraite du moine, — annonce un complot sur le point d'éclater... Le temps presse ! il faut le prévenir !

Il s'arrêta, et regarda Conti.

— Je puis compter sur cet homme, poursuivit-il, car il s'attache à moi comme à une dernière espérance ; il attend tout de moi.

— Quels sont vos ordres, seigneur ? dit en ce moment Conti.

— Le moine d'abord ! s'écria Castelmelhor avec un éclat de haine ; — le moine ! il faut que cet homme disparaisse ! Tant qu'il sera libre, j'aurai derrière moi un ennemi d'autant plus puissant qu'il est insaisissable et inconnu .. Je le ferai saisir.

— Pas au grand jour, seigneur, car vous verriez Lisbonne entier se redresser comme un serpent dont on écrase la queue.

— La nuit, soit ! et en secret.

— Quant à sa prison, je n'en sais point pour lui de sûre, reprit Conti. Au Limoeiro, il a de nombreuses intelligences.

— Je le mettrai dans le donjon réservé aux criminels d'État ; un homme à moi sera son geôlier, et d'ailleurs, s'il est trop difficile à garder...

Le comte fit un geste significatif, auquel Antoine Conti répondit par un sourire d'approbation.

— Quant aux nouveaux époux, reprit Castelmelhor avec ironie, — je me charge de leur faire faire la lune de miel convenablement.

Il s'assit de nouveau et saisit sur son bureau plusieurs feuilles de papier blanc.

— Vous êtes à moi, Conti, dit-il tout en écrivant ; — votre intérêt me répond de vous. Vous allez commencer votre rôle. Tenez !

Il lui remit un ordre signé de lui portant qu'on eût à obéir au seigneur Conti de Vintimille, son lieutenant, comme à lui-même.

Conti put à peine retenir sa joie en recevant cet ordre. Son rêve s'accomplissait : cet homme qui le faisait son lieutenant, et pour ainsi dire son premier ministre, allait être roi sous quarante-huit heures.

Castelmelhor prit ensuite deux de ces feuilles de parchemin où l'on écrivait les ordres royaux, et les remplit avec rapidité.

— Faites atteler, dit-il à Conti, je vais me rendre chez le roi.

Conti sortit aussitôt. Lorsque Castelmelhor fut seul, il pressa son front avec force entre ses mains, comme s'il eût voulu contraindre ses idées à se coordonner en un plan lucide et sûr.

— C'est cela! dit-il enfin. Tout est prévu! Le but si longtemps et si ardemment souhaité ne peut m'échapper désormais. Arrière, remords! nous verrons si vous trouverez le chemin de mon cœur à travers la pourpre royale.

Il serra les deux feuilles de parchemin dans son portefeuille. — A ce moment Conti rentra.

— Seigneur, dit-il, votre carrosse vous attend.

— Partons alors.

— Un mot encore!.. Je ne vous ai pas appris tout ce que je sais... Votre frère, Simon de Vasconcellos est à Lisbonne.

Castelmelhor s'arrêta. Ses sourcils se froncèrent.

— On me l'avait dit, murmura-t-il. — Vous l'avez vu?

— Je l'ai vu... au palais de Xabrégas... avec l'infant et la reine.

— C'est là sa place! répliqua Castelmelhor avec amertume. — Dieu veuille que je ne le trouve pas sur mon chemin essayant de me barrer le passage!

En prononçant ces derniers mots, sa voix avait pris une inflexion menaçante. Arrivé au bas des escaliers de son palais, il ajouta :

— Restez ici; soyez prêt à toute heure à paraître quand je vous appellerai... Vous chargerez un subalterne... ce fou de Padouan, par exemple... de l'arrestation du moine. Je vous réserve une mission plus importante.

Il sauta dans son carrosse, et ses chevaux brûlèrent le pavé jusqu'au palais royal.

Alfonse, en ce moment, était fort gravement occupé. Son royal beau-frère, Charles II, lui avait envoyé récemment trois couples de ces chiens microscopiques que Louis XIV, qui avait des titres pour toutes choses, appelait les levrettes de la chambre, et dont la postérité est encore fort honorée sous le nom de *King's-Charles*.

Le roi s'était pris, comme de raison, d'une subite et exclusive passion pour ces charmants petits animaux. Il s'enfermait dans ses appartements pour jouir de leur société plus à son aise, et passait des journées entières à contempler les joyeux combats de cette meute en miniature, ou à lisser avec un petit peigne d'or les poils doux et soyeux de leurs longues oreilles.

Il va sans dire que le roi, ainsi occupé, ne recevait point sous quelque prétexte que ce fût, mais Castelmelhor n'était pas de ceux que pouvaient regarder de pareilles mesures. Gardes et valets le laissèrent passer sans rien dire, et les huissiers de la chambre ne prirent pas même la peine de l'annoncer.

Il entra. — Le roi était couché tout de son long sur le tapis, et donnait son visage pour jouet aux six *levrettes* qui paraissaient prendre goût à ce passe-temps, et se ruaient à l'envi sur la chevelure royale.

Alfonse était si absorbé par ce plaisir d'excentrique espèce qu'il ne s'aperçut point de l'entrée de Castelmelhor. Il riait, rendait coups de tête pour coups de tête, prenait à belles dents les longues soies des oreilles, et faisait entendre de sourds grognements de satisfaction, en tout comparables au langage de ses partners.

Castelmelhor le contempla un instant en silence. Un sourire de profond mépris vint errer sur sa lèvre.

— Serait-ce un crime, murmura-t-il, que de pousser du pied dehors un de ces chiens?.. Or, quelle différence y a-t-il entre ces chiens et ce roi?

Mais il n'était pas venu pour faire des réflexions physiologiques. Il composa rapidement son visage, de manière à lui imposer une expression de bonhomie enjouée, et s'étendant à son tour sur le tapis, il plaça sa tête au milieu des chiens, qui reculèrent effrayés.

Le roi fronça le sourcil et regarda d'un air triste les levrettes effarouchées et rangées en cercle, à distance, autour de la tête inconnue de Castelmelhor.

— Ne pourrai-je donc avoir un moment de repos! s'écria-t-il en se levant et en frappant du pied avec colère.

Ce mouvement donna une autre direction à l'effroi des levrettes. Elles se réfugièrent derrière la riche chevelure de Castelmelhor, et voyant que ce nouveau venu était suffisamment débonnaire, elles se précipitèrent d'un commun accord sur lui, et reprirent avec ardeur le cours interrompu de leurs exercices.

Un instant, le roi fut jaloux, tant elles semblaient y aller de bon cœur; mais bientôt l'aspect étrange de la figure de Castelmelhor, dont les cheveux, dépeignés et mêlés, couvraient la moitié, changea son humeur. Il se mit à genoux, trépignant d'aise et excitant la meute lilliputienne, qui n'avait pas besoin de cela. A chaque fois que l'une

des levrettes saisissait une boucle de cheveux et tendait ses jarrets pour mieux tirer, c'étaient de bruyants transports de joie. Le roi ne se possédait plus.

Il faut que tout plaisir ait une fin. A bout de forces, Alfonse se leva bientôt en chancelant, et alla tomber demi-suffoqué sur un fauteuil.

— Ah!.. ah!.. ah!.. s'écria-t-il, relève-toi... Tu vas me faire mourir! Ah!.. tu es un bon garçon, Louis... C'est très-plaisant... Je ne me suis jamais tant amusé!

Castelmelhor obéit, et rejetant en arrière ses longs cheveux bouclés, il montra son visage souriant.

— Par le sang de Bragance! dit Alfonse, pourquoi, bambin de comte, n'es-tu pas aimable comme cela tous les jours? Aujourd'hui, tu vaux ton pesant d'or, et je ne te donnerais pas pour deux couples de levrettes.

— C'est que je suis joyeux, Sire, répondit Castelmelhor en baisant la main du roi. — Dites encore que je cherche à troubler les plaisirs de Votre Majesté!.. Je viens de trouver le moyen de la débarrasser à jamais de tous les soins fastidieux qui s'attachent au rang suprême.

Castelmelhor se sentit rougir en prononçant ces mots, auxquels ses projets d'usurpation donnaient un sens si perfide. Mais Alfonse ne s'en aperçut point, frappé qu'il était seulement par l'idée de ne plus s'occuper de rien qui eût l'apparence d'une affaire sérieuse.

— Quel moyen! s'écria-t-il; — dis-nous vite ton moyen, petit comte, et s'il est quelque chose en ce monde que tu puisses encore désirer, nous te le donnerons, foi de roi!

— Je ne veux rien, Sire; je suis comblé déjà des bienfaits de Votre Majesté... Mon moyen... vous l'expliquer serait bien long... Mais je puis vous donner un exemple. Vous n'aimez point à signer certains actes...

— Oh non! non! non! dit par trois fois le roi.

— Eh bien! j'ai fait graver une griffe qui représente à s'y méprendre la signature de Votre Majesté.

— C'est charmant, petit comte.

— Et ainsi du reste, Sire.

— De sorte que tu ne me présenteras plus jamais ces vilains parchemins?...

— Jamais, Sire...; et voici les derniers que signera Votre Majesté.

A ces mots que Castelmelhor dit d'une voix émue, tant l'allusion était frappante et cruelle, il tira de son portefeuille les deux parchemins qu'il avait préparés.

Le roi pâlit à cette vue et recula, comme un enfant auquel on présente une potion amère et nauséabonde.

— C'est trahison, seigneur comte! dit-il. Vous me promettez que je ne signerai plus, et sur-le-champ, vous me présentez...

— Ce sont les derniers, Sire.

— Allez au diable!

Castelmelhor remit ses parchemins en poche.

— Comme il plaira à Votre Majesté, dit-il; j'avais pensé qu'une chasse royale lui ferait plaisir, mais...

— Une chasse royale! s'écria Alfonse dont les yeux rayonnèrent de joie.

— Mais, continua Castelmelhor, les Chevaliers du Firmament n'obéissent point volontiers à d'autres ordres qu'aux vôtres, et...

— Dis-tu vrai? interrompit le roi; — as-tu vraiment pensé à une chasse royale, et ces ordres la concernent-ils?

— Si Votre Majesté veut en prendre connaissance...

Le roi fit un mouvement de terreur.

— Non, dit-il, mais je veux bien signer... Donne! donne vite!... oh! bambin de comte, que je t'aime!... Une chasse royale!... donne donc!

La main de Castelmelhor tremblait tellement qu'il ne pouvait ouvrir son portefeuille.

Alfonse, avec sa puérile impatience, le lui arracha des mains, saisit les deux parchemins et y posa les caractères informes qui lui servaient de signature.

Puis il les repoussa loin de lui, comme si la vue de toute écriture lui eût causé une invincible répulsion.

Un long soupir de soulagement souleva la poitrine de Castelmelhor.

XXXIII.

AVANT L'ORAGE.

— Ramasse ces paperasses, petit comte, dit le roi; c'est une odieuse chose que toutes ces pattes de mouche grimaçant sur un puant parchemin....... Quelque jour, je me donnerai le plaisir de mettre le feu aux archives du royaume... ce sera très-plaisant!

Castelmelhor ne se fit pas répéter l'ordre. Il serra hâtivement les deux actes et reprit son feutre pour sortir.

— Déjà! s'écria Alfonse. — Ne vas-tu point me parler de notre chasse? Je veux qu'elle soit belle, dom Louis, entendez-vous? Je veux qu'on s'en souvienne à Lisbonne!

— On s'en souviendra, Sire, répondit Castelmelhor d'un ton si grave qu'Alfonse ne put s'empêcher de tressaillir.

— Allons! te voilà redevenu morose! dit il. Tant que je n'ai pas fait ce que tu veux, tu me flattes, méchant traître que tu es!... Dès que j'ai mis mon nom au bas de tes haïssables parchemins, tu ne te contrains plus... Je crois que vous ne m'aimez pas, seigneur comte!

Castelmelhor était au supplice. Chacune des paroles du roi lui déchirait le cœur comme un coup de poignard. Quelqu'endurcie qu'elle fût, son âme ambitieuse n'avait point jeté bas tout sentiment de délicatesse et d'honneur humain. La vue de ce malheureux prince qui donnait tête baissée dans le piège réveillait en lui des remords depuis longtemps assoupis. Il eût voulu trouver devant lui un obstacle afin de retremper son courage dans la lutte.

Mais rien! la victime tendait sa gorge au couteau. De ces actes qu'Alfonse venait de signer sans les lire, l'un était l'ordre d'arrêter, partout où ils se trouveraient la reine et l'infant, coupables de lèse-majesté.

L'autre était son abdication pure et simple.

De sorte que, quand l'infortuné roi disait que c'étaient là les derniers ordres qu'il signerait, il rencontrait l'exacte et terrible réalité. Quand il appelait en riant Castelmelhor méchant et traître, il disait à peine assez. Qu'était-ce donc lorsqu'il prononça ces mots :

— Je crois que vous ne m'aimez pas, seigneur comte!

Celui-ci voulut répondre, mais telle était la situation respective de ces deux hommes, que sa réponse devint fatalement une allusion nouvelle.

— Sire, dit-il, il faut que je me retire, afin de décharger Votre Majesté des soins de son gouvernement.

Cette raison devait nécessairement toucher le roi, qui reprit avec douceur :

— Tu es la perle des amis, petit comte, va, et songe un peu à tout disposer pour que notre chasse soit la plus belle qu'on ait jamais vue.

Castelmelhor balbutia quelques mots de respect et sortit en toute hâte. Le roi reprit, avec les petits épagneuls qu'il nommait ses levrettes, sa partie interrompue.

Le comte regagna son palais dans une disposition tout autre que celle où nous l'avons vu naguère. Encore sous l'impression de son entrevue avec Alfonse, sa conduite lui devenait odieuse; il avait honte à ce degré d'absurdité d'assimiler cinq millions d'hommes à un sac d'or et d'en faire un héritage, ne faut-il point réformer violemment la loi?

Quel coupable manqua jamais de raisons pour justifier son crime à ses yeux? Castelmelhor avait à peine besoin de plaider sa cause : il était convaincu d'avance.

Antoine Conti fut appelé. Castelmelhor et lui tinrent une longue conférence et réglèrent les opérations du lendemain. La chasse royale d'abord, puis l'arrestation de la reine et de l'infant; puis celle du moine; — puis, peut-être, au fond d'un cachot bien sombre, le meurtre de ce personnage redoutable et mystérieux.

La nuit était fort avancée lorsqu'ils se séparèrent.

Conti se rendit, nonobstant cette circonstance, à l'hôtel des Fanfarons du roi, et fit lever le beau cavalier de Padoue, qui chassait le renard en rêve, dans le comté de Northumberland. Ascanio sauta de son lit en murmurant, et descendit, afin de voir quel était ce fâcheux qui venait troubler son sommeil.

— Hé! très-cher camarade, dit-il en apercevant Conti, ne cesserez-vous donc point d'abuser de ma condescendante bienveillance? Je vous ai conduit chez Castelmelhor; c'est tout ce que je puis faire pour vous... je vous souhaite la bonne nuit.

Ce disant, il tourna le dos et voulut regagner sa couche encore chaude; mais Conti le retint.

— Je vous ordonne de rester, dit-il.

— Hein!... vous?... ah! ah! ah! ah!... Vous m'ordonnez?...

Conti, pour toute réponse, lui exhiba l'ordre de Castelmelhor qui l'instituait son lieutenant.

Ascanio se frotta les yeux et lut.

— Eh bien! s'écria-t-il, très-honoré seigneur, ne vous avais-je pas dit que ma pauvre protection vous servirait à quelque chose?... Vous me voyez ravi de votre subite fortune! Je m'estime heureux d'être le premier à vous en féliciter.

Le Padouan avait dépouillé toute prétention familière. En débitant ce compliment avec la chaleur convenable, il s'inclinait de virgule en virgule. En guise de point final, il prit la main de Conti, qu'il porta, — sans rire, — à ses lèvres.

L'ancien favori, qui avait repris sa morgue d'autrefois, se ne montrait point étonné de cet hommage. Il donna brièvement ses ordres à Macarone, touchant la chasse royale du lendemain, et lui laissa pressentir qu'une mission importante lui était réservée.

— Je suis dévoué à Votre Seigneurie depuis la plante des pieds jusqu'à l'extrême pointe des cheveux, répondit le Padouan. Je m'estime heureux d'avoir pu lui prouver au temps de son malheur, quelle était ma profonde et respectueuse sympathie... Puis-je faire quelque chose qui lui soit personnellement agréable?

— Vous pouvez, répondit sèchement Conti, ne point rappeler à ma Seigneurie ce que vous nommez le temps de son malheur.

Ascanio fit une courbette en signe d'assentiment.

— Que le diable l'emporte! grommela-t-il lorsque Conti eut quitté l'hôtel. — Jetez un matou par la fenêtre, il retombera sur ses pieds. Ces favoris sont comme les chats, il faut les couper en quatre morceaux pour être sûr qu'ils sont bien morts.

Après cette réflexion philosophique, il regagna son lit qui s'était refroidi, et tâcha de retrouver son rêve, toujours plein de parcs giboyeux et de fermages à recevoir, mais il ne put évoquer que la blafarde image de miss Arabella Fanshowe. Au lieu d'un songe enchanteur, il eut un cauchemar.

A cette même heure, le moine veillait, lui aussi, dans sa cellule solitaire. Le sommeil le fuyait, mais son insomnie n'était point visitée par le remords. En divulguant le mariage secret de la reine, il avait mis, pour ainsi dire, le feu à la traînée de poudre qui devait faire sauter un trône.

Il le savait; il ne se repentait point. A mesure que la crise approchait, ses incertitudes se dissipaient, il sentait grandir son courage, et sa conscience lui disait qu'il avait accompli un devoir.

Tranquille, et plein de cette fermeté calme qui est la vraie vaillance, il ceignait ses reins pour la lutte qu'il prévoyait devoir être acharnée. Si parfois un nuage venait à son front, c'est que l'immense responsabilité immense il avait assumée sur sa tête; c'est qu'il s'avouait que dans le combat qui allait se livrer, son principal auxiliaire serait le peuple, — et qu'il n'avait point grande confiance dans le peuple.

Les premiers rayons du jour, pénétrant à grand'peine à travers le verre épais et jauni de l'étroite lucarne de sa cellule, le trouvèrent debout encore et méditant profondément.

Il releva le front et salua le jour naissant d'un fier regard.

— Sera-ce ce jour, murmura-t-il, qui éclaireras le salut du Portugal?...

Il s'agenouilla devant le crucifix de bois qui pendait à l'une des parois de la cellule, et adressa au ciel une courte et fervente prière.

Comme il se relevait, des pas retentirent dans le corridor, et, presqu'aussitôt après, on frappa à la porte de la cellule.

Les hommes de divers costumes et professions que nous avons vus déjà venir visiter le moine, entrèrent et saluèrent respectueusement. Il y en avait beaucoup plus qu'à l'ordinaire, et la classe du peuple était représentée par de nombreux députés.

— Votre Révérence ne nous a point appelés, dirent ceux-ci en s'avançant, — mais nous sommes malheureux, et le jour tant de fois promis n'arrive point.

— Mes fils, répondit le moine, le jour approche; patience seulement jusqu'à demain.

— Demain! répétèrent avec joie les gens du peuple.

Parmi eux, nos lecteurs auraient pu reconnaître quelques-uns de ces ridicules conspirateurs que nous lui avons présentés au commencement de cette histoire, réunis à l'auberge de miguel Osorio, le tavernier du faubourg d'Alcantara. Mais ils étaient bien changés : la misère avait chauffé leur courage, et une sombre résolution brillait maintenant dans leurs regards.

— Demain, comme aujourd'hui, nous serons prêts, mon père, dirent-ils en se retirant.

D'autres entrèrent encore. Parmi eux, le moine avisa la grosse tête de Baltazar, qui dominait toutes celles de ses voisins, comme dans le panorama d'une ville la haute tour de la cathédrale domine les églises vassales. Baltazar portait sur ses épaules une pesante sacoche au ventre rebondi. Le moine l'appela et fit signe aux gens du peuple de demeurer.

Baltazar et sa sacoche étaient envoyés par milord, qui n'ayant point vu le moine la veille, lui faisait tenir de quoi fomenter le zèle de la multitude dans leurs intérêts britanniques.

Le moine en fit usage sur-le-champ. Il distribua aux malheureux qui l'entouraient une large aumône, pour eux et pour leurs frères absents. Des bénédictions éclatèrent de toutes parts, en même temps que des promesses sincères. Elles devaient être religieusement tenues.

Les agents du moine s'approchèrent alors l'un après l'autre et l'informèrent de ce qu'ils avaient appris.

La plupart ne savaient rien. La ville était tranquille et la cour semblait plongée dans son apathie habituelle. Un de ces hommes pourtant, qui cachait sous un vaste manteau le costume de porte-clés du Limoëiro, fit un rapport qui excita vivement l'attention du moine.

— Seigneur, dit-il, un homme que j'ai cru reconnaître pour l'ancien favori. Antoine Conti de Vintimille, est venu avant le jour à la prison; il a soigneusement examiné tous les postes et mis à quelques-uns des Chevaliers du Firmament.

— Comment le nomme-t-on? demanda le moine d'un air inquiet. Ce porte-clés prononça quatre ou cinq noms.

— Le hasard nous sert! s'écria le moine. Ces hommes sont à nous. Néanmoins, comme ils ne valent guère mieux que leurs confrères, charge de ma part dom Pio Mata Cerdo, le geôlier, de les surveiller de près... Est-ce tout?

— Non, seigneur... Antoine a ordonné qu'on préparât pour ce soir la chambre royale.

C'était un large cachot situé au centre du Limoëiro, où, suivant la tradition, Jean II avait été retenu prisonnier par ses sujets révoltés. Cette chambre ne servait qu'aux criminels de sang royal.

— C'est bien, répondit le moine sans manifester aucune surprise.

Après le porte-clés vint ce valet à la livrée de Souza, que nous avons vu déjà dans la cellule.

— Hier, dit-il, Son Excellence a conféré fort avant dans la nuit avec le seigneur Conti de Vintimille. Je n'ai rien pu surprendre de leur entretien, mais tandis qu'ils traversaient l'antichambre, votre nom a été prononcé.

— Que disait-on de moi?

— On parlait de violences... J'ai cru comprendre qu'on faisait dessein d'arrêter Votre Révérence.

— Ils n'oseraient, prononça lentement le moine; — et d'ailleurs auront-ils le temps?

— Prenez garde! dit le valet en s'en allant.

Il ne restait plus dans la cellule que le moine et Baltazar.

— Prenez garde, répéta ce dernier. Le comte vous craint, seigneur, et vous savez de ce dont il est capable.

— Au Limoëiro comme sur la grande place de Lisbonne, ne suis-je pas le maître? dit le moine; — qu'on m'arrête, et sur un signe de ma main, les verrous tomberont devant moi.

— Prenez garde! murmura encore Baltazar d'une voix dont l'accent avait quelque chose de prophétique.

Le moine répondit à cette sinistre prédiction par un sourire de confiance

— A la volonté de Dieu! dit-il; il est trop tard pour reculer.

Baltazar sortit, et le moine le suivit bientôt, impatient qu'il était de voir et de s'informer par lui-même. Tout lui disait que l'instant de la lutte était proche, et il voulait que le premier choc le trouvât sur le champ de bataille.

L'aspect de la ville était morne, mais tranquille. Cependant toutes les boutiques étaient closes comme à la veille d'une grande fête ou d'une grande calamité. Çà et là, sur le pas des portes, des groupes de bourgeois se formaient et se dissipaient aussitôt, après avoir échangé quelques paroles d'un air sombre.

Quand par hasard quelque femme se montrait au détour d'une rue, on la voyait se glisser rapide, le long des maisons, et regagner hâtivement son gîte, comme un pauvre oiseau cherche son nid à l'approche de la tempête.

Les grandes rues du centre de la ville étaient désertes. Nulle tête curieuse aux fenêtres, nul bruit de métiers, nul mouvement, nul signe de vie pour rompre cette mort du silence et de la solitude.

Il y avait dans tout cela une immense tristesse. Le moine céda peu à peu à la lugubre influence de cette scène. Sa tête se pencha sur sa poitrine. Il sentit son cœur se serrer.

— Prenez garde! murmura-t-il, prononçant involontairement ce mot qui résonnait encore à son oreille; — si c'était un pressentiment! Si, au moment de vaincre!... Non! Dieu est juste. Si je dois périr, il ne permettra point que mon œuvre reste inaccomplie.

Il atteignit le bout de la rue Neuve, et déboucha sur la grande place, où Conti, sept ans auparavant, avait proclamé, à son de trompette, l'édit royal qui avait failli être cause d'une révolution. La place était presque aussi pleine de foule que ce jour-là, et les bruyants éclats de voix qui retentissaient de toutes parts, formaient un singulier contraste avec le silence des rues voisines.

C'était la même foule qu'autrefois, mais ses vêtements s'étaient usés sur les saillies de ses os dépouillés de chair. On ne voyait là que haillons, visages hâves et regards de feu sous de profondes orbites creusées par la maigreur. Cette cohue déguenillée était une vivante et terrible menace.

À la vue du moine, toutes les têtes se découvrirent; un ardent espoir illumina toutes les regards. Un murmure général apporta ces paroles à son oreille :

— Le moment est-il venu?

Le moine secoua la tête et passa.

— Révérend père, dit une voix près de lui, vous êtes bien véritablement le roi de cette multitude. J'admire votre habileté; je m'incline devant elle... Vous étiez digne de naître Anglais, Révérend père.

Le moine se retourna et reconnut lord Richard Fanshowe, qui faisait, lui aussi, incognito, sa petite promenade d'observation.

— Sa très-gracieuse Majesté le roi Charles ne saura trop vous récompenser, reprit l'Anglais. C'est vous qui aurez été le vrai conquérant du Portugal.... En vérité cette foule est amenée à un point merveilleux. Vous lui avez généreusement donné ce qu'il fallait pour ne point périr d'inanition, mais rien de plus, c'est parfait!... Je veux mourir si je regrette les guinées de Sa Majesté. Vous les avez placées comme il faut et à bon intérêt. Révérend père, ne pensez-vous point que nous approchons du dénoûment.

— Si fait, milord. Nous sommes au dernier acte.

— Pour ma part, dit gaiement l'Anglais, me voilà prêt à crier bravo!

— Vous en avez sujet, milord, plus que vous ne pensez. Je ménage à Votre Grâce une surprise pour la péripétie.

— Une surprise! dit Fanshowe en dardant sous le froc du moine un regard soupçonneux.

Avant que ce dernier eût pu répondre, il se fit un grand mouvement dans la foule qui s'ouvrit et laissa au milieu de la place un large passage.

Un brillant cortège, composé du roi, de la cour et des Chevaliers du Firmament en grand costume, débouchait par la rue Neuve.

Le roi marchait entre Castelmelhor et Conti.

— Place, drôles! place à Sa Majesté! criaient les Fanfarons du roi en repoussant la foule.

Bien des mains se glissèrent sous les haillons et serrèrent de longs poignards cachés; bien des regards interrogèrent de loin le moine; toute cette multitude n'attendait qu'un mot, qu'un signe pour se précipiter.

Le moine resta immobile.

Quand le roi passa près de lui, il s'inclina respectueusement.

— Salut à Votre Révérence, dit gaiement le roi. C'est aujourd'hui fête à notre château d'Alcantara, seigneur moine; nous vous convions de bon cœur.

— J'accepte, Sire, répondit le moine.

XXXIV.

LA DERNIÈRE CHASSE DU ROI.

Le temps était froid et sombre. La cavalcade des Chevaliers du Firmament poursuivait sa route vers Alcantara. Cette troupe magnifique semblait avoir voulu, ce jour-là, se montrer dans toute sa splendeur : les Fanfarons du roi, montés sur de beaux chevaux noirs, étalaient sur la route leurs brillants escadrons, dont chaque cavalier semblait un prince. Derrière eux venaient les *Fermes*, en bataillons serrés. Tout le long du chemin, les musiciens des deux corps exécutaient de vives et joyeuses fanfares.

En tête des Fanfarons du roi, le beau cavalier de Padoue se pavanait, voltigeait, caracolait. C'était plaisir de voir l'étoile de sa toque scintiller au loin, malgré l'absence du soleil, et le brillant azur de son costume semblait narguer le manteau grisâtre dont s'était revêtu le ciel.

Malgré toute cette joie extérieure, il y avait sur les visages une sorte de vague tristesse; Alfonse seul, tout entier au plaisir du moment, avait une gaieté sans arrière-pensée.

— Ami Vintimille, disait-il à Conti, je suis enchanté de te revoir; sans ce bambin de comte, qui fait de moi tout ce qu'il veut, je t'aurais rappelé il y a longtemps, car je me suis souvenu de toi deux ou trois fois pour le moins; mais tu es devenu bien laid dans ton exil, ami.

— La douleur d'être séparé de Votre Majesté... balbutia Conti.

— Je n'y songeais pas... Sans doute je suis le soleil qui vivifie... As-tu vu mes petits chiens?

— Non, Sire.

— Eh bien! je te les montrerai... Maï de Deos! tu es fort ennuyeux, ami!

A ces mots, le roi se retourna vers Castelmelhor, croyant trouver

de ce côté plus d'amusement. Mais Castelmelhor était sombre et pensif. Le roi bâilla et regretta fort de n'avoir point amené ses six levrettes pour charmer l'ennui de la route.

La journée se passa au palais d'Alcantara, comme toutes les journées où le roi donnait fête. Ce furent des pugilats anglais, des tours de magiciens et un combat de taureaux. Rien de remarquable n'eut lieu, si ce n'est l'absence du moine, qui, ayant oublié sans doute sa promesse, ne se montra point au palais.

En revanche, un intrus se glissa, inaperçu, parmi les Chevaliers du Firmament, dont il avait pris le costume. A table, ce nouveau-venu demeura taciturne et froid, se bornant à avaler quelques morceaux dans un coin sombre où il s'était placé. Ses voisins se dirent que si ce n'était point le diable en personne, c'était le seigneur comte lui-même; qui avait revêtu ce déguisement pour surprendre les secrètes sympathies de la patrouille du roi.

Mais cette opinion ne trouva point d'écho, attendu que, dans la salle voisine, le seigneur comte était assis à la table royale, où Alfonse lui reprochait, de minute en minute, l'aspect maussade de sa physionomie.

Alfonse s'en donnait à cœur-joie. Il était d'une gaieté folle et buvait rasades sur rasades pour se préparer convenablement à la chasse qui allait avoir lieu.

— Petit comte, dit-il vers le milieu du repas, ton verre est toujours plein; c'est trahison, cela, mon ami..... Nous t'ordonnons de vider cette coupe à notre royale santé.

Castelmelhor voulut obéir, et porta le verre à ses lèvres, mais il ne put boire. Son front était d'une pâleur livide; il semblait prêt à défaillir.

— Eh bien! s'écria le roi en fronçant le sourcil.

— Eh bien! répéta à l'oreille de Castelmelhor la voix mordante de Conti.

Le comte fit sur lui-même un violent effort et vida la coupe d'un trait.

— Je bois à votre santé royale, Sire, balbutia-t-il.

Le roi promena son regard autour de la table et remarqua seule-

Le roi et ses chiens.

ment alors le trouble et la consternation qui se peignaient sur tous les visages.

— Maî de Deos! s'écria-t-il, sommes-nous à un enterrement, seigneurs?.. Riez! Je veux que chacun rie, et tout de suite, ou, par le sang de Bragance, nous croirons qu'un complot se trame contre notre personne.

Un rire lugubre et forcé fit le tour de la table.

— A la bonne heure! dit Alfonse; vous êtes tous de loyaux sujets, et, d'ailleurs, si quelqu'un de vous avait de traîtreuses pensées, j'ai là, près de moi, une bonne épée qui ne resterait point au fourreau.

Il frappa sur l'épaule de Castelmelhor, dont chaque trait se contracta en un tressaillement douloureux.

— N'est-ce pas, petit comte, ajouta le roi, — que tu me défendrais, toi?

Castelmelhor ressentit en ce moment cette douleur terrible et poignante que dut éprouver Judas en donnant le baiser de paix au Sauveur. Il restait muet, immobile, et comme frappé de la foudre. Ce fut Conti qui répondit à sa place.

— Son Excellence ferait comme nous tous, Sire, et pour arriver jusqu'à votre personne sacrée, il faudrait que l'assassin passât sur nos cadavres.

— Voilà qui est bien dit, ami Vintimille, répliqua le roi tout consolé. Baise notre main et n'en parlons plus!

Le repas se prolongea bien avant dans la soirée. La plupart des courtisans qui entouraient la table, créatures de Castelmelhor, étaient instruits du complot. Les autres s'en doutaient.

Néanmoins le vin avait amené enfin une gaieté bruyante et factice, et lorsqu'on se leva de table, l'état des convives promettait une chasse des plus réjouissantes.

On se remit en marche au son des fanfares. Six Chevaliers du Firmament, porteurs de torches enflammées, précédaient le roi. Au dernier rang s'était placé l'inconnu, qui avait partagé le repas de la patrouille royale. Il était monté sur un fort cheval qu'il conduisait en cavalier accompli.

La distance entre le palais et la ville fut rapidement parcourue, et bientôt la chasse se répandit par les rues, excitée par les sons du cor

et les cris assourdissants des chasseurs. L'office de veneur était occupé par le seigneur Ascanio Macarone dell'Acquamonda, qui s'en acquittait à merveille, mais son habileté n'était point récompensée. On ne révélait aucune piste et nul gibier n'avait été lancé encore.

Tout à coup, au moment où la chasse passait devant l'hôtel de lord Richard Fanshowe, les plus avancés parmi les Fanfarons du roi se prirent à crier : Tayaut! tayaut! En même temps, chacun put voir, à la lueur des torches, une forme blanche qui s'enfuyait à toutes jambes et au hasard.

— Hardi! s'écria le roi en s'élevant sur ses étriers, pour mieux voir ; — hardi, mes bellots!

Le beau cavalier de Padoue s'éleva aussi sur ses étriers; mais il retomba aussitôt en poussant un profond gémissement.

Cependant la chasse s'élança rapide, fougueuse, et bientôt le *gibier*, qui était une pauvre femme demi-morte de frayeur, fut forcé, c'est-à-dire se laissa choir sur la borne d'un carrefour.

Les cors sonnèrent aussitôt l'hallali, et les principaux chasseurs descendirent de cheval. Mais alors se passa une scène à laquelle on ne s'attendait point.

Ascanio Macarone se précipita aux genoux du roi avec tous les signes du plus violent désespoir.

— Sire! s'écria-t-il, ayez pitié de moi! ayez pitié de cette femme aussi sensible que belle!

— Approchez les torches, dit Alfonse en éclatant de rire ; — je veux voir le visage de ce drôle tandis qu'il va nous jouer la comédie.

— Je ne plaisante pas, Sire... par les noms réunis de tous mes glorieux ascendants, qui sont au nombre de trente-neuf, je parle sérieusement. Ecoutez-moi!... qu'on ne touche point à cette femme... cette femme est...

— Voilà bien le maraud le plus réjouissant que je connaisse! interrompit le roi qui contemplait Ascanio avec une sorte d'admiration.

Le beau cavalier de Padoue, désespérant de se faire comprendre, s'élança comme un trait et arracha la pauvre femme aux mains des Chevaliers du Firmament qui l'entraînaient vers le roi.

— Oh!... oh!... oh!... râlait le roi, suffoqué par les convulsions d'un rire homérique.

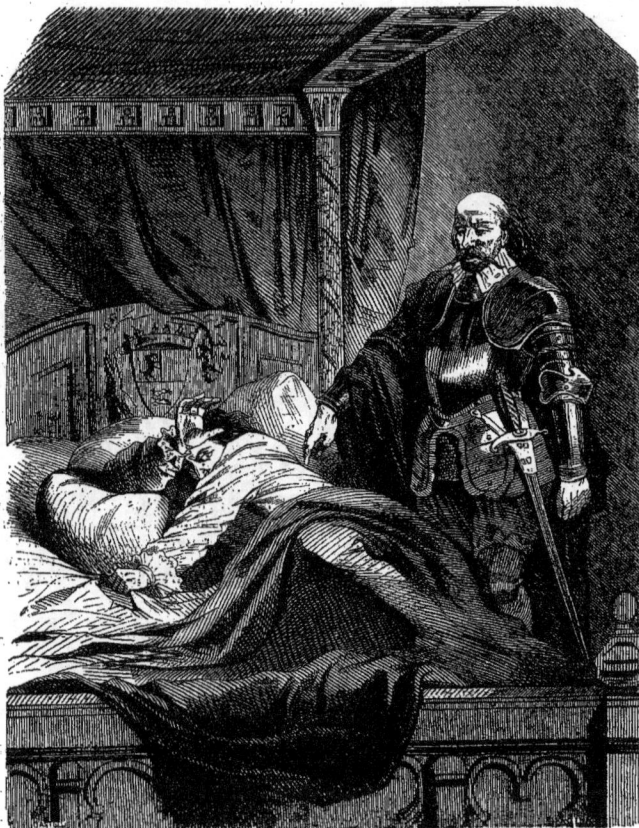

Rêve de Castelmelhor.

Les torches qu'on apporta en ce moment, éclairèrent le long et blafard visage de miss Arabella Fanshowe, que soutenait à bras le corps le malheureux cavalier de Padoue. A la vue de ce groupe, le roi abandonna les rênes de son cheval pour se tenir les flancs.

— Bravo! bravo! disait-il en essuyant ses yeux pleins de larmes.

— Ah! Sire, s'écria Macarone d'une voix pathétique; — ne me ravissez pas mon trésor.

Alfonse, croyant toujours que le Padouan jouait une comédie concertée à l'avance, prit sa bourse dans la poche de son pourpoint et la lui jeta sans compter. Ascanio la saisit à la volée.

— Ce n'est point de l'or qu'il me faut, dit-il en ramassant la bourse avec soin; — que m'importe votre or!... Ah! divine Arabella, quelle va être ta destinée!

En ce moment, l'unique héritière de milord ouvrit un œil mourant et jeta autour d'elle des regards effrayés.

— Où suis-je? soupira-t-elle.

— Sur mon cœur, répondit Ascanio d'une voix pleine de sensibilité; — dans mes bras, mon adorée, dans les bras de ton époux.

— C'est cela! s'écria le roi: — l'idée est bonne! il faut les marier... nous allons faire la noce sur-le-champ.

A cette proposition bouffonne, l'antique esprit des Chevaliers du Firmament se réveilla comme par magie. Une immense acclamation répondit aux paroles du roi. Les deux futurs époux furent placés entre les six porteurs de torches, et la chasse, devenue procession, s'achemina vers la chapelle voisine.

Un prêtre fut éveillé par ordre du roi et dut venir, bon gré mal gré, accomplir la cérémonie.

Miss Fanshowe, à peine remise de son épouvante, promenait ses regards effarés du roi aux Chevaliers du Firmament, et de ceux-ci à Macarone.

— Mon céleste trésor, dit celui-ci en se penchant à son oreille, l'éclat de la solennité qui se prépare doit vous donner une idée de ma position sociale... Ce petit homme assez laid qui vient de me parler est mon joyeux compagnon Alfonse, sixième du nom, roi de Portugal et des Algarves, en deçà et au delà de la mer, en Afrique, etc., etc. Il a voulu, quoi que je fisse, assister à mon mariage... C'est un assez drôle de corps!

Les deux futurs époux s'agenouillèrent et la cérémonie commença. Nous ne nous appesantirons point sur cette scène, aux détails comiques de laquelle tous nos efforts ne pourraient enlever leur caractère d'impiété.

Pendant qu'elle avait lieu à l'intérieur de la chapelle, une autre scène d'un genre diamétralement opposé se passait au dehors.

Tous les Chevaliers du Firmament avaient suivi le roi; il ne restait dans la rue que trois hommes, dont l'un était l'intrus qui s'était glissé dans la journée parmi les gens de la patrouille. Il se tenait à l'écart et semblait attendre la sortie de la foule pour se joindre de nouveau au cortége.

Les deux autres qui se croyaient seuls, s'entretenaient à voix basse, sur le seuil même de la chapelle.

— Votre Excellence, disait l'un d'eux d'un ton de reproche, faiblit au moment d'agir. Relevez-vous, seigneur comte, et songez au but que vous êtes sur le point de toucher.

— Ce pauvre prince m'aimait! répondit Castelmelhor d'une voix qui accusait un accablement profond; — il avait foi en moi, Conti! Ma trahison m'apparaît ignominieuse et infâme. Si encore c'était un maître ordinaire, un maître capable de se défendre... un homme enfin!

— Votre Excellence n'aurait plus pour excuse l'intérêt du Portugal.

— L'intérêt du Portugal! reprit Castelmelhor; — puis-je me mentir à moi-même?... Je n'y ai point songé, Conti, car Alfonse a un frère...

— Allons, seigneur, s'écria brusquement Conti, le sort en est jeté! Ces mélancoliques réflexions sont superflues... Vos ordres sont donnés... le navire est dans le port...

— Démon! murmura le faux Chevalier du Firmament; — Castelmelhor allait se repentir peut-être!...

Le favori se redressa tout à coup et secoua brusquement la tête comme pour chasser d'importunes pensées.

— Que son sort s'accomplisse donc! dit-il.

Le nouveau couple sortit à ce moment de la chapelle, suivi par les ironiques acclamations de l'assemblée.

— En chasse! dit Alfonse.

La course folle recommença, mais elle prit subitement un tout autre aspect. Sur un signe de Conti, les torches furent éteintes. En même temps les fanfares cessèrent de retentir. Il se fit un silence soudain et complet.

— Que signifie cela? demanda le roi.

Nul ne lui répondit. — Conti piqua de son poignard la croupe du cheval d'Alfonse, et le malheureux prince, saisi d'une enfantine frayeur, se sentit emporté avec une rapidité prodigieuse le long des rues étroites et noires de la basse ville.

A mesure que le temps passait, le bruit des chevaux qui suivaient ses traces diminuait rapidement. Bientôt, il n'y eut plus derrière lui qu'une douzaine d'hommes supérieurement montés. Conti, qui le suivait de près, poussait incessamment son cheval.

— Où me mène-t-on? disait de temps en temps la voix tremblante d'Alfonse.

Toujours le même silence. — Les chevaux semblaient dévorer l'espace, et bientôt la taciturne cavalcade atteignit les rives du Tage.

A cet endroit, le faux Chevalier du Firmament, qui avait suivi la course, poussa son cheval et le porta aux côtés de celui d'Alfonse. L'obscurité empêcha de remarquer ce mouvement.

On s'arrêta sur le bord du fleuve, et Conti sonna par trois fois du cor. A ce signal, un éclair sillonna le Tage en sautillant sur les crêtes des petites vagues, et une lanterne apparut, suspendue à la vergue d'un navire à l'ancre dans le port. Quelques minutes après, une barque, montée de quatre rameurs, toucha le rivage.

— Que veut dire tout cela? demanda encore le roi. J'ai envie de rentrer au palais, je m'ennuie et... j'ai peur!

Il prononça ce dernier mot en frissonnant, car deux bras vigoureux venaient de l'enlever de la selle. On le déposa à terre et il se sentit entraîné sur la pente de la berge. Puis il fut enlevé de nouveau et placé sur la barque, qui gagna le large aussitôt.

C'était le faux Chevalier du Firmament qui avait fait tout cela. Il s'assit près d'Alfonse au fond de la barque et prit sa main qu'il baisa. Le roi, succombant à sa frayeur, avait perdu connaissance.

— Seigneur, dit le faux Chevalier au capitaine du navire en lui remettant Alfonse, je vous confie le soin de Sa Majesté. Qu'il soit traité en roi. Vous répondez de sa vie sur votre tête au comte de Castelmelhor.

Ce dernier était resté sur le rivage, attendant impatiemment le retour de la barque. Lorsqu'elle revint, il s'élança vers le Chevalier du Firmament, et lui saisit le bras.

— Est-ce fait? demanda-t-il vivement.

— C'est fait, répondit l'autre en dégageant son bras.

Puis, se retirant à quelques pas, il ajouta d'une voix haute et menaçante:

— Il y a sept ans, je t'avais promis de revenir, Louis de Souza; me voici... Alfonse est mort, car, pour un roi, descendre du trône, c'est mourir. Mais, tu l'as dit tout à l'heure: Alfonse a un frère... Donc, longue vie au sang de Bragance, et Dieu garde le roi dom Pedro!

Castelmelhor resta pétrifié. Il avait reconnu la voix de Vasconcellos. Au bout de quelques secondes, retrouvant sa présence d'esprit, il voulut se précipiter et le saisir, — mais Vasconcellos avait disparu.

XXXV.

LE NUMÉRO TREIZE.

Le moine, comme nous avons pu le voir déjà plusieurs fois, était fort bien instruit de ce qui se passait dans la ville. A peine Alfonse était-il sur le navire, que le moine le savait. Cette dernière circonstance ne surprendra que médiocrement ceux de nos lecteurs qui ont su percer le voile mystérieux dont s'enveloppait ce personnage.

Tandis que Castelmelhor, soucieux et brisé par les émotions de la journée, regagnait solitairement son palais, le moine envoyait ses émissaires dans tous les quartiers de la ville, et convoquait le peuple, son vassal, pour le point du jour, sur la place du palais de Xabrégas.

Bien avant cette heure, au milieu de la nuit, deux troupes nombreuses et bien armées sortirent de l'hôtel des Chevaliers du Firmament. L'une était commandée par Antoine Conti, l'autre par le bel Ascanio, lequel s'était arraché à regret des bras de sa nouvelle et charmante épouse.

Conti, avec sa troupe, se dirigea vers le palais de Xabrégas. Lo Padouan prit une autre route. Nous reviendrons à lui tout à l'heure.

Tout dormait au palais de Xabrégas. Aucune lumière ne brillait aux innombrables fenêtres de sa façade. De l'autre côté de la place, le couvent de la Mère-de-Dieu, lourde et noire masse de granit, so confondait avec l'ombre de la nuit. Conti et ses Chevaliers du Firmament arrivèrent au seuil du palais sans que rien indiquât qu'on les eût aperçus.

— Cette fois, s'écria l'ancien favori, la Française, comme dit ce vieil hypocrite de Fanshowe, ne m'échappera pas..... Frappez et ne craignez pas de briser le marteau !

La grande porte retentit aussitôt sous un déluge de coups.

— Ouvrez de par le roi, cria Conti.

Les valets, éveillés en sursaut, coururent prendre les ordres de l'infant.

— Barricadez les portes ! dit la reine, peut-être il nous arrivera du secours.

Elle songeait à Vasconcellos en parlant ainsi. Le prince se leva et s'arma. Avant de quitter la reine, il dit en lui baisant la main.

— Madame, il ne m'appartient point d'accuser d'avance et sans savoir un homme en qui vous semblez avoir mis toute votre confiance... un homme qui m'a donné plus de bonheur que je n'en espérais en cette vie... Mais....

— Prétendez-vous parler de Vasconcellos? demanda la reine, dont le front blanc se couvrit d'une épaisse rougeur.

— Je prétends parler de Vasconcellos, madame.

— Et vous doutez de lui?

— En marchant à l'autel, je me disais : Tant de bonheur donné par un ennemi doit recouvrir un piége.

— Vasconcellos est-il donc votre ennemi !

— Vasconcellos vous aime, madame.

La reine retint une exclamation de colère dédaigneuse qui sollicitait sa lèvre.

— Seigneur, dit-elle à voix basse, il faut avoir un grand cœur pour se dévouer à des maîtres qui vous ressemblent ! — Il m'aimait... et je suis votre femme !... Et c'est lui qui a mis ma main dans votre main !.. Et votre cœur, au lieu de gratitude, ne garde pour lui que haine et soupçon !..

— Il est le frère de Castelmelhor ! murmura dom Pierre d'un air sombre.

— Ah ! seigneur ! seigneur ! s'écria la reine avec indignation et mépris, — vous êtes, vous, le frère de dom Alfonse !..

Dom Pierre pâlit et sortit aussitôt.

— Enfant soupçonneux ! cœur bâtard ! dit Isabelle en le suivant d'un regard irrité ; — tout ce qu'il y avait de noble et de royal dans ce sang de Bragance est au fond du tombeau de Jean IV !

Puis, saisie d'un vague remords, elle s'agenouilla sur le prie-Dieu qui était au pied de son lit, et prononça ces mots, réponse naïve aux tacites reproches que lui faisait sa conscience.

— Je l'oublierai, mon Dieu ! je tâcherai de l'oublier !..

L'infant avait descendu les escaliers du palais. Les Chevaliers du Firmament, à l'instant où il entrait dans le vestibule, attaquaient la porte avec des leviers. Il ouvrit le guichet et reconnut que le nombre des assaillants rendait toute résistance inutile.

— Qui ose ainsi violer le drapeau du roi de France! demanda-t-il, à travers le guichet.

— Nul drapeau ne peut couvrir les criminels de lèse-majesté! répondit-on au dehors. — Au nom du roi, moi, Antoine Conti de Vintimille, je vous somme d'avoir à ouvrir les portes sur-le-champ !

— Ouvrez les portes ! dit l'infant.

Conti entra aussitôt, escorté de toute sa troupe. L'infant tira son épée et se mit dans une attitude de défense.

— L'ordre du roi ! dit-il.

Conti lui présenta un parchemin déplié, que le prince parcourut d'un rapide regard. Après l'avoir lu, il jeta son épée, dont s'empara un des Chevaliers du Firmament.

— Des traîtres ont trompé Sa Majesté mon frère, dit-il, — mais il ne me convient pas de discuter sa volonté... Je vous suis, seigneur. La reine vous suivra de même. Souffrez que j'aille la prévenir.

Isabelle apprit avec une sorte d'indifférence le malheur qui venait la frapper. Elle ne voulut point qu'on éveillât les demoiselles de Saulnes.

— A quoi bon attrister ces pauvres filles par la vue d'une prison ? dit-elle. — Leurs consolations seraient superflues : je suis résignée.

On fit monter la reine et l'infant dans le propre carrosse de ce dernier. Ce fut ainsi qu'on le conduisit au Limoeïro, où ils furent enfermés dans le cachot appelé la *Chambre royale*.

La reine s'assit ; le prince se mit à genoux devant elle. Il se repentait de sa conduite récente ; il avait peur d'avoir offensé Isabelle, et implorait son pardon dans les termes les plus passionnés. La reine s'efforça de sourire.

— Je ne vous en veux point, seigneur, répondit-elle. Je sais que vous m'aimez, et je suis reconnaissante.

— Et vous, ne m'aimez-vous pas, Isabelle? demanda l'infant.

La réponse expira sur les lèvres de la reine.

— Non, reprit dom Pierre, non, vous ne pouvez pas m'aimer... Et il ajouta avec explosion :

— Oh ! que je hais cet homme !..

Pendant que cela se passait, le beau cavalier de Padoue faisait, lui aussi, une capture. Exécutant à la lettre les ordres qu'il avait reçus, il fit enfoncer la porte du couvent majeur des Bénédictins, et força le premier frère qui se présenta à lui indiquer la cellule du moine.

Le frère voulut résister d'abord, mais Ascanio frisa sa moustache d'une si effrayante façon, que le religieux, terrifié, courba la tête et obéit.

Le moine dormait. Ascanio employa pour ouvrir sa porte le moyen déjà indiqué ci-dessus. Une douzaine de coups de hache convenablement appliqués permit de se passer de clé. Cette manière, tout expéditive qu'elle était, donna le temps au moine de sauter en bas de son lit et de faire un peu de toilette. Il mit sa barbe et son froc. Il eut même le loisir de se munir d'un poignard et d'une bourse fort bien garnie.

— Révérend père, dit Ascanio en entrant, — vous me voyez mortifié de venir vous déranger à pareille heure. Veuillez, je vous supplie, accepter mes excuses.

— Qu'y a-t-il demanda froidement le moine.

— Il y a du nouveau, répondit Macarone en pirouettant sur lui-même, ce qui démasqua une trentaine de Chevaliers du Firmament rangés dans le corridor. — Il y a d'abord ces honnêtes seigneurs, qui sont flattés,-tout autant que moi, de placer leurs respects aux pieds de Votre Révérence... Il y a en outre , un billet portant la signature de Son Excellence le comte de Castelmelhor, qui vous invitê à faire, en notre compagnie, une petite promenade nocturne.

Ce disant, il approcha un papier de la figure du moine.

— Révérend père, continua-t-il, ce surprenant capuchon vous empêche de voir, et il faut que vous preniez connaissance...

D'un geste brusque il rejeta en arrière le capuchon du moine.

— Misérable ! s'écria celui-ci dont les yeux étincelèrent.

Macarone demeura stupéfait.

— Corps de Bacchus ! murmura-t-il, je ne connais pas cette figure-là !.. Et pourtant il me semble... oui, ce sont bien ses yeux !.. mais voici une barbe comme il n'en peut croître qu'au menton d'un capucin... Votre Révérence, après tout, ne serait-elle qu'un moine ?

Il leva le flambeau qu'il tenait à la main et jeta un dernier regard sur le visage de son prisonnier :

— Ane que je suis ! je puis dire cela moi-même, mais je ne permettrais à personne, fût-ce au pape, de le répéter... — La barbe est blanche et les cheveux noirs...

— Finissons ! dit le moine avec impatience.

— Je suis le dévoué valet de Votre Révérence, et n'ai garde de mépriser ses ordres !.. En route, mes fils !

Le moine s'enveloppa dans sa robe et suivit les Chevaliers du Firmament, sans ajouter une parole. Macarone marchait à la tête de ses hommes, frais, gaillard et fredonnant un amoureux refrain. Il s'interrompait de temps à autre.

— La barbe est blanche! grommelait-il. Je suis sûr qu'il y a dessous un menton de ma connaissance. Je me passerai la fantaisie de tirer cela au clair.

Quant au moine, il allait d'un pas ferme, et n'avait point cette démarche inquiète du prisonnier qui épie l'occasion de s'évader. Par le fait, il n'y songeait pas. Il savait qu'on le conduisait au Limoeïro, et comptait sur les nombreuses intelligences qu'il avait dans cette prison.

Par malheur, il avait tort d'y compter. Les instructions du Padouan prévoyaient ce cas, et il les accomplit à la lettre.

Au moment de frapper à la porte de la prison, il fit arrêter sa troupe et jeta le manteau d'un des Chevaliers du Firmament sur les épaules du moine. Celui-ci voulut se débattre, mais vingt bras robustes le continrent et l'enveloppèrent dans le manteau, comme on emmaillotte un enfant nouveau-né. Cela fait, quatre hommes le chargèrent sur leurs épaules.

— Si le révérend père pousse un cri ou prononce une parole entre la porte extérieure de la prison et celle de son cachot, dit Macarone d'un ton de bonne humeur, — vous passerez tous vos épées au travers de ce paquet, et il ne dira plus rien.

Alors seulement le moine sentit l'angoisse s'emparer de son cœur, mais ce fut une angoisse terrible, poignante ! Il se vit perdu, — perdu sans ressources. Il devina que le cachot où on le conduisait serait sous peu d'heures, son tombeau. Sa vaillante nature fléchit un instant sous ce coup de massue, mais bientôt elle se releva. Son courage se raidit; son intelligence travailla...

Lorsque les Chevaliers du Firmament le déposèrent au fond d'un cachot obscur et humide dont il ne savait ni la route ni la position, son indomptable sang-froid était déjà revenu.

Il se débarrassa du manteau, et s'assit sur l'escabelle destinée aux captifs.

Macarone ordonna à ses hommes de se retirer dans le corridor et resta seul avec le moine. Il avait à la main une torche.

— Maintenant, dit-il, je vais souhaiter la bonne nuit à Votre Révérence; mais auparavant, qu'il me soit permis de toucher cette barbe vénérable qui sera bientôt celle d'un saint dans le ciel.

Il porta vivement la main à la barbe du moine, mais celui-ci le repoussa avec une telle force que Macarone traversa en chancelant toute la longueur du cachot, heurta la porte entr'ouverte, et ne s'arrêta qu'au mur opposé de la galerie. Le moine s'élança sur ses pas, comme s'il eût voulu le frapper; — mais il n'alla pas plus loin que le seuil et se contenta de jeter un rapide regard sur la surface extérieure de la porte de son cachot.

— Numéro treize! murmura-t-il.

Il rentra tranquillement, et, avec la pointe de son poignard, il grava ces deux mots, *numéro treize*, sur le large chaton d'une bague qu'il portait au doigt.

— Je veux être décapité, s'écria Macarone, — puisqu'on ne peut pendre un gentilhomme tel que moi, — s'il me reprend fantaisie de vous caresser jamais, seigneur moine!.. Ventre-saint-gris! comme disait ce cher duc de Beaufort, en mémoire du Béarnais, son aïeul, vous avez les mouvements brusques pour un serviteur du Dieu de paix!... Je voulais voir votre figure... c'était une idée... Mais que m'importe, après tout, puisque dans une heure...

Macarone s'arrêta et se prit à sourire. Il venait de trouver une vengeance selon son cœur.

— J'oubliais d'annoncer à Votre Révérence une nouvelle qui l'intéresse, reprit-il en rajustant ses dentelles, froissées par l'accolade du moine; — c'eût été fort mal fait de ma part. Dans une heure,.. avant, peut-être... vous recueillerez la couronne du martyre, vénérable père.

Le moine ne répondit pas.

— Ainsi donc, continua le Padouan, commencez vos dernières patenôtres, seigneur moine, et si vous rencontrez là-haut quelqu'un de mes glorieux ascendants, offrez-leur, je vous prie, mes civilités et respects.

Il sortit et fit jouer la clé dans la lourde serrure.

— Restez! dit le moine.

— Pas possible, mon révérend, je suis pressé.

— Restez, vous dis-je! répéta le moine en faisant sauter dans sa main la lourde bourse dont il s'était muni.

Le son de l'or fit sur Ascanio son effet ordinaire. Son œil brilla; son sourire s'épanouit, et, poussé par un invincible attrait, il passa de nouveau le seuil de la prison.

— Dépêchons, seigneur moine, dit-il pourtant; — l'amour m'appelle loin d'ici; vous ne savez pas, vous, ajouta-t-il d'un ton langoureux, ce que c'est que l'amour!

— Je sais, répondit le moine, que le seigneur Ascanio n'a point de répugnance pour une bourse bien garnie.

— Non sans doute! Je ne suis pas dépravé à ce point...

— Il me plaît de vous faire mon héritier, reprit le moine.

— Cela prouve en faveur du discernement de Votre Révérence.

— Vous êtes un brave soldat, Macarone...

Celui-ci salua.

— Vous avez un cœur loyal et sensible...

Macarone salua encore.

— Et je suis sûr que vous exécuterez à la lettre la volonté dernière d'un homme qui va mourir.

Macarone prit à ces derniers mots une pose théâtralement solennelle.

— La dernière volonté d'un mourant, dit-il, est chose sacrée, dussé-je y perdre un membre, je l'exécuterai!

— Vous n'y perdrez rien et vous y gagnerez une centaine de guinées à l'effigie du roi Charles, qui se trouvent dans cette bourse... Écoutez-moi... J'ai de par Lisbonne un ami... un parent que je n'ai pas vu depuis longtemps, mais à qui je voudrais laisser un souvenir.

— Vous le nommez?

— Baltazar.

— Décidément ce moine est de basse origine, pensa Macarone. Je

connais ce Baltazar, ajouta-t-il tout haut; — il a été mon valet de chambre.

— Un grand...?

— Énorme!... Je le vois d'ici... Faudra-t-il lui donner deux guinées?...

— Moins que cela et davantage. Il faudra lui donner cette bague, qui ne vaut guère plus d'une pistole.

Le Padouan prit la bague et la pesa.

— C'est vrai, dit-il; elle ne la vaut même pas... Je lui remettrai cela quand je le verrai.

— Non pas, seigneur Macarone, répliqua vivement le moine. Cette bague ne doit point rester si longtemps aux mains d'un étranger. Il faut la lui porter tout de suite.

— Cette bague est donc bien importante! demanda Macarone d'un air soupçonneux.

— Je mourrai content si je la sais entre ses mains.

— Cela suffit, seigneur moine! déclama le Padouan en levant les yeux au ciel. — La volonté d'un mourant est chose sacrée!

Il tendit la main et reçut la bourse.

— Au revoir, ou plutôt... adieu! dit-il en fermant la porte du cachot.

XXXVII.

LE LIMOEIRO.

Castelmelhor ne dormit point cette nuit-là. Pendant que ses agents opéraient les deux arrestations que nous avons racontées au précédent chapitre, il en attendait le résultat avec une impatience mêlée d'inquiétude.

Plus d'une fois, pendant ces longues heures d'attente, le souvenir d'Alfonse vint jeter le trouble dans ses pensées; plus d'une fois il vit, lorsque la fatigue fermait ses yeux un instant, la loyale et hautaine figure de Jean de Souza, son père. Mais il n'en était plus au temps où pareille vision lui donnait la fièvre. Le plus fort était fait. Il avait vaincu le dégoût que lui causait cette lutte infâme contre un malheureux sans défense, qui était son bienfaiteur et son roi. Le reste devait lui coûter moins.

Le retour des Chevaliers du Firmament lui apprit la réussite des deux expéditions qui leur avaient été confiées. La reine, l'infant et le moine étaient en son pouvoir.

Restait Vasconcellos, — mais que pouvait faire Vasconcellos?

Sûr désormais que le succès ne pouvait lui échapper, Castelmelhor fit convoquer la cour des Vingt-Quatre et les dignitaires, dont le concours remplaçait, en cas d'urgence, les états généraux réunis. Le palais de Xabrégas était libre. Il indiqua pour point de réunion la salle ordinaire des délibérations.

Ensuite, il demanda son carrosse.

— Seigneur, lui dit Conti au moment où il allait partir, — le moine est prisonnier, mais on a vu des captifs s'échapper et reparaître plus terribles que jamais.

— C'est vrai, répondit Castelmelhor.

— Au contraire, reprit Conti, les morts ne quittent point leur tombeau.

— Fais ce que tu voudras, dit Castelmelhor en montant dans son carrosse, qui partit aussitôt au galop.

Le comte se rendait au Limoeiro.

La *Chambre royale*, où se trouvaient en ce moment l'infant et la reine, était située au centre de la prison. Elle était de forme pentagone et occupait les cinq sixièmes ou premier étage d'une petite tour intérieure du beffroi. Le sixième restant, séparé de la chambre par un mur, formait un cachot infect, presque entièrement privé d'air et de lumière. C'était le *numéro treize*, qui servait de prison au moine.

Celui-ci, après le départ de Macarone, se laissa tomber sur son escabelle, et resta longtemps immobile et comme frappé de stupeur. Pendant que le Padouan était près de lui, une ardeur fébrile et factice, — sorte de tension extraordinaire qui raidit les doigts de l'homme qui se noie autour d'un brin d'herbe, et l'esprit d'un agonisant autour d'une folle espérance, — l'avait soutenu. Il avait bâti avec un soin extrême un plan de salut; il l'avait mis à exécution; ce plan, pour la part qui dépendait de lui, avait réussi complétement ; — mais ce plan, maintenant qu'il l'examinait mieux, lui semblait absurde et insensé.

Comment compter sur la promesse de ce misérable bouffon, Ascanio Macarone ? En supposant même qu'il dût accomplir sa mission, comment compter sur du secours ? Baltazar était brave ; le moine connaissait son dévouement, mais la subtilité n'était point son fort : comment supposer qu'il devinerait de prime saut une énigme ? Il connaissait la bague ; il savait qu'elle appartenait au moine, mais *numéro treize* ne veut rien dire en aucune langue, et l'honnête Baltazar n'était point l'homme qu'il fallait pour découvrir la mystérieuse signification de ces deux mots.

Le moine se disait tout cela, et se courbait sous la puissance de cette désespérante logique. Chaque fois que l'espoir faisait effort pour rentrer dans son cœur, sa raison le refoulait aussitôt. — Mais il espérait toujours, parce que Dieu a permis que cette suprême consolation n'abandonne point l'homme avant son dernier soupir.

C'était un incessant combat, plein de fatigues et d'épuisement, un combat où la victoire était une chimère et la défaite un cruel martyre.

Car cette mort que le moine attendait n'était point une mort ordinaire. Avec lui devait périr son œuvre inachevée. Avec lui tombait la légitimité, ce noble soutien des États. Il avait laissé abattre et n'avait point eu le temps de reconstruire. Il avait souffert qu'Alfonse fût exilé, et Pierre captif, allait tomber faute d'un usurpateur : son omnipotente confiance venait en aide à la perfidie de l'usurpateur : le sang de Bragance allait déchoir du trône par sa faute.

Et, puisqu'il savait que toute usurpation est grosse de guerres civiles et de tempêtes domestiques ; comme il savait que son pays, entouré d'États plus forts, convoité d'un côté par l'Angleterre, de l'autre par l'Espagne, avait besoin du courage de tous ses enfants, pour rester libre, il se disait, non sans raison, que son agonie à lui était l'agonie du Portugal…

Alors, une amère douleur prenait son âme pour la torturer. Il parcourait son étroit cachot comme une bête fauve tourne dans sa cage de fer. Il battait les murs, frappait la porte, et déchirait ses mains à vouloir ébranler le massif barreau de fer qui séparait en deux la meurtrière de son oubliette.

D'autres fois il se faisait un porte-voix de ses deux mains arrondies, et criait de toutes ses forces, appelant par leur nom les geôliers et les porte-clés. Ces hommes il les connaissait, ils étaient à lui ; sur un signe de sa main, ils eussent laissé grandes ouvertes toutes les portes du Limoëiro, — mais porte-clés et geôliers n'entendaient point sa voix. Son cachot était loin de tout passage.

Les seuls personnes qui prêtassent l'oreille à ses cris étaient les hôtes de la *Chambre royale* : la reine et l'infant qui se disaient :

— Ici près, dans le cachot voisin, il y a un fou furieux !…

Les premiers rayons du jour, en pénétrant par la meurtrière, vinrent augmenter son supplice. C'était l'heure à laquelle il avait convoqué le peuple. Le peuple l'attendait sur la place du couvent de Xabrégas. Sans doute en ce moment même mille voix l'appelaient et le demandaient.

Et il ne répondait point. — Il allait mourir.

Comme il arrive d'ordinaire, l'atonie succéda tout à coup à cette fièvre. Il retomba brisé sur son escabelle et ne bougea plus.

En ce moment d'immobilité et de silence, il entendit à son tour un bruit de voix dans la prison voisine. Il tourna la tête. Un rayon de jour, passant par la fissure d'une muraille, frappa son regard.

Il se traîna jusqu'à cette place, qui formait l'angle du cachot le plus éloigné de la porte et colla son œil à l'ouverture. Il ne put rien voir ; le trou était plein de poussière et de débris. Tandis qu'il le déblayait avec la pointe de son poignard, les voix se reprirent à parler.

— Lui seul savait notre union, disait le prince, lui seul a pu nous trahir…

— Quand l'univers entier serait là pour l'accuser, répondit la reine d'un ton ferme, je me lèverais, moi, pour donner un démenti à l'univers, et je dirais : Non, Vasconcellos n'est point un traître !

— Isabelle ! murmura le moine en pressant avec force ses mains l'une contre l'autre.

Il allait se faire entendre par l'ouverture, et crier à l'infant d'appeler un geôlier, lorsque la porte de la chambre royale s'ouvrit. Le moine, à travers le trou agrandi, vit entrer Castelmelhor. Il redoubla d'attention.

Le comte traversa la chambre royale lentement et la tête fièrement relevée. Mais cette hauteur apparente était évidemment un masque dont il couvrait sa honte et sa confusion secrètes.

À son approche, l'infant détourna le visage. Isabelle, au contraire,

demeura immobile et regarda le comte en face. Celui-ci, arrivé près d'elle, salua et dit :

— Madame, je n'ignore point que ma présence doit vous être odieuse ; mais il faut vous épargner ces regards de mépris, car, pour nous deux, le temps des dédains réciproques est passé. Je suis trop haut, madame, pour que le mépris puisse m'atteindre ; je suis trop fort pour avoir besoin désormais de cacher le respect que m'inspire votre noble caractère.

Il s'inclina de nouveau d'un air grave.

— Altesse, continua-t-il en s'adressant au prince, vous êtes coupable de lèse-majesté. Votre vie n'est pas protégée comme celle de madame la reine, par la crainte qu'inspire un roi puissant et toujours victorieux…

— Je serai jugé par les états du royaume, répondit l'infant. Si je suis condamné, je marcherai au supplice sans murmure… Mais ce à quoi je ne puis me résigner, Castelmelhor, c'est à subir la présence d'un misérable tel que toi.

Le comte demeura impassible.

— Et si je venais vous offrir la liberté ! demanda-t-il.

— Dom Pierre la refuserait ! s'empressa de répondre la reine.

— Dom Pierre l'accepterait, reprit froidement Castelmelhor, car il est jeune ; un long avenir se déroule devant lui, et la mort est triste à vingt-deux ans, — quand elle arrive, inévitable, obscure, sans gloire… dans les ténèbres d'une prison.

Le moine tressaillit à cette affreuse menace, qu'il savait devoir se réaliser.

Quant au prince, il l'accueillit par un sourire d'incrédulité méprisante.

— Qui oserait assassiner le frère du roi ? dit-il.

Castelmelhor fut quelques secondes avant de répondre. Puis redressant tout à coup sa taille et se couvrant, il dit d'une voix forte et décidée :

— À mon tour, je demanderai : qui ose ici prendre le titre de frère du roi ?… Il n'y a plus de roi, Pierre de Bragance.

L'infant et la reine relevèrent à la fois leurs regards étonnés.

— Ou plutôt, reprit Castelmelhor, le Portugal a changé de maître, et il n'y a plus que dom Simon de Vasconcellos et Souza qui ait le droit de se dire frère du roi.

— Vasconcellos ! répéta la reine.

— Je savais bien qu'ils étaient d'accord ! s'écria dom Pierre avec une sorte de joie. Je savais bien qu'ils se ressemblaient de cœur comme de visage. Tous deux traîtres, tous deux menteurs !

— Non, non ! c'est impossible ! murmura Isabelle.

Le moine, accroupi derrière la muraille, s'agitait et secouait les pierres gigantesques qui le séparaient de la chambre royale. Cette scène le navrait.

— Vasconcellos, reprit méchamment Castelmelhor, n'a pu faire autrement que de servir son frère.

— Tu mens ! râla le moine.

La reine courba la tête en silence.

En voyant ce mouvement, le moine sembla perdre tout courage, et tomba lourdement à la renverse.

— Mais laissons là dom Simon qui est un digne frère, reprit encore Louis de Souza ; — je ne suis point venu céans pour faire son éloge… vous savez maintenant, Pierre de Bragance, que vous n'êtes plus rien dans l'État. Votre dignité, reflet de la puissance fraternelle, s'éteint avec cette puissance. — C'est moi qui suis le roi !

L'infant fit un geste convulsif, sembla chercher son épée absente.

— Votre épée vous servirait peu, continua Castelmelhor en souriant ; — encore faut-il y renoncer, car le dernier acte d'Alfonse a été de vous l'enlever. L'ordre était bien de lui, seigneur. La débile main de votre frère a signé votre arrêt de mort, mais elle ne pourrait point vous protéger. Votre vie m'appartient. Vous êtes à moi… suivant mon bon plaisir ; dans une heure vous serez un homme libre, ou le cadavre d'un prisonnier… Ne donnerez-vous point, madame, un bon conseil à votre époux !

La reine, à ce mot, sembla s'éveiller brusquement. Elle promena son regard stupéfié de Castelmelhor à l'infant.

— Hélas ! seigneur, dit-elle, cet homme dit vrai. Vous êtes en son pouvoir.

— Je saurai mourir ! prononça l'infant d'une voix ferme.

— Non !.., oh ! par pitié pour moi, ne parlez pas ainsi, s'écria la reine. J'avais mis en celui qui nous a trahis ma confiance tout entière. Je croyais… c'est pour moi que vous péririez, seigneur, pour moi qui suis votre femme, et qui donnerais tout mon sang pour vous sauver.

L'infant regardait Isabelle avec une joie passionnée tandis qu'elle parlait ainsi. Des larmes de bonheur mouillaient ses yeux. Il oubliait Castelmelhor et le monde pour écouter cette voix, qui, jusqu'alors froide et sévère, avait enfin prononcé quelques mots qui ressemblaient à des paroles d'amour.

— Merci... merci ! murmura-t-il ; mais ne pleurez plus, madame, car je n'aurais point la force de mourir.

La reine était en proie à une émotion extraordinaire. Elle se reprochait maintenant comme un crime l'amour qu'elle avait gardé à Vasconcellos. Elle voulait le croire coupable et ne pouvait. Son cœur démentait toutes preuves. Il se révoltait contre l'évidence et lui montrait le noble et fier visage de Vasconcellos protestant contre ces accusations mensongères.

Quant à l'infant, elle eût voulu lui donner au moins sa vie en échange de la part de tendresse qu'on doit à un époux. Elle cherchait avidement autour d'elle quelque chose à lui sacrifier. Castelmelhor était là ; Castelmelhor, qui l'avait tant de fois outragée ; elle voulut s'humilier devant lui.

— Seigneur, dit-elle, je vous demande pitié !

— Je suis entré ici dans des intentions pacifiques, répondit le comte, — et les insultes de dom Pierre n'ont point eu le pouvoir de changer ma détermination. Qu'il signe ce parchemin, et les portes du Limoeiro s'ouvriront devant lui.

Castelmelhor tendit à la reine un parchemin scellé du sceau de l'État.

— Un acte de renonciation au trône ! dit-elle après l'avoir parcouru.

— Jamais ! s'écria l'infant avec énergie. Plutôt mille fois la mort !..

Le moine était toujours étendu sur le sol humide de son cachot. La vie semblait éteinte en lui. Dans sa chute, son capuchon s'était rejeté en arrière. L'étroit et pâle rayon qui pénétrait à travers la meurtrière tombait d'aplomb sur son visage, où sa récente souffrance avait laissé des traces profondes.

Une clé tourna lentement dans la serrure de son cachot, dont la porte s'ouvrit sans bruit. Un homme entra, qui jeta un rapide regard autour de lui. Son visage était couvert d'un masque. Il tenait dans la main droite une épée ; la gauche serrait le manche d'un long poignard.

Il ne vit rien d'abord : mais, quand son regard se fut habitué à l'obscurité, il aperçut le moine, étendu dans un coin, et marcha vers lui avec précaution. Il s'agenouilla près de lui, se pencha sur son visage et le contempla une seconde en silence. Puis il détacha sa barbe blanche, qui laissa à découvert un menton rasé et une lèvre supérieure ornée de deux fines moustaches noires. — Le regard du nouveau-venu étincela de haine.

— C'est lui, murmura-t-il, je l'avais deviné ! Ah ! c'est qu'on reconnaît, même après sept ans, la main qui vous frappa au visage... Sept ans ! sept ans d'exil pour la cause !

Un sourd ricanement se fit entendre sous son masque, et il ajouta :

— Je crois que je vais me venger !

Tout à coup, le rire fit place à l'inquiétude.

— S'il était mort déjà ! dit-il.

Il jeta son épée et tâta la poitrine du moine.

— Son cœur bat... il vit assez pour qu'on le tue.

L'homme masqué ramassa son épée ; mais avant de frapper, il découvrit le rayon de jour qui venait de la chambre royale, et, comptant de prolonger sa vengeance, il appliqua son œil curieux à l'ouverture. — Il vit Castelmelhor, l'infant et la reine.

— Ho ! ho ! dom puissant patron joue là son rôle comme il faut, ce me semble !... Il ne se doute guère de ce qui se passe à trois pas de lui... Achevons notre besogne.

Il se retourna et mit la pointe de son épée sur le cœur du moine. Le froid de l'arme fit ouvrir les yeux à ce dernier, qui les referma, se croyant le jouet d'une hideuse vision.

L'homme masqué se reprit à rire.

— Il croit rêver, grommela-t-il, ce sera son dernier cauchemar.

Ce disant, il arrangea à loisir ses deux mains sur le pommeau de l'arme pour l'enfoncer mieux.

Il était si absorbé par cette occupation, qu'il ne prit point garde à un léger bruit qui se fit derrière lui. La porte du cachot était restée entrebâillée. La franche et large figure de Baltazar parut sur le seuil.

— Numéro treize ! murmura-t-il.

Et il dirigea, à l'intérieur, l'âme d'une lanterne sourde qu'il tenait à la main.

XXXVIII.

LE MOINE.

Le moine avait eu grand tort de ne point compter sur la fidélité d'Ascanio Macarone. C'était précisément là le messager qu'il lui fallait.

Un Portugais, en effet, se fût contenté de remettre religieusement la bague à qui de droit sans mot dire ; mais le beau cavalier de Padoue, outre une multitude d'autres brillantes qualités, pouvait se vanter d'être le personnage le plus loquace qui fût sous le ciel.

Il n'attendit point les questions de Baltazar pour lui raconter comme quoi il avait arrêté le moine, — ce qui, eut-il soin d'ajouter, était un secret d'État, — comme quoi le moine l'avait fait son héritier, etc., etc.

Il fut excessivement surpris et mortifié lorsque, au beau milieu de son récit, Baltazar, le poussant rudement de côté, partit avec la rapidité d'une flèche en grommelant ces mots étranges :

— Numéro treize !

— Le pauvre diable est fou, pensa le Padouan.

Baltazar cependant atteignit en quelques minutes les abords de la prison. Au nom du moine, les verrous tombèrent devant lui, mais toutes ses questions demeurèrent sans réponse. Nul porte-clés n'avait vu le révérend père.

Alors Baltazar se fit indiquer le numéro treize. Le geôlier lui donna une lanterne et lui souhaita bon voyage, disant que de mémoire d'homme ce cachot n'avait point servi.

Il était temps que Baltazar arrivât. Le jet de sa lanterne lui montra ce terrible groupe que nous avons décrit au chapitre qui précède : le moine étendu sur le sol, et un homme tenant les deux mains sur la garde de son épée dont la pointe s'appuyait au cœur du moine.

Baltazar bondit en avant. Un seul élan de ses robustes jarrets le porta auprès de l'homme masqué. Celui-ci se retourna, l'épée haute ; Baltazar était sans armes.

Mais Baltazar n'avait pas besoin d'armes. Il para d'un revers de sa rude main le coup que lui portait son adversaire, et lui jeta autour du corps ses longs bras, qui avaient l'élastique dureté de l'acier. L'homme masqué jeta un cri, un seul ; puis on entendit comme un craquement d'os brisés. — Puis Baltazar lâcha prise, et un cadavre tomba pesamment sur le sol.

Le brave géant respira bruyamment alors, non pas de fatigue, mais de joie. Par un sentiment fort naturel, il voulut voir quelle sorte de reptile il venait d'écraser. En conséquence, il arracha le masque.

Le visage qu'il découvrit était horriblement contracté par la mort ; il le reconnut néanmoins, et repoussa du pied le cadavre avec dédain.

— Antoine Conti ! murmura-t-il, c'est autant de pris sur la besogne du bourreau !

Pendant que cela se passait, la scène de la chambre royale arrivait à son dénoûment. L'infant refusait toujours de signer sa déchéance. Isabelle elle-même appuyait ce refus.

— Qui nous dit d'ailleurs que vous ne nous trompez pas ! s'écria tout à coup le prince s'accrochant à un dernier espoir. — Alfonse était roi hier ; l'avez-vous donc assassiné ?

— Non, répondit Castelmelhor qui tira de son sein un second parchemin.

— Alors, il est roi encore.

— Non, dit une seconde fois Castelmelhor.

Il déplia le parchemin et le montra de loin au prince.

— Alfonse, reprit-il, a fait ce que vous voulez point faire ; voici son acte d'abdication.

— Honte à lui ! murmura dom Pierre avec accablement.

La reine baissa la tête.

— Maintenant, seigneur, dit Castelmelhor en changeant de ton, — je vous ai tout dit : voici en blanc, sur cet écrit, la place où sera inscrit le nom du successeur d'Alfonse. Les Vingt-Quatre et les dignitaires m'attendent ; ils sont à moi... vous avez établi vous-même l'alternative : — renoncez ou mourez !

Dom Pierre, comme ces malheureux que presse un danger inévitable, parcourut sa prison d'un regard désespéré.

— Il faut en finir, reprit durement Castelmelhor ; — choisissez !

Et comme le prince hésitait encore, il ajouta avec un impitoyable sourire :

— Faut-il vous convaincre que vous êtes en mon pouvoir? Des gens qui m'ont vendu leur âme attendent mes ordres derrière cette porte... Voyez!

Il ouvrit la porte d'un geste brusque, et répéta emphatiquement :

— Voyez!

L'infant et la reine tournèrent vers la porte ouverte un morne regard ; mais un étonnement inexprimable se peignit sur leur physionomie. Castelmelhor regarda à son tour; une sourde malédiction s'échappa de ses lèvres.

Au lieu des gens armés qu'il avait postés à la porte, il vit le moine debout sur le seuil, la tête haute et les bras croisés sur sa poitrine. Derrière lui apparaissait l'herculéenne carrure du brave Baltazar.

— C'est vous qui êtes en mon pouvoir, seigneur comte! dit le moine en s'avançant lentement.

— Toi! s'écria Castelmelhor en écumant de rage; —encore toi!

Il tira son épée et fit un pas vers le moine; mais, sur un signe de celui-ci, Baltazar s'élança dans la chambre à la tête d'une douzaine d'hommes armés, commandés par le geôlier dom Pio Mata Cerdo lui-même.

Castelmelhor courba la tête ; il se sentit perdu.

— Je vous avais bien dit, Louis de Souza, reprit le moine, que vous deviendriez un assassin... Mon aspect vous étonne, n'est-ce pas? Vos mesures étaient prises... A cette heure, je devrais être mort... mais Dieu protège le sang royal, seigneur comte. Il ne reste qu'un cadavre de l'homme que vous aviez envoyé pour me tuer; Vous-même, vous êtes captif et vaincu. Dans une heure, par les fenêtres de cette prison, vous pourrez entendre la voix du peuple crier : — Longue vie au roi dom Pedro!

L'infant, à ces mots, s'avança. Jusqu'alors la surprise et la joie l'avaient rendu muet.

— Seigneur moine, dit-il, la couronne est à dom Alfonse, mon frère. Je n'y ai point de droits.

Le moine arracha le parchemin que tenait encore Louis de Souza, et que ce dernier, accablé par sa défaite, ne chercha point à retenir.

— Alfonse a renoncé au trône, dit-il ; Dieu l'a permis pour le bonheur du Portugal. Vous êtes son légitime successeur, Altesse ; refuser serait reculer devant une tâche ardue et pénible; vous accepterez, parce que votre cœur est vaillant.

La reine, depuis le commencement de cette scène, couvrait le moine d'un regard inquiet. Sa voix semblait faire naître en elle une sensation étrange. Tandis que l'infant hésitait, combattu par l'attachement réel et loyal qu'il portait à son malheureux frère, Isabelle s'approcha du moine, et dit à voix basse :

— Est-il donc vrai que Vasconcellos est un traître, seigneur?

— Sous peu d'instants, Votre Majesté ne conservera plus de doute à cet égard, répondit gravement le moine.

Puis, se tournant vers les hommes qui suivaient Baltazar.

— Le seigneur comte est prisonnier d'État, reprit-il. Sur votre tête, vous répondez de lui à Leurs Majestés... Sire, et vous, madame, ajouta-t-il, vos officiers attendent au dehors. Si votre bon plaisir est de vous rendre sur l'heure à votre palais, je me fais caution que nul danger ne menacera vos personnes royales.

Il s'inclina et sortit.

Faible encore par suite de la terrible nuit qu'il avait passée, il traversa néanmoins la plus rapide la distance qui séparait le Limoeiro du palais de Xabrégas. Sur la place, entre le palais et le couvent de la Mère-de-Dieu, une foule immense ondulait et se pressait en murmurant. Elle attendait le moine qui manquait au rendez-vous donné.

Quand il parut enfin, une acclamation générale fit trembler le sol et crier les vitres des maisons environnantes.

— Le moine! le moine! criait-on; — place au moine, qui va faire justice et nous délivrer de nos oppresseurs!

— Castelmelhor est prisonnier, dit le moine en se frayant péniblement un passage; Alfonse a quitté le Portugal et vous allez avoir un roi.

— Ce sera vous, n'est-ce pas, révérend père? cria-t-on de toutes parts.

Et, à tout hasard, dix mille voix s'élevèrent en chœur pour clamer :

— Vive le roi!

Les Vingt-Quatre, les dignitaires et les députés de la bourgeoisie, convoqués par Castelmelhor, étaient rassemblés dans la salle des États depuis environ une heure.

L'inquiétude était peinte sur tous les visages. Par les fenêtres de la salle, les membres de l'assemblée voyaient la foule sur la place et tremblaient, car la foule était menaçante. C'étaient, pour la plupart

des créatures de Louis de Souza. Ils se sentaient sans force en l'absence de leur maître.

Au fond de la salle, une troupe nombreuse de Chevaliers du Firmament, commandée par le seigneur dell'Acquamonda, étalait la pompe de son brillant costume. — Le Padouan s'était muni d'un mouchoir, afin de s'agenouiller devant Castelmelhor, au moment où l'assemblée lui conférerait la dignité royale.

Dans un coin, lord Richard Fanshowe jouait le rôle d'observateur. Chaque fois que le murmure de la foule arrivait jusqu'à ses oreilles, il se frottait les mains avec enthousiasme et croyait entendre Lisbonne entier chanter le God save Charles king!

L'acclamation fulminante poussée par le peuple à la vue du moine fit sauter sur son banc chaque membre de l'assemblée.

— Voici venir mon fidèle bénédictin, se dit Fanshowe.

Presque au même instant le moine entra. Il traversa la salle d'un pas ferme, et ne s'arrêta que près de la table placée devant le siége du président. Il déplia l'acte d'abdication d'Alfonse, et en donna lecture à haute voix.

— Le nom de son successeur? demanda l'assemblée.

Le moine gagna l'une des fenêtres, et fit un signe. Une seconde clameur, universelle, étourdissante, partit de la place et secoua les vitres de la salle. Le moine aperçut un carrosse qui traversait la foule. A cette vue, il apaisa le tumulte d'un geste, et revint vers la table. Là il saisit une plume, et remplit le nom laissé en blanc sur l'acte d'abdication.

— Seigneurs, dit-il en montrant du doigt la foule qui s'agitait sous les fenêtres, je suis le plus fort; j'ai le droit d'ordonner, — voulez-vous m'obéir?

— C'est un trésor que ce moine! pensa Fanshowe.

— C'est le diable! grommela Macarone.

Les membres de l'assemblée hésitaient et se consultaient.

— Eh bien! reprit le moine d'une voix menaçante.

La foule, impatiente de ne plus voir son maître, éclata en murmures. L'hésitation de l'assemblée prit fin subitement.

— Nous vous écoutons, révérend père, dit le président des Vingt-Quatre.

Le moine monta les degrés de l'estrade, prit le coussin de velours où reposait la couronne royale que Castelmelhor avait eu la précaution de faire apporter, et le remit aux mains de Jean de Mello, président de la cour des Vingt-Quatre.

— Suivez-moi, seigneurs, dit-il ensuite.

L'assemblée se leva en masse et gagna les escaliers du palais.

— Que va-t-il faire? se demanda Fanshowe avec un commencement d'inquiétude.

Au moment où le moine, qui marchait en tête, arrivait au haut du perron du palais, l'infant et la reine descendaient de leur carrosse.

Le moine déploya une seconde fois l'acte d'abdication et le lut au milieu d'un profond silence. Cette fois rien ne manquait : le blanc était rempli par le nom de dom Pedro de Bragance.

Lecture faite, le moine prit la couronne des mains du président de la cour, et la posa sur la tête de l'infant.

— Longue vie au roi dom Pedro! hurla la foule, enthousiasmée de cette pompe théâtrale.

— Sic vos non vobis!... murmura douloureusement milord, qui avait fait ses humanités.

Le moine se mit à genoux et baisa la main du roi.

— Seigneur moine! s'écria dom Pierre avec émotion, si vous n'étiez pas un serviteur de Dieu, le moins que je puisse faire pour récompenser votre dévouement serait de vous nommer mon premier ministre.

— A cela ne tienne, répondit le moine.

Il dépouilla son froc et parut en brillant costume de gentilhomme.

— Vasconcellos! dit le roi avec une surprise où il entrait quelque dépit.

— Dom Simon! murmura Isabelle, qui retint à grand'peine un cri de reconnaissance et de joie.

Lord Fanshowe exécuta une épouvantable grimace, et Macarone, fendant la presse, saisit le froc délaissé du moine, qu'il baisa passionnément en disant :

— Corps de Bacchus! Excellence, si vous me permettez d'emporter ce saint habit, j'en ferai des reliques... Je me déclare le valet de Leurs Majestés très-sacrées, — et le vôtre, avec un infini ravissement!

— Simon de Vasconcellos, reprit dom Pierre après un silence, je ne retire point ma parole : vous êtes mon premier ministre.

— Je remercie Votre Majesté, et j'accepte, répondit le cadet de

Souza... En conséquence, je déclare dissoute et licenciée la dérisoire milice appelée Chevaliers du Firmament.

Le peuple battit des mains, Macarone jeta sa toque étoilée et la foula aux pieds en criant : — Bravo !

— En outre, continua Vasconcellos, je notifie à lord Richard Fanshowe que j'ai écrit au ministre du roi son maître, pour exiger son rappel, motivé sur...

— Je partirai demain, seigneur, interrompit Fanshowe, qui se retira aussitôt à l'écart.

— Consolez-vous, milord lui dit le Padouan. Nous partirons ensemble, vous, moi — et mon épouse.

— Que m'importe ton épouse et toi ! s'écria Fanshowe d'un ton bourru.

— Père dénaturé ! répliqua le beau cavalier de Padoue. Mon épouse vous doit le jour !

— Arabelle ?... balbutia Fanshowe atterré.

— La sensible Arabelle, dont l'amour m'a procuré l'honneur d'entrer dans votre famille.

Milord ambassadeur laissa retomber ses deux bras le long de son flanc ; ce dernier coup l'achevait.

Le roi avait donné en peu de mots son approbation aux mesures proposées par Vasconcellos. Celui-ci reprit :

— Je n'ai plus qu'une seule grâce à demander à Votre Majesté.

— Laquelle ? dit le roi.

— Le pardon de Louis de Souza, mon frère.

— Il aura la vie sauve.

— Merci ! — Maintenant, Sire, je remets entre vos mains la haute charge que vous avez daigné me confier. Mon devoir m'appelle ailleurs.

— Quoi ! vous nous quittez ! s'écria Isabelle.

Le roi lui-même en parut surpris et affligé.

— Mon père me voit, madame, répondit Vasconcellos d'un ton de solennelle tristesse.

— Adieu, seigneur, murmura Isabelle, dont une larme vint mouiller la paupière.

— Adieu ! répondit Vasconcellos, — pour toujours.

Il se releva, et, suivi du fidèle Baltazar, il traversa la foule, qui s'ouvrit silencieusement sur son passage.

Arrivé au bord du fleuve, il monta dans une barque qui le conduisit au navire où se trouvait Alfonse.

On leva l'ancre, Vasconcellos joignit les mains et jeta un dernier regard sur Lisbonne.

Quand la ville disparut dans le lointain, un douloureux soupir souleva sa poitrine.

— Je ne l'oublierai point, murmura-t-il. Elle sera toujours là, — au fond de mon cœur.

Puis il descendit dans la cabine où dormait le pauvre roi détrôné. Il s'as-

Le Limoeïro.

sit à son chevet, et, levant les yeux au ciel, il dit avec résignation :

— Père, je suis à mon poste !

. . . .

FAVAS ET BOISROSE.

I.

Un soir du mois d'avril 1593, il y avait tumulte dans les rues de Fécamp. La seconde ville du pays de Caux venait d'être rendue à M. le baron de Biron, au mortel déplaisir des bons catholiques, qui voyaient en ceci la punition de leurs péchés.

Il n'y avait, à proprement parler, ni sac ni pillage, mais les soldats de M. le maréchal, é-pandus par la ville et sur la rampe de la citadelle, avaient bu plus de vin qu'il n'est raisonnable, et rançonnaient les bourgeois à plaisir. La cloche de la diane faisait en-tendre depuis quel-ques minutes ses tintements fêlés; les sergents couraient les rues, tâchant de rassembler les re-tardataires, car M. de Biron ne comp-tait point coucher à Fécamp. Il avait nommé, de son au-torité, pour gou-verneur provisoire, un gentilhomme cal-viniste du nom de Favas, et voulait, par une marche nocturne, rejoin-dre le roi campé sous les murs de Rouen, où se faisait assiéger M. de Bran-cas-Villars, amiral de France. — On était alors au der-nier période de cette lutte désastreuse qui mit le royaume à deux doigts de sa

Il était temps que Baltazar arrivât.

perte; la Ligue, vaincue sur presque tous les points à la fois, et sou-tenue seulement par l'or de l'Espagne, allait recevoir le coup de grâce par la conversion de Henri de Bourbon. M. de Villars s'en-têtait néanmoins; — malgré la présence du roi et la diplomatie carrée de M. de Sully, rien n'annonçait qu'il dût rendre de sitôt la capitale de la Normandie.

Avant de quitter Fécamp, M. de Biron devait faire vider la place à la garnison assiégée, qui avait obtenu les honneurs de la guerre. Au moment où les portes s'ouvraient pour cette évacuation, dans une maison d'assez belle apparence, située au centre de la ville, deux hommes étaient réunis dans une chambre retirée, et portaient sur leur visage les traces d'un violent dépit. Tous deux étaient jeunes, mais l'un, M. le chevalier de La Regnardière, physionomie placide au front demi-chauve, aux traits calmes et reposés, semblait adonné à de paisibles habitudes, tandis que son compagnon, Henri Gousli-ménil, sieur de Boisrosé, offrait le type reconnaissable de l'homme de guerre à toutes époques. C'était un grand et fort jeune homme; sa figure, pâlie par une blessure récente, était empreinte à la fois de hardiesse, d'intelligence et d'obstination; lorsque son œil brillait sous ses sourcils épais, au feu d'une passion soudainement excitée, il semblait, à voir son bras robuste et l'audacieuse témérité de son

regard, que tout obstacle dût fléchir sur son chemin. Tandis que M. de La Regnardière se promenait de long en large, la tête basse et l'air chagrin, Boisrosé achevait de s'armer à la hâte.

— Et vous dites que c'est M. de Favas? demanda-t-il.

— C'est lui, répondit le chevalier. Il avait un fort parti dans la ville; cette nuit, sa prison a été forcée; au lever du jour, il a fait ouvrir les portes. Les soldats de Bi-ron encombraient les rues avant que l'alarme n'eût été donnée.

— Maudite bles-sure! s'écria Henri de Boisrosé avec emportement, sans elle, ce traître de Favas n'eût point eu si facile réussite. Mon ami, ajouta-t-il, je perds aujourd'hui mon gouvernement par le fait de cet odieux rival que Satan semble avoir mis sur terre pour ma perdition éter-nelle. Mais, s'il plaît à Dieu, ce n'est que partie remise.

La Regnardière le regarda avec étonnement.

— Je pars, dit Boisrosé.

— Quoi! blessé comme vous êtes!

— Je pars. Fé-camp est ma ville; je n'y dois demeu-rer que gouverneur ou mort.

— Gouverneur, murmura piteuse-ment La Regnar-dière; c'est ce diable de Favas....

Henri s'élança et lui saisit le bras.

— Dites-vous vrai? interrompit-il d'une voix tremblante de colère.

— Hélas! monsieur mon ami, soupira le chevalier, je n'ai point coutume de mentir.

— Favas, gouverneur! répétait Boisrosé, gouverneur à ma place! Puis, au lieu d'achever de revêtir son accoutrement de guerre, il se jeta sur son lit et parut tomber dans une profonde rêverie.

— Partir! se disait-il, laisser Gabrielle dans une ville où cet homme a le suprême pouvoir! N'est-ce point tenter cette inexpli-cable fatalité qui semble porter au même but nos désirs! N'est-ce point exposer ma belle maîtresse? Monsieur de La Regnardière, con-tinua-t-il à voix haute, Gabrielle était-elle au château de Miége, lors du séjour de M. de Favas?

— Je ne sache pas!... commençait le chevalier.

— D'ailleurs, il n'importe! interrompit Henri en se levant tout à coup; ma mission est tracée, il faut que je sois gouverneur de Fé-camp. Favas y commande, tant mieux! ce sera une estocade de plus dans ce duel à mort que nous nous livrons depuis notre naissance.

Il noua son pourpoint, assura son épée, et couvrit sa tête du large feutre à plume rouge des croisés de Lorraine. Puis il s'avança vers La Regnardière et lui tendit la main.

— Vous êtes mon ami, dit-il avec solennité. Point d'assurances, je le sais et j'y compte; mais il est des promesses qu'il ne faut faire, à moins de se sentir fort et résolu contre tous événements. Voulez-vous me servir?

— Je le veux, dit La Regnardière avec calme.

— Écoutez donc, et souvenez-vous.

Boisrosé parla longtemps à voix basse. Il n'y avait personne dans l'appartement; mais sans doute il disait de ces choses pour lesquelles entendre les murs ont des oreilles. — Quand il eut achevé, serrant une seconde fois la main de son ami, et l'interrogeant du regard :

— Le voulez-vous? répéta-t-il.

— Je le veux, dit encore La Regnardière.

— Alors la ville est à moi ; et cette fois, vienne M. de Favas, je promets qu'il ne saura me la reprendre!

— Dieu vous aide! murmura le chevalier en secouant la tête d'un air de doute.

— Dieu m'aidera! s'écria Boisrosé avec enthousiasme. Puis il ajouta en baissant la voix : — Au bas de la falaise, trois lumières en ligne...

— Je me souviendrai.

— Toutes les nuits, de onze heures au lever du jour.

— Toutes les nuits.

— Au revoir donc, et merci, mon frère! dit Henri en tendant les bras.

Les deux amis se donnèrent l'accolade du départ; Boisrosé, s'enveloppant dans son manteau, descendit précipitamment et gagna la rue. La plus grande partie de la garnison était sortie déjà. Favas était là, monté sur son cheval et présidait à l'évacuation en l'absence du maréchal qui faisait ses préparatifs de départ. Comme il tournait bride, ayant vu passer sous la porte le dernier traînard de la garnison vaincue, une main toucha son épaule.

— A bientôt, monsieur de Favas, lui dit une voix connue : veillez, croyez-moi, nuit et jour à vos murailles : trahison ne profite guère.

Avant que le nouveau gouverneur, stupéfait de cette apostrophe, eût pu tirer son épée ou élever la voix pour donner un ordre, Henri Goustiménil de Boisrosé piqua des deux et franchit la porte au moment où les lourds battants allaient retomber.

— Bravade de vaincu! se dit M. de Favas en regagnant son logis. C'est égal, je le croyais dans son lit, et l'aimais mieux ainsi qu'à cheval.

MM. de Favas et de Boisrosé étaient à peu de chose près du même âge ; ils étaient nés tous deux de familles pauvres et de petite noblesse dans un village du Quercy. Leur rivalité avait commencé pour ainsi dire avant leur naissance.

En 1560, M. le baron de La Garde, qui était alors un puissant seigneur, étant venu visiter un domaine qu'il voulait acquérir aux environs de Cahors, et désirant se faire bien venir des familles nobles de la province, annonça qu'il tiendrait sur les fonts du baptême l'enfant de M. de Favas, dont la femme était enceinte ; mais madame de Boisrosé, qui venait d'accoucher, témoigna de cette préférence un tel mécontentement, que le baron préféra ne point passer outre, de peur de se donner pour ennemis des gens réputés pour être de père en fils intrépides et vindicatifs.

Élevés tous deux dans le village où leurs familles tenaient un rang égal, Favas et Boisrosé, forts et hardis enfants, se posèrent en façon de chefs de parti ; la populace en bas âge se divisa ; billes et cerceaux furent abandonnés, et bientôt il ne fut plus question que de tournois à coups de poing, qui dégénéraient parfois en luttes acharnées, où la fronde et le bâton jouaient leur rôle, au grand déplaisir des parents. Plus tard, nos deux champions se retrouvèrent à l'académie de Cahors ; là, leur rivalité prit déjà un plus sérieux caractère : pareillement braves et vigoureux, ils réussissaient à merveille ; mais leur émulation n'aboutissait qu'à rendre leurs succès parfaitement égaux. Avant de quitter l'académie, ils avaient déjà croisé le fer plusieurs fois sans résultat autre que beaucoup de fatigue ; leur commune habileté, jointe à la connaissance entière que chacun avait du jeu de son rival, faisait ressembler leurs combats à

des assauts en salle. Et pourtant Dieu sait qu'ils poussaient à fond et que la bonne volonté ne leur manquait point.

Entrés dans le monde, la différence de religion les éloigna ; ils se perdirent de vue durant de longs intervalles ; de temps à autre pourtant, les mouvements des armées les rapprochaient. Alors, sans attendre la mêlée générale, ils se donnaient la satisfaction de battre, deux heures durant, leurs rapières l'une contre l'autre ; — quand ils étaient bien las, ils rengaînaient et se disaient au revoir. Chaque fois qu'ils se retrouvaient ainsi, c'était pour reconnaître avec un étonnement chagrin que, dans leurs partis respectifs, ils avaient suivi la même route et atteint le même résultat : Henri de Boisrosé, attaché à M. de Villars, servait la Ligue ; Favas, après avoir été à M. de Bouillon, s'était fait, en dernier lieu, gentilhomme de M. de Sully.

En 1589, quelque temps avant le meurtre de Henri III, Favas et Boisrosé se rencontrèrent au château de Miége, en Normandie. Ils avaient alors vingt-neuf à trente ans, et l'âge les avait mûris quelque peu ; ils se prirent là main d'assez bonne grâce, résolus à vivre désormais d'accord. Mais leur étoile ne l'entendait point ainsi ; quoi qu'ils pussent faire, ils devaient rester ennemis et rivaux jusqu'au bout.

Le château de Miége était une sorte de territoire neutre. La baronne douairière avait de nombreuses alliances dans les deux camps : feu son mari était mort au service du Béarnais, tandis que son frère, M. le marquis de Sourdis, était l'un des chefs secondaires du parti catholique. La baronne avait deux filles : l'une, encore enfant, habitait Paris ; l'autre, la belle Diane de Miége, atteignait sa dix-huitième année. Favas et Boisrosé en devinrent éperdument amoureux. Ils étaient beaux tous deux ; la jeune fille, coquette autant que jolie, semblait les favoriser également, et même ne traitait point trop mal un troisième concurrent, gentilhomme du voisinage. Ce dernier n'était autre que M. le chevalier de La Regnardière.

Il va sans dire que la haine de ces deux rivaux se ranima plus vive que jamais ; chacun d'eux commandait une compagnie cantonnée dans les environs du château ; ils résolurent d'en finir à quelque prix que ce fût.

La guerre faisait alors relâche ; c'était comme un temps d'arrêt avant la lutte furieuse que devaient se livrer les partis après la mort de Henri III. Les soldats de Favas et ceux de Boisrosé vivaient sur le pied de paix. Un jour pourtant, ils durent s'armer et se donner bataille à quelques centaines de toises du château de Miége, dans un terrain choisi à l'amiable par leurs chefs. Ce fut une sorte de duel géant, un combat des Trente qui n'a point eu d'historien. — Nos deux gentilshommes se joignirent tout d'abord et firent merveilles ; mais tandis que leurs soldats tombaient autour d'eux, seuls ils restaient invulnérables. Leurs fronts ruisselaient de sueur ; leurs épées se levaient et retombaient sans trêve : le tout en pure perte. Enfin, de guerre lasse, ils durent regagner leurs quartiers, laissant sur le pré une vingtaine de pauvres diables qui s'étaient fait tuer sans trop savoir pourquoi.

M. de La Regnardière était un fort honnête seigneur de médiocre figure, d'intelligence peu développée et malhabile au métier des armes. M. de Sully, dans ses Mémoires, dit que c'était *quelque chose de moitié soldat, moitié gentilhomme et moitié procureur.* Mais, outre qu'il y a dans cette phrase du grand financier une erreur de calcul évidente, puisque son compte ferait tout juste un homme et demi, on doit accorder peu de foi aux paroles méprisantes qu'il jette à tort et à travers sur tous les catholiques de son temps.

— Quoi qu'il en soit, des trois compétiteurs qui se disputaient la main de Diane, M. de La Regnardière était sans contredit le moins avancé : c'était au point que lui-même semblait n'avoir pas grande foi dans le succès de sa recherche. Nonobstant, ce fut lui qui l'emporta en définitive, et voici comment :

Lors de l'assassinat de Henri III, la guerre s'étant rallumée tout à coup plus générale, Favas voulut mettre à profit le trouble qui régnait dans la province, et enlever mademoiselle de Miége : mais il avait compté sans Boisrosé. Obligé de partir le lendemain pour rejoindre le corps de M. de Villars, celui-ci venait de faire ses adieux. En quittant le château, il aperçut aux alentours des visages suspects et se posta en observation. Au moment où Favas, masqué, tentait d'escalader le balcon de Diane, Boisrosé se présenta et fit grand bruit. Les acolytes de Favas, pris d'une panique soudaine, s'enfuirent, et les deux éternels rivaux restèrent seuls en face l'un de l'autre.

— Monsieur de Favas, dit Boisrosé, je pars demain pour Rouen ; mais, eu égard à vos façons d'agir, vous trouverez bon que je prenne mes mesures. Le sort n'a pas voulu que je l'emportasse sur vous ; il ne me plaît point que vous l'emportiez sur moi : demain mademoiselle de Miége sera la femme d'un autre.

Il n'était pas temps de regimber ou de tirer l'épée ; les gens de la baronne, éveillés par le bruit, sortaient avec des flambeaux. Favas prit la fuite, honteux et enragé. Pour Boisrosé, ne sachant pas si Diane était d'intelligence avec son rival, il ne se souciait plus de l'épouser ; d'ailleurs, soldat avant tout, il tressaillait d'aise aux rumeurs de guerre ; les pensées d'amour étaient renvoyées au second plan. Mais sa haine pour Favas était un vieux sentiment que rien ne pouvait faire fléchir ; il tint parole. Rentrant au château sur-le-champ, et allant trouver madame de Miége, il lui raconta l'aventure nocturne : l'entreprise pourrait se renouveler, et il ne serait plus là pour en prévenir les suites. La baronne, effrayée, fit appeler sa fille ; il se tint une sorte de conseil.

Le lendemain, sur l'avis de Boisrosé, Diane fut fiancée au chevalier de La Regnardière.

Depuis lors, ce dernier, qui n'avait pas bien compris quel mobile faisait agir Boisrosé, le regarda comme son bienfaiteur. Honnête et simple de cœur, il crut ne pouvoir payer par trop de reconnaissance le prétendu sacrifice de son généreux rival.

La baronne douairière mourut en 1592. Gabrielle, sa seconde fille, qui, depuis quelques mois était revenue près d'elle, se retira à Fécamp, dans la maison de sa sœur aînée, de madame La Regnardière. A l'époque où commence notre histoire, son mariage avec Boisrosé était à peu près arrêté ; mais Diane, qui s'arrogeait sur la jeune fille une autorité de mère, avait mis pour condition que M. de Boisrosé serait gouverneur de Fécamp. L'amour de ce dernier pour Gabrielle ne ressemblait en rien au caprice qu'il avait eu autrefois pour sa sœur : c'était une passion profonde et partagée ; aussi, lors du siège de Fécamp par M. de Biron, il saisit avec ardeur cette occasion de se fonder des droits au titre de gouverneur. La résistance, qui fut des plus belles, fut en grande partie son ouvrage ; et, M. de Villars lui promit formellement le gouvernement de la place en cas de vacance. La vacance ne tarda pas ; Chrétien de Rosné, qui tenait la ville, fut tué aux murailles.

Malheureusement, le même jour, M. de Favas, fait prisonnier dans une sortie, entra dans la place, et du fond de sa prison fit agir de nombreux amis. Boisrosé gardait le lit par suite d'une grave blessure ; pendant quelques jours, il perdit toute connaissance des affaires du siège. Les premières nouvelles qu'il reçut en entrant en convalescence furent la mise en liberté de Favas par le parti calviniste, la reddition de Fécamp et le nom du nouveau gouverneur. Entre nos deux rivaux, la lutte s'acharnait fatalement de plus en plus.

Cette fois, suivant toute apparence, l'avantage devait définitivement demeurer à M. de Favas ; il était brave et prudent homme de guerre ; il tenait une place réputée imprenable. Aussi, se délectait-il fort à la pensée du désappointement de ce pauvre M. de Boisrosé, dont il avait appris les prétentions et les espoirs.

II.

Après le départ de Boisrosé, M. de La Regnardière resta seul avec sa femme et sa belle-sœur, au milieu d'une ville ennemie, et que le gouverneur avait des raisons pour ne pas aimer fort tendrement ; néanmoins, il ne parut point songer à la retraite.

Madame de La Regnardière n'avait nullement déchu en grâces ; elle avait vingt-deux ans à peine et se montrait plus coquette que

jamais. Bien que le chevalier ne fût point un riche gentilhomme, les atours de Diane faisaient honte aux plus nobles dames de Fécamp ; au lieu de vivre retirée, comme il convenait à la position douteuse de son mari, elle était de toutes les fêtes, et s'évertuait gaiement à faire parler d'elle en quelque façon que ce fût.

M. de La Regnardière rongeait son frein en silence ; il était fort amoureux de sa femme, et craignait sur toutes choses de perdre son affection : c'était là une crainte superflue ; le bon chevalier, en effet, ne pouvait perdre ce qu'il n'avait point. La dame demeurait inconsolable du funeste hasard, qui, sur trois prétendants, écartant les deux premiers qu'elle aimait à demi, lui avait donné le troisième, dont elle ne se souciait pas du tout.

Gabrielle de Miége semblait, en tous points, l'opposé de sa sœur. Elle était plus belle encore, s'il est possible, et sa modestie surpassait sa beauté. Diane se donnait grande peine chaque soir, pour se déterminer à faire sa toilette ; la jeune fille s'ennuyait des fêtes et songeait à l'absent sans relâche ; le souvenir de Boisrosé emplissait son cœur. Mais résister à madame Diane n'était point chose facile ; en définitive, faiblesse ou complaisance, Gabrielle la suivait toujours.

M. de Favas avait d'abord fait peu d'attention aux deux dames ; sans doute il gardait rancune à son ancienne maîtresse devenue la femme d'un autre ; mais ayant appris par fortune que Gabrielle était la fiancée de Boisrosé, il changea de conduite tout à coup ; les deux filles de madame de Miége n'eurent pas, depuis ce jour, de cavalier plus assidu. Fécamp était alors une ville de plaisir ; il y avait d'opulents seigneurs parmi les officiers de la garnison, et comme nul ennemi ne menaçait les portes, on dansait joyeusement tant que durait la nuit ; — en revanche, on passait le jour à boire.

M. de La Regnardière n'avait point oublié que Favas avait recherché autrefois Diane de Miége. Il était jaloux outre mesure de son naturel ; il savait que sa femme se rencontrait tous les soirs avec son ancien rival ; pourtant, chose singulière, il ne lui arriva jamais de la surveiller de sa personne. Il ne mettait point les pieds aux fêtes données par les vainqueurs. Était-ce délicatesse outrée ? était-ce rancune profonde et chagrine, ou peur d'affronter le regard d'un ennemi ?

Ce n'était rien de tout cela. M. de La Regnardière était brave partout ailleurs qu'en ménage ; il eût volontiers franchi le seuil de ces marauds de calvinistes, ne fût-ce que pour toucher son épée et poser son feutre de travers, quand leurs œillades deviendraient trop hardies à l'encontre de sa femme. D'un autre côté, bon catholique, non fanatique ligueur, il ne se serait point cru déshonoré pour écouter les violons d'une fête huguenote ; mais il avait un soin plus pressant.

Tous les soirs, à l'heure où la belle Diane, brillante de soie et de velours, descendait le perron de l'hôtel, le chevalier, enveloppé jusqu'aux yeux dans son manteau, sortait par la porte opposée. Souvent Diane était déjà de retour, que son mari courait encore la ville, rasant les murailles, et prenant, pour n'être point reconnu, les précautions les plus minutieuses. Où allait-il ainsi ? nul ne le savait ; mais à coup sûr, eu égard au paisible caractère du bon chevalier, ses expéditions nocturnes ne devaient point être de galantes équipées.

Toutefois, son honneur conjugal ne restait pas sans garde aucune ; il avait fait quelques demi-confidences à Tabard, son vieux valet de chambre, qui servait en même temps de laquais à madame de La Regnardière, vu la petite fortune de la maison. Tabard chargé de surveiller les mouvements de sa maîtresse, s'en acquittait à merveille. Debout sur le seuil des salons, marquant pour ainsi dire la limite entre les nobles danseurs et la livrée spectatrice, il observait sans relâche et en silence. Quand, de retour à l'hôtel, M. de La Regnardière le mandait dans sa chambre à coucher, le vieux valet avait toujours ample provision de griefs dont il n'oubliait point un seul, il faut le dire à sa louange.

— M. de Favas est de fort belle et galante tournure, disait-il avec une pendable bonhomie ; jamais je ne vis danser le menuet d'une façon plus royale. Il a un art de tourner les yeux et d'envoyer son cœur à sa danseuse que nul autre que lui ne le possède à mon sens. Aussi, tout le monde, valets et gentilshommes... je veux dire gentilshommes et valets, répétait à l'envi sa louange : le joli couple, disait-on, et qu'ils sont merveilleusement assortis !

— Et quelle était la danseuse? demandait en tremblant le pauvre chevalier.

— Madame votre femme, monsieur, répondait le valet, qui prenait un air piteux tout à coup.

Tabard congédié, M. de La Regnardière allait trouver sa femme le cœur gros et décidé à parler en maître ; mais Diane était si charmante, animée par le plaisir et la fatigue ! Le chevalier restait avec elle une demi-heure et s'en retournait le cœur gros encore, mais plus soumis qu'un preux des anciens jours devant la dame de ses pensées.

Cela dura fort longtemps. Les rapports du vieux Tabard avaient beau s'assombrir de plus en plus, le chevalier ne changeait point son train de vie, et continuait ses excursions nocturnes, au grand scandale de son valet de chambre.

— Pour Dieu ! monsieur, lui dit un matin celui-ci, en achevant son histoire quotidienne, m'est avis que si, au lieu de faire toutes les nuits ce que vous savez bien, vous vous attachiez aux pas de madame, comme doit faire un mari de bonne vie, M. de Favas garderait ses fleurettes pour une autre ; mais...

Un geste de La Regnardière lui imposa silence ; il sortit. Cette conduite mit le comble à peut étonnement ; il résolut d'en avoir le cœur net, et de savoir enfin quelle noble dame ou petite bourgeoise détournait son maître de ses devoirs de mari.

Le soir, à l'heure accoutumée, le chevalier sortit par la porte particulière de l'hôtel ; Tabard le suivit. Le valet se tenait à distance, épiant curieusement son maître, et s'attendant de minute en minute à le voir soulever le marteau de quelque hôtel. M. de La Regnardière marchait rapidement et tournait souvent la tête comme une personne dont la conscience n'est point en repos. Il traversa sans s'arrêter le quartier de la noblesse, et la rampe de la citadelle où s'étageaient les plus pauvres maisons.

— C'est une fille de peu! grommelait Tabard avec dédain; fi! monsieur le chevalier ! à votre âge avoir déjà des goûts de roture !

M. de La Regnardière montait toujours; il atteignit les premières assises des murailles.

— Dieu nous bénisse ! se disait le valet, où diable peut aller ainsi M. le chevalier !

Il n'attendit pas longtemps pour le savoir. M. de La Regnardière, parvenu sur le rempart extérieur qui faisait face à la mer, jeta un regard au bas de la muraille, puis s'enveloppa dans son manteau et s'assit paisiblement. Tabard s'arrêta ; sa surprise était extrême, mais il n'abandonnait point son idée première.

— Voici, sur ma parole, un lieu étrange pour un rendez-vous d'amourettes, pensait-il.

Et avec la curiosité infatigable d'un vieux domestique, il s'établit derrière une saillie de la muraille et se tint coi.

Par le fait, si c'eût été, pour M. de La Regnardière, un rendez-vous d'amour, le lieu n'eût point été trop mal choisi. C'était la partie la plus avancée des ouvrages de la citadelle. Une fois là, l'ennemi eût été à peu près maître du terrain ; mais, outre qu'il n'y avait point alors d'ennemi aux approches de Fécamp, tenter l'escalade en cet endroit eût été la plus déraisonnable de toutes les folies. La falaise sur laquelle reposait le mur s'élève à pic d'une profondeur immense; au bas est la mer. Aussi, point de sentinelles sur cette inattaquable partie du rempart; à peine une ronde distraite, le soir, après le couvre-feu.

M. de La Regnardière demeurait immobile, assis dans une embrasure veuve de son canon; il semblait sommeiller. — Tabard se morfondait.

— Mais que diable fait donc là M. le chevalier? se demandait-il pour la centième fois.

Et, en effet, ce n'était pas chose aisée à deviner. Encore Tabard ne savait-il point que son maître venait tous les soirs depuis près de six mois à cette même place; qu'il y demeurait, solitaire et immobile, durant les nuits entières, maugréant le sort qui le retenait là, tandis que la belle Diane, sa femme, dansait avec M. le gouverneur.

Nous écririons de longues pages, si nous prétendions initier le lecteur à toutes les chagrines pensées qui venaient assaillir le pauvre chevalier dès qu'il s'asseyait à son poste : il lui semblait que, de loin, quelques notes perdues de joyeuse musique parvenaient jusqu'à son oreille; alors il écoutait, le cou tendu, cherchant à reconnaître, parmi les motifs du menuet, le moment où le cavalier baise la main de sa dame, et il pestait de tout son cœur. D'autrefois, il s'imaginait que la solitude même qui régnait constamment sur cette partie du rempart était une méchante manœuvre de M. de Favas : celui-ci aurait deviné une partie de son secret, et, pour l'engager à ne point suivre madame Diane, il favorisait à dessein ses courses nocturnes. C'était en conscience à devenir fou ; néanmoins, le chevalier tenait bon; il accomplissait ainsi la promesse solennelle faite à Boisrosé au moment du départ de ce dernier. La Regnardière était loyal jusqu'à l'entêtement; d'ailleurs, outre la parole donnée, il se regardait comme lié d'honneur par le service que lui avait rendu Boisrosé lors de son mariage. A cause de tout cela, il se serait fait tuer vingt fois sur place, plutôt que de se donner vacances une seule nuit.

La patience du vieux Tabard fut bientôt épuisée. Transi de froid, trempé par une pluie fine qui traversait sa livrée et le mouillait jusqu'aux os, il se glissa silencieusement le long de la muraille et descendit la rampe.

— Hélas! s'écria-t-il lorsqu'il fut hors de portée de la voix, M. le chevalier est fou. C'est, en vérité, grand dommage ; car le pauvre seigneur était fort homme de bien.

Boisrosé, pendant cela, courait les villes qui tenaient encore pour la Ligue, demandant partout de l'argent et des soldats, et recevant seulement quantité de rebuffades.

L'entreprise qu'il méditait devait être sans nul doute extravagante et impraticable; car pas un des chefs catholiques ne la voulut entendre expliquer jusqu'au bout. M. l'amiral de Villiars, près duquel Boisrosé se rendit en premier lieu, fut le plus courtois de tous, et lui dit, avec force jurons, suivant sa coutume, qu'il eût à porter ailleurs sa folie. Il ne se découragea point. Voyant que le secours de ses frères en opinion lui manquait, il résolut de ne compter que sur lui-même. Son père venait de mourir, le laissant à la tête d'un fort modique héritage; il prit la route du Quercy. Une fois arrivé dans son village, il vendit à la hâte la maison de ses ancêtres et jusqu'au dernier arpent de son patrimoine ; cela fait, il se trouva en possession d'une somme assez ronde, et remonta à cheval pour se diriger de nouveau vers la Normandie.

Sur la route, quiconque eût rencontré Boisrosé aurait été probablement du même avis que l'amiral ; à chaque instant, il prenait sa bourse qu'il contemplait avec ravissement, en murmurant des paroles que la démence seule pouvait inspirer.

— Voilà Fécamp, disait-il, voilà Gabrielle ; voilà l'humiliation et la ruine de ce mécréant de Favas ! Salut ! ma noble et forte ville ! salut ! ma gentille fiancée ! Vous êtes à moi maintenant.

Il n'eût point fait bon pour les larrons de grand chemin qui auraient voulu s'attaquer en route à M. de Boisrosé ; à la manière dont il caressait et baisait follement son trésor, il est à croire qu'il l'eût défendu au besoin comme il faut.

Arrivé sur la côte de Normandie, il écrivit à M. de La Regnardière un laconique message qui ne parvint point à sa destination; heureusement le chevalier n'avait garde d'oublier sa promesse; nous avons vu qu'il l'exécutait religieusement.

Il y avait un mois qu'Henri de Boisrosé était sorti de Fécamp en promettant d'y revenir vainqueur. En apparence, il n'était pas beaucoup plus avancé dans son entreprise que le premier jour. La ville elle-même, assez mal fortifiée et défendue par une garnison négligente, eût pu à la rigueur être surprise, mais à quoi bon la ville sans la citadelle? Or, la citadelle était réputée imprenable, et sa garnison, distincte des bandes cantonnées à Fécamp, bien qu'elle dépendît du même seigneur, veillait nuit et jour à la garde d'une place récemment et péniblement conquise.

La citadelle de Fécamp était une de ces forteresses que la nature elle-même s'est chargée de défendre. Du côté de la terre, ses abords, fort difficiles, étaient du moins attaquables à l'aide d'une armée munie d'artillerie, mais la partie qui regardait la mer était à l'abri de toutes approches; l'idée même d'une escalade semblait ne pouvoir entrer que dans la cervelle d'un insensé. La falaise, coupée à pic et formée de roc vif, s'élève en cet endroit à une hauteur de six cents pieds; c'était au sommet que se dressait le fort; et comme si ce n'eût point été assez de cette formidable barrière, le pied même du mur gigantesque était défendu par un fossé plus gigantesque encore; la mer, qui brise toute l'année au bas de la falaise et couvre la grève à la hauteur de vingt pieds. Pendant quelques jours seulement, aux grandes marées d'équinoxe, le flot, resserré dans ses plus extrêmes limites, laisse à sec dix ou quinze toises de sable. Cet étroit espace de grève se montre ainsi tous les six mois durant une demi-heure, puis disparaît à la marée montante, pour rester enseveli sous l'eau, six autres mois.

On approchait justement de l'équinoxe d'automne ; Boisrosé, qui n'avait ni armée ni canons, ne devait point songer à prendre les voies ordinaires : quand on ne peut tenter le possible, l'impossible reste, et tout homme de cœur a le droit de se briser le crâne contre un obstacle infranchissable. Boisrosé parcourut les villages de la côte afin d'engager quelques hommes ; à grande peine il réunit une cinquantaine de matelots. Il était contraint de s'ouvrir sur le but de son entreprise, ce qui effrayait réellement l'imagination des plus téméraires : il ne s'agissait de rien moins en effet que de gravir cette colossale muraille de six cents pieds. La plupart lui demandaient s'il avait des ailes, d'autres lui tournaient le dos et se signaient en songeant à la mort certaine qui était au bout de l'aventure.

Tout l'héritage de son père passa à soudoyer ses cinquante soldats et à les munir des armes nécessaires. C'étaient sans exception des hommes robustes et intrépides, le plus grand nombre avait servi sur les navires et s'était habitué dès l'enfance à grimper le long des agrès d'un vaisseau. Boisrosé leur assigna un rendez-vous et, en attendant le jour favorable, il quitta les environs de Fécamp pour ne point éveiller les soupçons de M. de Favas.

III.

Ce soir-là, M. de La Regnardière sortit de son hôtel une heure plus tôt que de coutume. Il n'avait point reçu de nouvelles de Boisrosé, et commençait à croire que ce dernier avait reconnu la téméraire folie de son dessein. D'un autre côté, le vieux Tabard ne lui donnait aucune relâche. Ce modèle des surveillants avait terminé son rapport du matin par ces mots accablants, prononcés avec la solennité convenable :

— M. le chevalier a en moi un fidèle et soumis serviteur. J'ai dit la vérité ; je ne me permettrai point d'énoncer mon avis ; — mais que Dieu me punisse si je comprends quelque chose à la conduite de M. le chevalier !

Le coup porta cette fois ; La Regnardière fit incontinent dessein d'aller enfin juger de ses propres yeux les périls qui menaçaient sa félicité conjugale. A cet effet, il résolut de se rendre dès dix heures sur le rempart, de jeter un coup d'œil sur la grève pour l'acquit de sa conscience, et de s'en revenir, courant, au bal où se trouverait madame Diane. Depuis six mois, il passait ses nuits à contempler la mer et ne voyait rien, si ce n'est la lune et les étoiles, quand le temps était clair ; il y avait fort à parier que cette nuit serait comme toutes les autres.

Il arriva donc à son poste habituel, et mit négligemment la tête à l'embrasure ; mais à peine son regard fut-il tombé sur la grève, qu'il fit un saut en arrière : trois lanternes brillaient en ligne, juste au pied de la falaise.

— Dieu nous aide ! murmura-t-il tremblant d'émotion ; voici venir M. de Boisrosé !

Le bon chevalier ne perdit point l'idée de sa femme, mais il la refoula, d'autorité, au fond de son cœur, pour s'acquitter sur-le-champ de son devoir. Jetant vivement son manteau, il déroula un long cordeau qu'il portait sous le bras et le lança par l'embrasure ;

une légère secousse lui annonça que la corde était parvenue à sa destination. Alors il commença à tirer de toute sa force. Le digne homme n'épargnait point sa peine ; son front ruisselait de sueur ; pourtant, la besogne avançait lentement.

— Monsieur mon ami se serait-il, par hasard, attaché au bout de ceci? disait-il en redoublant d'efforts.

Enfin, après une grande demi-heure de travail, il amena au bout de sa corde un énorme câble goudronné, et put s'assurer que des nœuds, traversés de distance en distance par de courts barreaux de bois, faisaient de ce câble une manière d'échelle. On doit penser qu'un pareil engin de six cents pieds de longueur n'était pas un poids méprisable. M. de La Regnardière, sans se donner le temps de reprendre haleine, passa dans l'anneau qui terminait le câble un fort levier de fer qu'il engagea en travers de l'embrasure. Ensuite, imprimant une brusque secousse à la machine, il attendit.

Le temps passait. Le chevalier, distrait d'abord par le travail, puis par l'inquiétude, sentit bientôt les jalouses pensées reprendre le dessus. Que faisait à cette heure madame de La Regnardière ? Il ne savait, mais craignait fort de deviner A mesure qu'avançait la nuit, ses nerfs, excités outre mesure, faisaient monter à son cerveau une sorte de folie fiévreuse ; il maudissait Favas, Boisrosé, lui même et le vieux Tabard par-dessus le marché ; mais il restait à son poste.

Encore sa fermeté devait-elle être mise à une plus rude épreuve. Une heure environ après qu'il eut fixé le câble, il était dans son embrasure, écoutant parfois distraitement les bruits du dehors, mais le plus souvent absorbé par ses inquiétudes personnelles, lorsque des pas se firent entendre à l'extrémité du glacis. C'était la première fois depuis six mois qu'arrivait pareille aventure ; on doit convenir que le hasard se montrait fâcheux. Il n'y avait pas à balancer ; M. de La Regnardière était seul ; une défaite, un combat douteux même eussent amené la perte des gens qui escaladaient la falaise. Sautant lestement dans l'embrasure, le chevalier descendit quatre ou cinq degrés de l'échelle de corde, et se trouva ainsi complètement à couvert.

Les pas s'approchaient rapidement ; bientôt M. de La Regnardière put entendre la voix de deux hommes causant à leur aise, en gens sûrs de n'être point écoutés.

— Il y aurait un moyen, dit l'un d'eux.

— Lequel? demanda vivement le second interlocuteur en s'arrêtant juste en face de l'embrasure.

M. de La Regnardière tressaillit de la tête aux pieds ; il avait reconnu la voix de M. de Favas.

— Eh! vous le demandez? reprit le premier, qui était M. d'Audeville, officier de la garnison. Je ne sache pas pourtant que vous soyez novice en ces sortes de choses. Un enlèvement...

— J'y ai songé, interrompit Favas.

— Le traître ! exclama sourdement le chevalier.

— Madame Diane, continua Favas, ne s'y montre point fort opposée, mais...

— Mais quoi?

— Au fait, ce sont de sots scrupules. Après l'enlèvement, un prêtre régulariserait les choses, et je serais légitimement heureux.

M. de La Regnardière était plus mort que vif. Rapportant tout à son idée fixe, il ne songea même pas qu'il pût être question d'une autre que de sa femme. Saisi d'horreur à la pensée du crime froidement médité par Favas, transporté de rage et de jalousie, mais cloué à sa place par l'honneur, il se sentait perdre la tête.

L'officier approuva hautement la résolution de son supérieur, et l'excita lui-même, que M. de Favas, frappant ses mains l'une contre l'autre, dit avec un soudain enthousiasme .

— Pardieu ! vous me déterminez, monsieur d'Audeville. En ces rencontres, le plus tôt fait est le mieux ; voulez-vous être mon second ?...

— De grand cœur ! dit gaiement M. d'Audeville.

— Donc, à l'hôtel de madame Diane, s'il vous plaît.

Les pas se firent entendre de nouveau, puis se perdirent dans l'éloignement. M. de La Regnardière remonta les échelons, et s'affaissa, défaillant, sur le parapet. Des larmes de colère et de détresse coulaient sur sa joue ; il se tordait les mains et disait d'une voix éteinte :

— Oh ! madame Diane ! madame Diane !

Mais il ne songeait point à mettre l'épée à la main pour courir vers son hôtel ; il demeurait à son poste.

Il est, nous le savons, des actions sublimes qui touchent de fort près au ridicule ; le caractère de l'homme qui se dévoue, la nature des obstacles moraux qu'il doit vaincre, les circonstances même de son dévouement, tout cela peut jeter une teinte dérisoire sur le sacrifice le plus sérieux en soi.

Plus d'un lecteur trouvera peut-être un sourire en parcourant cette page ; la conduite du chevalier de La Regnardière, frappé dans son sentiment le plus cher et regardant stoïquement sa blessure, n'en reste pas moins pour nous un exemple de cet héroïsme obscur et silencieux, bien rare dans l'histoire de l'homme, et plus admirable sans nul doute que tel prodigieux exploit, connu, vanté de tous, et produit par l'enthousiasme du moment, la témérité ou le hasard.

Cependant, M. de Boisrosé ne restait point oisif au bas de la falaise. Il était arrivé en chaloupe au moment où la grève se découvrait, et son premier soin fut de repousser du pied l'embarcation pour ôter à sa troupe tout espoir de retour. L'empressement inaccoutumé du chevalier vint ici fort à point ; car, au moment où la cordelle tombait du haut du rempart, la mer commençait à remonter ; un quart d'heure encore, et il eût été trop tard.

M. de Boisrosé attacha, comme nous l'avons vu, un fort câble au cordeau ; quand il se fut assuré, en pesant de tout son poids sur l'échelle, qu'elle était solidement retenue, il donna le signal et l'ascension commença.

Parmi les cinquante hommes qui se pressaient sur l'étroit coin de grève que la mer déjà envahissait de toutes parts, il y avait un sergent de marine connu pour sa force et son intrépidité singulières ; M. de Boisrosé le mit en tête de la troupe ; lui-même se plaça le dernier.

Ils montèrent. — D'abord l'ascension s'opéra sans trop de difficulté ; le câble battait le long de la falaise ; ils touchaient terre pour ainsi dire ; mais bientôt, le roc devenant concave, l'immense échelle se prit à osciller, secouée par le vent du large qui s'élevait avec le flux. Une fois établi, le mouvement de va-et-vient ne s'arrêta plus. Tantôt cette grappe d'hommes, suspendus entre deux trépas, le glaive et la mer, s'éloignait brusquement du roc et semblait précipitée dans l'espace ; tantôt, retombant de tout son poids, elle revenait frapper contre la falaise et rebondissait au choc. Il régnait un silence profond ; le sang coulait, les membres étaient meurtris ou broyés, mais pas une plainte ne sortait de ces cinquante poitrines, à l'épreuve de la douleur et de la crainte.

Chacun portait le poignard entre les dents, l'épée et l'arquebuse en bandoulière. Boisrosé, le plus meurtri et le plus maltraité puisque, servant de tête au levier, il supportait le choc dans toute sa violence, comptait les échelons avec angoisse. Bien des minutes s'étaient écoulées depuis le départ ; il lui semblait que l'ascension se ralentissait à mesure qu'on approchait du but. Il écoutait, l'oreille tendue, si aucun son ne venait de la citadelle. En ce moment suprême, il mesurait toute l'incroyable témérité de son entreprise. En bas, l'océan avait repris sa place ; la marée d'équinoxe roulait maintenant le bout du câble dans ses vagues furieuses ; en haut, pour précipiter lui et sa troupe à un trépas inévitable, il ne fallait qu'une main et un poignard : moins que cela, une négligence du chevalier ou un défaut dans la barre de fer chargée de supporter cet énorme poids. Il montait toujours cependant, et certes, si un cœur tremblait sur l'échelle, ce n'était pas le sien.

La moitié de la distance était heureusement franchie ; à mesure qu'on s'éloignait de la grève, les oscillations devenaient moins violentes ; nos aventuriers commençaient à respirer, lorsque tout à coup une secousse qui n'était point produite par l'effort du vent se fit sentir à toute la troupe. Ce n'était que M. de La Regnardière se suspendant au créneau pour éviter le gouverneur, mais ce pouvait être toute

autre chose. Chacun des assaillants sentit son cœur se glacer ; le mouvement ascensionnel cessa aussitôt. Boisrosé se hâta de donner à voix basse un ordre péremptoire ; quelques minutes se passèrent avant que cet ordre, passant de bouche en bouche, fût parvenu à la tête de la colonne ; enfin, la réponse du sergent descendit jusqu'au chef : cet homme, vaincu par la frayeur et saisi d'un irrésistible vertige, refusait d'avancer un pas de plus.

M. de Boisrosé eut un instant d'hésitation navrante ; mais, son indomptable courage aidant, il entreprit et exécuta un miracle d'audace qui dépasse l'imagination. — Montant avec précaution un échelon, il jeta son bras en avant, saisit le barreau qui soutenait son voisin et s'éleva jusqu'à lui. Quarante-neuf fois, il renouvela cet effort épuisant, et passant ainsi par-dessus le corps de tous ses compagnons, il parvint jusqu'au sergent de marine.

Il y eut une scène courte, mais terrible : la nuit était si noire que pas un parmi les aventuriers ne put voir les mouvements des deux interlocuteurs. Au bout de quelques secondes on entendit un cri étouffé ; l'Océan rendit un bruit sourd à quatre cents pieds au-dessous de la petite troupe, et le mouvement ascensionnel recommença. Boisrosé, tournant l'échelle, laissa passer ses compagnons pour reprendre sa place à l'arrière-garde. — Ce fut seulement alors que le matelot qui suivait immédiatement le sergent put voir que désormais la troupe comptait un soldat de moins.

Une demi-heure après, ce même matelot atteignait l'embrasure et sautait sur le rempart ; ses campagnons ne tardèrent pas à l'imiter. Tous ces hommes, haletants, brisés par l'étonnant effort qu'ils venaient de faire, retrouvèrent force et courage en sentant le sol ferme sous leurs pieds.

M. de La Regnardière était dans la position où nous l'avons laissé ; Boisrosé, en quittant l'échelle, s'élança vers lui et le pressa sur son cœur avec enthousiasme ; mais le chevalier se dégagea brusquement sans mot dire, et, comme s'il eût impatiemment attendu cet instant, il s'enfuit, descendant à toutes jambes la rampe de la citadelle.

Ce n'était point le moment de faire des commentaires sur cette étrange conduite ; Boisrosé, au lieu de suivre la même route, fit rapidement le tour des murailles intérieures. Le premier corps de garde fut égorgé sans bruit ; puis cinquante coups de feu retentirent au dedans du fort.

Boisrosé et ville gagnée ! — Fécamp était désormais une cité catholique.

A peine maîtres de la citadelle et de la ville, nos assaillants descendirent dans la ville. Les huguenots n'avaient point su gagner l'affection des habitants ; la troupe de Boisrosé se grossissait de minute en minute ; les maisons s'illuminaient ; bientôt les calvinistes, forcés sur tous les points, durent passer à leur tour un vaincus le seuil de la grande porte de Fécamp. — Chose fort remarquable, tant que dura la lutte, nul ne vit M. de Favas combattre ou donner des ordres, comme c'était son devoir de gouverneur.

L'occupation de la citadelle et de la ville se fit en moins de deux heures. Dès que la victoire fut complète et certaine, M. de Boisrosé se hâta de prendre le chemin de la maison du chevalier ; il lui tardait de lui témoigner son zèle excellent et sa gratitude ; il lui tardait surtout de mettre son triomphe aux pieds de Gabrielle de Miége, dont la pensée l'avait aidé à supporter tant de fatigues. Comme il soulevait le marteau de l'hôtel, il vit un homme, couvert d'un ample manteau, assis, la tête dans ses mains, sur l'une des bornes du portail. Le succès rend l'âme bonne ; Boisrosé crut avoir affaire à quelque malheureux huguenot sans asile, et lui mettant la main sur l'épaule, il dit avec douceur :

— L'ami, toutes les nuits ne se ressemblent point ; il y a six mois c'était une autre fête ; mais, si vous n'avez pas plus que moi de rancune, vous partagerez mon toit, en attendant revanche.

Le prétendu calviniste ne bougeait ni ne répondait.

— Êtes-vous sourd ou trépassé, mon maître ? dit encore Boisrosé en le secouant.

Et comme le huguenot ne répondait point davantage, notre gentilhomme lui ôta son large chapeau : il faillit tomber à la renverse.

— Monsieur de La Regnardière! s'écria-t-il.

C'était en effet ce dernier, pâle, l'œil mourant et le visage décomposé. — Le bon chevalier, épuisé déjà par la lutte qu'il venait de soutenir sur le rempart, avait été témoin, lors de son arrivée aux abords de l'hôtel, d'un spectacle qui était bien fait pour l'achever.

Un carrosse était arrêté à sa porte; comme il pressait le pas, ne devinant que trop ce qui allait se passer, deux hommes étaient sortis de l'hôtel portant une femme et l'avaient jetée dans le carrosse; puis tout avait disparu au galop de quatre rapides chevaux. Le pauvre époux voulut crier, il se rappelait les paroles de M. de Favas et ne pouvait douter de son malheur; mais il ne trouva point de voix. Tombant sur la borne où nous le retrouvons, il était resté là, sans pensée, presque sans vie.

M. de Boisrosé le prit à bras le corps et le fit entrer dans l'hôtel. A peine l'eut-il déposé entre les mains de Tabard, stupéfié de voir son maître en ce triste état, qu'il courut à la partie de la maison habitée par les deux dames, et ordonna qu'on éveillât mademoiselle de Miége. La fille de chambre entra chez Gabrielle : tout était en désordre, la fenêtre était ouverte et le lit vide.

A cette annonce, Boisrosé, transporté de colère, s'élança lui-même dans la chambre et put se convaincre par ses propres yeux : Gabrielle était enlevée. Il revint au salon où M. de La Regnardière était encore, et saisissant Tabard à la gorge, il lui demanda compte de l'absence de la jeune fille.

Cette nouvelle sembla galvaniser M. de La Regnardière. Tandis que Tabard se défendait de son mieux, le chevalier s'était lentement dressé sur ses jambes; il écoutait.

— Gabrielle! où est Gabrielle? criait Boisrosé.

— N'est-ce donc point madame ma femme? disait M. de La Regnardière d'une voix ravie, mais si faible, qu'on ne l'entendait pas.

— Réponds donc, bourreau! continuait Boisrosé. Où est-elle? où est mademoiselle de Miége?

— Et madame ma femme? répétait le bon chevalier, qui retrouvait la voix peu à peu.

Tabard était tombé à genoux; M. de Boisrosé, le lâchant tout à coup, se frappa le front.

— Favas! s'écria-t-il, le traître aura enlevé Gabrielle!

— Dieu le veuille, monsieur mon ami! dit La Regnardière en l'embrassant avec effusion.

A ce moment, madame Diane, éveillée par le bruit, entra au salon. Le chevalier se précipita vers elle et lui baisa respectueusement la main, faisant, à part lui, acte de contrition pour avoir osé la soupçonner.

Dès lors tout s'explique. Madame de La Regnardière ne se défendit point d'avoir prêté la main à l'enlèvement de sa sœur par M. de Favas. Elle savait que son mari ne consentirait jamais à cette union; elle avait lieu de penser que sa sœur elle-même s'y résoudrait avec répugnance; mais ceci importait peu : madame de La Regnardière avait décidé que Gabrielle serait la femme d'un gouverneur. Cette fois, elle avait mal calculé; ce fut pendant que M. de Favas mettait sa maîtresse en lieu sûr qu'eut lieu la surprise de Fécamp.

Pour Boisrosé, il gagnait un gouvernement, mais il perdait sa fiancée; nos deux rivaux restaient en partie.

IV.

A quelques jours de là, un gentilhomme descendait devant la tente de sa majesté, au camp de siége de Rouen, où M. de Villars tenait encore, malgré l'abjuration solennelle de Henri IV. Couvert de poussière et botté qu'il était, le nouveau venu prétendait parler au roi sur-le-champ. L'écuyer de service lui refusait péremptoirement passage. Cependant, fatigué de la persistance de ce gentilhomme, l'écuyer lui demanda enfin son nom.

— Henri Goustiménil, sieur de Boisrosé, répondit le nouveau venu.

Un instant après, la tente du roi s'ouvrit, et Boisrose fut introduit.

— Sire, dit-il, puisqu'à cette heure voici Votre Majesté réconciliée avec le saint père, nul ne doit plus méconnaître ses droits au trône. Je viens pour ma part lui faire hommage de ma personne et lui remettre les clés de Fécamp.

— Je voudrais de grand cœur que messieurs de Mayenne, de Villars et autres, fussent d'aussi loyale composition que vous, monsieur de Boisrosé, répondit le roi. Quelles conditions posez-vous à la reddition de Fécamp?

Boisrosé avait mis un genou en terre.

— Aucune, Sire, dit-il; seulement j'ai deux grâces à demander à Votre Majesté.

Le roi sourit et tendit la main à M. de Boisrosé qui la porta à ses lèvres.

— D'abord, Sire, continua-t-il, je demande le gouvernement de Fécamp que M. de Sully veut donner à l'un de ses gentilshommes.

— Monsieur de Boisrosé, dit le roi, nous n'aimons guère à marcher à l'encontre des désirs de notre cousin de Rosny... Quel est ce gentilhomme, je vous prie?

— Sire, c'est M. de Favas.

— Ventre-saint-gris! s'écria le roi, notre cousin de Rosny faussera parole cette fois. De l'humeur dont nous vous connaissons, monsieur de Boisrosé, vous seriez capable, si nous nommions ce Favas gouverneur de Fécamp, de vous refaire ligueur tout exprès pour le lui reprendre... Que nous demandez-vous encore?

Boisrosé s'inclina jusqu'à terre en signe de remercîment.

— Je demande en outre, dit-il, qu'on me rende ma fiancée.

— Votre fiancée? répéta le roi avec surprise.

— Mademoiselle de Miége, Sire, traîtreusement enlevée la nuit même où je suis entré à Fécamp.

Henri secouait la tête et semblait hésiter.

— Ceci, monsieur de Boisrosé, dit-il enfin, n'est point de notre compétence; s'il nous fallait empêcher toutes les demoiselles de France et de Navarre de suivre leurs amants préférés...

— Mais elle le déteste, Sire! mais elle n'aime que moi, interrompit Boisrosé, emporté par sa passion. Voyez plutôt, ajouta-t-il en tirant une lettre de son pourpoint, elle me supplie de me jeter aux genoux de Votre Majesté afin d'obtenir aide.

Le roi prit négligemment la lettre. Quand il l'eut parcourue, ce sourire de narquoise bonhomie que ses portraits nous gardent si fidèlement parut sur sa lèvre.

— Oh! oh! dit-il, on vous nomme *mon cher Henri*, monsieur de Boisrosé, et l'on signe *votre Gabrielle*. Je sais une autre belle dame qui n'en agit point autrement.

La voix du roi tremblait d'émotion à ces derniers mots. Il était au plus fort de sa passion pour madame de Liancourt, depuis duchesse de Beaufort.

— Quel est le nom du ravisseur? ajouta-t-il.

— M. de Favas, Sire.

— Encore!... J'en conférerai avec M. de Rosny ce matin même. En attendant, tenez-vous prêt à partir pour votre gouvernement de Fécamp.

Le soir, en effet, M. de Boisrosé reprenait la route de sa ville; Gabrielle de Miége le suivait M. de Sully, qui n'était obstiné qu'à bonne enseigne, avait contraint Favas à remettre la jeune fille entre les mains du roi, qui la rendit lui-même au vaillant *dénicheur de citadelles*, comme il appelait Henri de Boisrosé.

De retour à Fécamp, celui-ci épousa Gabrielle, du consentement de madame Diane, qui tenait surtout à être belle-sœur du gouverneur. A cette occasion, les fêtes recommencèrent, et rien n'empêcha M. de La Regnardière de suivre sa femme, voire de lui faire raison au menuet. — Nous devons dire ici que, lors de sa terrible aventure, M. le chevalier avait fait le serment solennel de ne plus engager ses nuits à l'avenir; nous savons qu'il tenait ses promesses en conscience.

Boisrosé était donc décidément vainqueur sur tous les points. Tant que dura le règne de Henri IV, nos deux rivaux eurent peu d'occasions de se nuire : l'un vivait à la cour, l'autre dans son gouvernement; mais à la mort du roi, oisifs et disgraciés tous les deux, ils se retrouvèrent naturellement face à face. Durant les dix années qui suivirent, ils se firent guerre acharnée, au milieu de la guerre générale. Favas, attaché d'abord à Concini, puis au prince de Condé, prit une éclatante revanche sur M. de Boisrosé qu'il fit prisonnier par deux fois de sa main, à Nérac et à Saumur. Les incidents de cette lutte nouvelle n'ayant rien de particulièrement intéressant, nous ne la conterons point en détail. Ils étaient alors vieux tous les deux; leur bras se levait par une rancune passée en habitude plutôt que pour aucun sujet de contestation.

Pour clore le récit de cette interminable rivalité, nous croyons devoir citer seulement l'anecdote suivante, relatée dans les Mémoires du temps.

Vers la fin de l'année 1621, les cloches des églises de Saint-Germain-l'Auxerrois et de Saint-Paul, au Marais, furent mises en branle dès le matin : il s'agissait de deux enterrements nobles. Par un hasard peu commun, les deux convois se rencontrèrent et arrivèrent exactement au même instant à la maîtresse-porte de l'abbaye de Saint-Victor : les défunts avaient élu, au cimetière de ladite abbaye, leur dernier domicile. Ce n'était pas là un mince conflit; les deux paroisses avaient des priviléges égaux : si l'une enserrait le Louvre dans ses limites, l'autre avait sur son territoire le château des Tournelles et les débris de l'hôtel Saint-Paul. C'étaient deux églises royales en présence. D'un autre côté, les deux morts étaient nobles, et d'égale qualité : un tel cas eût embarrassé le plus fin casuiste en fait d'étiquette mortuaire.

Les convois s'arrêtèrent, croix en terre, rangés en file, comme deux partis prêts à en venir aux mains : une foule immense de spectateurs se rassemblait peu à peu aux alentours. Les prêtres des deux paroisses s'étaient envoyé maints ambassadeurs; mais à mesure que les députations se multipliaient, les paroles devenaient de plus en plus aigres et déconciliatrices. En attendant, les porteurs avaient déposé les cercueils, les croix avaient été plantées en terre; on eût dit que les deux partis faisaient dessein de prendre en ce lieu leurs quartiers.

Enfin, de guerre lasse, on se détermina à envoyer un exprès vers M. le coadjuteur : il était alors midi; quand vint la réponse du prélat, la nuit commençait à tomber.

En exécution de son arrêt, les porteurs reprirent leurs funèbres fardeaux, les croix se relevèrent et les convois s'ébranlèrent de nouveau. Heureusement la porte de l'abbaye était large, sans cela la sagesse de M. le coadjuteur se fût trouvée en défaut.

Il avait ordonné, en effet, que les deux cercueils passeraient de front le seuil, et que les paroisses défileraient simultanément.

Père, je suis à mon poste.

Ce qui, étant exécuté à la lettre, laissa indécise la question de préséance.

Est-il besoin de dire le nom de ces rivaux posthumes!

C'étaient MM. de Favas et de Boisrosé, continuant, delà du tombeau leur sempiternelle bataille.

FIN.

www.ingramcontent.com/pod-product-compliance
Lightning Source LLC
LaVergne TN
LVHW020951090426
835512LV00009B/1833